벤저민 프랭클린 자서전

나 는 나 를
어 떻 게
관 리 할
것 인 가

벤저민 프랭클린 자서전

벤저민 프랭클린 지음 | 정윤희 옮김

원앤원북스

벤저민 프랭클린 자서전

초판 1쇄 발행 2015년 9월 16일 ┃ **초판 8쇄 발행** 2022년 8월 9일
지은이 벤저민 프랭클린 ┃ **옮긴이** 정윤희
펴낸곳 원앤원북스 ┃ **펴낸이** 오운영 ┃ **경영총괄** 박종명
편집 최윤정 · 이광민 · 김형욱 · 양희준
마케팅 문준영 · 이지은 · 박미애
디자인 윤지예 · 이영재
등록번호 제2018-000058호(2018년 1월 23일)
주소 04091 서울시 마포구 토정로 222 한국출판콘텐츠센터 319호(신수동)
전화 (02)719-7735 ┃ **팩스** (02)719-7736
이메일 onobooks2018@naver.com ┃ **블로그** blog.naver.com/onobooks2018
값 15,000원
ISBN 978-89-6060-571-8 03100

이 도서의 국립중앙도서관 출판시도서목록(CIP)은 e-CIP홈페이지(http://www.nl.go.kr/ecip)에서 이용하실 수 있습니다.(CIP제어번호: CIP2015021238)

프랭클린이 발명한 것 중에서
가장 흥미롭고 끊임없이 개창조된 것은
바로 그 자신이다.

· 월터 아이작슨(미국의 저명한 전기작가) ·

도전과 실패,
그리고 성공의 감동적인 이야기

이 책에는 벤저민 프랭클린의 출생에서부터 죽음까지, 그의 삶이 진솔하고 정직하게 담겨 있다. 가난한 집안의 열일곱 남매 중에서 막내아들로 태어난 그는 10세에 정규교육을 중단해야 했지만, 현재는 어엿한 건국의 아버지로서 미국인들의 기억 속에 오래도록 살아 있는 인물이다.

벤저민 프랭클린은 형이 운영하는 인쇄소의 인쇄공부터 시작해 출판업자, 저술가, 신문발행인, 철학가, 외교관, 그리고 발명가로서 다양한 분야에서 명성을 떨쳤다. 어린 시절 제대로 교육을 받지는 못했지만, 84세의 나이로 세상을 등질 때까지 여러 외국어와 문학, 신학, 경제학, 자연과학을 독학으로 마쳤다.

또한 그는 자신에게 주어진 환경을 엄격한 규율을 통해 극복하고 스스로 터득한 지혜와 성실한 삶의 태도를 미국에 널리 전파한 선구자였

6

다. 이 때문에 200여 년이 지난 지금까지도 그가 남긴 자서전은 전 세계 여러 나라의 필독서로 꼽힐 만큼 가치가 있는 훌륭한 작품으로 평가받고 있다.

우리는 흔히 이렇게 말한다. "나는 왜 이런 집에서 태어났을까?" "나는 왜 이렇게 머리가 나쁠까?" "내가 조금 더 능력이 있었더라면….""아무리 노력해도 안 되니 포기할 수밖에 없어."라고 말이다. 하지만 벤저민 프랭클린은 "그 모든 것은 평계에 지나지 않는다."라고 말한다. 실제로 그는 하루 24시간을 한 시간 단위로 쪼개서 자신에게 주어진 하루를 단 한순간도 헛되이 쓰지 않으려고 노력했다.

어렵게 시작한 인쇄소를 운영하면서도 남들에게 성실함을 인정받기 위해 살면서 누릴 수 있는 다양한 즐거움을 기꺼이 포기했고, 미국인들의 삶을 향상시키기 위해 발 벗고 나섰지만 절대로 잘난 척하지 않았다. 또한 자신을 시기하고 곤경에 빠트린 자들을 용서하고, 타인의 실수를 타산지석으로 삼았다. 매일 저녁 본인이 저질렀던 실수를 반성하는 시간을 갖고 다시는 똑같은 실수를 반복하지 않겠다고 다짐했으며, 종교부터 인간관계에 이르기까지 편협함을 버리고 공정한 태도를 고수했다.

나 역시도 어려움이 닥치면 스스로에게서 원인을 찾기보다는 주위를 탓하고, 내게 주어진 환경을 원망하며, 온갖 변명거리를 갖다 붙이면서 나의 잘못된 행동을 정당화하기에 급급한 적이 많았다. 하지만 이 책을 통해 그동안 내가 얼마나 인생을 허비했고, 충분히 성실하지 못했으며, 모든 문제를 남들 탓으로 돌리면서 비겁하게 살아왔는지 뼈저리게 깨달을 수 있었다.

　지금 여러분이 어려움에 처해 있다거나 곤경에 빠져 있다면, 혹은 나 자신의 한계에 부딪혀 포기하고 싶은 심정이라면 반드시 이 책을 읽어 보기를 권한다. 그리고 지금부터라도 여러분에게 주어진 인생을 한순간도 낭비하지 않고 성실하고 보람차게 살아갈 수 있는 방법을 직접 전해 들을 수 있기를 바란다.

정윤희

차례

옮긴이의 말

도전과 실패, 그리고 성공의 감동적인 이야기 ◆ 6

1 장   보스턴에서의 유년기 ◆ 15

아들에게 들려주는 내 인생의 발자취 | 17명의 자식을 낳았던 아버지 | 어릴 때부터 공적인 일에 관심이 많았다

2 장   인쇄공 일을 배우다 ◆ 31

낮에는 일하고, 밤을 새우며 책을 읽다 | 글을 쓸 때마다 주의를 기울이다 | 겸손하게 의견을 개진하는 습관을 들이다 | 무일푼인 17세 소년, 뉴욕에 도착하다

3 장   필라델피아에 도착하다 ◆ 47

집을 떠난 것을 뼈저리게 후회하다 | 필라델피아 시장 근처의 부두에 도착하다 | 인쇄소 일자리를 노인에게 소개받다 | 뜻밖의 일이 생겨 보스턴으로 돌아가다

4 장   첫 번째 보스턴 방문 ◆ 61

윌리엄 키드 지사가 인쇄소 개업을 권하다 | 인쇄소를 하던 형과의 오해가 시작되다 | 부모님의 승낙을 받아 다시 뉴욕으로 가다 | 질 나쁜 여자들의 꼬임에 넘어가지 않다 | 너무나 많이 변해버린 오랜 친구 콜린스 | 영국에 다녀오라는 키드 지사의 제안 | 합리적인 인간이 된다는 것

5 장　필라델피아에서 사귄 친구들 ◆ 77

토론을 자주 벌였던 열정적인 키머 | 하나같이 독서광이었던 이들과 교우
하다

6 장　영국으로의 첫 번째 항해 ◆ 87

영국으로 가는 길을 마음껏 즐기다 | 죽어라 하루를 벌어 근근이 하루를 연
명하다 | 재능 있는 청년으로 평가받기 시작하다 | 랠프와의 오랜 우정이
허무하게 깨지다 | 인쇄 작업이 아닌 식자 작업을 맡게 되다 | 리틀브리튼
의 하숙집에서 만난 사람들 | 사람과 정보를 얻었던 런던에서의 18개월

7 장　필라델피아에서 사업을 시작하다 ◆ 107

데넘 씨가 죽고 세상에 다시 홀로 남다 | 다양한 사람들과 함께했던 인쇄소
일 | 메레디스의 동업 제안을 받아들이다 | 당시 내가 가졌던 마음가짐과
생활신조 | 유능한 친구들을 모아 비밀 클럽을 만들다 | 인쇄소에서 밤낮으
로 부지런히 일하다 | 메레디스와의 동업 계약을 마침내 청산하다

8 장　인쇄업의 성공과 도서관 설립 ◆ 131

상인으로서 좋은 평판을 쌓기 시작하다 | 사업은 순풍을 달고, 리드 양을 아
내로 맞다 | 회원제 도서관을 미국 최초로 설립하다 | 내가 받은 몇 통의 편
지와 그에 대한 답변 | 도서관이 생긴 덕분에 나도 계속 발전하다 | 나만의
기도서를 사용하기로 결심하다

9 장　인격체가 되기 위한 계획을 세우다 ◆ 159

내가 정한 덕목들과 그에 따른 규율 | 일주일에 한 가지 덕목씩 실천하기로
마음먹다 | 하루 24시간에 대한 계획을 세우다 | 규율을 지키려 시도하며
더 나은 인간이 되다 | 성실하고 정직하게 사는 방법밖에는 없다 | 내게는
거창하고 위대한 계획이 있다

10장 '가난한 리처드의 달력'을 만들다 ◆ 181

다양한 금언들을 담은 획기적인 달력 | 당시에 기억나는 몇몇 사람들 | 여러 외국어 공부를 본격적으로 시작하다 | 더욱 발전적으로 전토 클럽을 변화시키다 | 주 의회의 서기로 공직 생활을 시작하다

11장 공적인 업무를 시작하다 ◆ 195

협력 체제를 갖춘 소방대를 조직하다 | 화이트필드 목사와의 특별했던 관계 | 누구와 동업을 해도 언제나 원만히 경영되다

12장 방위군을 조직하다 ◆ 209

사람들의 지지를 받아 방위 단체 대표가 되다 | 퀘이커교도들의 의견이 어떤지 깨닫다 | 퀘이커교도들과 관련된 몇 가지 이야기 | 방 안을 덥혀주는 난로를 발명하다

13장 공익을 위한 여러 가지 계획들 ◆ 225

기부금을 모금해 대학을 설립하다 | 의회 의원이 되어 공익을 위해 활동하다 | 자선적인 성격이 강한 병원을 설립하다 | 도로를 포장하고 가로등을 세우다 | 도로를 청결하게 유지할 방법을 제안하다 | 소소한 편리함에서 행복이 찾아온다 | 대학에 다니지 않고도 학위를 2개나 받다

14장 식민지 연합을 제안하다 ◆ 247

식민지들이 하나의 정부를 구성하자고 제안하다 | 영국과 식민지 의회에서 내 제안을 반대하다

15장 주지사와 의회의 갈등 ◆ 253

논쟁을 즐겼던 주지사 모리스 | 주 의회에 먹칠을 하려고 안간힘을 쓴 주지사 | 지사의 동의 없이도 일을 성사시키다

16장 브래드독 장군의 모험과 패전 ◆ 261

체신 장관 자격으로 브래드독 장군을 만나다 | 장군의 요청으로 물품 구입에 나서다 | 미국군과 인디언군을 너무 얕본 장군의 패착 | 던바 대령의 약속 불이행으로 고초를 겪다 | 영주들의 특별 면세 조항에 집착했던 모리스 지사

17장 방위군을 직접 이끌다 ◆ 281

적군이 자주 출몰하는 지방의 방위를 맡다 | 인디언들을 막기 위해 요새를 구축하다 | 전쟁터에서 우연히 발견한 발명품 하나 | 모라비아 교인들의 생활에 대해 알아보다 | 나를 향한 영주의 반감이 더욱 커지다

18장 자연 과학 분야에서 명성을 얻다 ◆ 297

독창적인 실험 결과를 책으로 발표하다 | 유럽의 학자들에게도 높은 평가를 받다

19장 의회 대표로 런던에 입성하다 ◆ 305

영주들을 고발하는 탄원서를 준비하다 | 우유부단함 그 자체였던 중재자 로던 경 | 예상치 못하게 뉴욕에서 오래 지체하다 | 런던으로 가는 뱃길에서 관찰한 것들 | 런던에 입성해 영주들과 회담을 가지다 | 만장일치로 보고서에 서명을 받다

벤저민 프랭클린 연표 ◆ 330

01

보스턴에서의
유년기

아들에게 들려주는 내 인생의 발자취

17명의 자식을 낳았던 아버지

어릴 때부터 공적인 일에 관심이 많았다

Benj. Franklin

벤저민 프랭클린 자서전

아들에게 들려주는
내 인생의 발자취

　그동안 나는 옛 선조들의 갖가지 일화들을 수집해왔다. 언젠가 너와 함께 영국에 갔을 때 그곳에 살고 계신 친척 어르신들에게 이런저런 질문을 던졌던 것이 기억날 것이다. 사실 나는 우리 조상들이 어떻게 살아왔는지 알고 싶어서 찾아간 거였다. 너 역시도 아비의 인생이 어떠했는지 궁금해할 거라고 생각한다. 너로서는 내가 겪어온 세월을 알 길이 전혀 없을 테니 말이다.

　모처럼 한적한 시골에서 일주일을 보낼 수 있는 여유가 생겨서 이렇게 책상에 앉아 글을 쓰고 있다. 물론 이것 말고 다른 이유들도 있다. 나는 가난하고 평범한 집안에서 태어나 자랐지만, 이제는 세상에 이름이 널리 알려져 남부럽지 않게 행복한 삶을 살고 있다. 이처럼 하늘의 축복을 받아서 성공에 이르려면 어떻게 살아야 하는지 누구라도 알고 싶을 것이다. 내가 살아온 인생의 발자취를 글로 옮길 테니 각자 상황에 맞는 방법을 찾아서 실행에 옮기기를 바라는 바이다.

지금까지 살아온 삶을 살 수 있는 기회를 다시 얻는다면 어떻게 하겠느냐고 누군가 물었을 때 나는 "기꺼이 다시 살겠다."라고 답했다. 그만큼 나 스스로가 커다란 행복을 누렸기 때문이다. 물론 초판의 일부를 수정하고 싶은 작가들처럼 나 역시도 바꾸고 싶은 내 인생의 어느 부분이 있기는 하다. 잘못된 부분뿐만 아니라 불행했던 사건들이나 상황까지 더 좋게 바꾼다면 더할 나위 없을 것이다. 만약 그렇지 못하더라도 다시 한 번 살아보고 싶은 마음은 변함이 없다. 하지만 현실에서 그런 바람은 망상에 불과하기에 지금까지 내가 살아온 발자취를 다시 돌이켜보고 글로 옮겨 영원히 남기는 것이 최고의 방편일 거라 생각한다. 본인 이야기와 과거의 행적을 떠들어대기 좋아하는 평범한 노인들처럼 나 역시도 욕심이 생긴다. 하지만 억지로 노인들 이야기를 듣느라고 피곤해지는 것은 원치 않기에 누구라도 마음이 내킬 때 읽을 수 있도록 지나온 인생사를 글로 남기고 싶다.

마지막으로 고백하건대 이 글을 쓰는 것은 나의 자만심을 충족시키기 위한 것일지도 모르겠다. 어차피 아니라고 부정해봤자 아무도 믿어주지 않을 것이다. "내가 잘나서 하는 말은 아니지만"이라고 입을 뗀 후에는 반드시 자기 자랑이 늘어지게 마련 아닌가. 누구나 자만심을 가지고 있지만 타인이 잘난 척하는 꼴은 견디지 못한다. 하지만 나의 경우에는 적당한 자만심은 본인과 주변 사람들에게 나름대로 발전할 수 있는 계기를 준다고 믿기 때문에 자만심에 가득 찬 사람을 만나도 최대한 편견 없이 대하려고 애쓰는 편이다. 그러므로 인간에게 자만심이라는 선물을 내려주신 하나님께 감사한다고 말하는 사람들의 생각이 완전히 잘못된 것은 아니다.

이어서 하나님께 감사 인사를 드려야겠다. 지금까지 내가 누린 행복한 삶은 모두 하나님의 자비로운 섭리 때문이었고, 나를 성공으로 이끈 것도 바로 그분의 가르침 덕분이었음을 고백하는 바이다. 또한 하나님의 자비로움이 영원히 내게 머물러 행복할 수 있기를, 혹시 다른 사람들처럼 불행에 빠지더라도 이를 견디어낼 수 있도록 해주시기를 간절히 희망하는 바이다. 앞으로 나의 미래가 어떻게 펼쳐질지는 오직 하나님만이 알고 계실 것이며, 우리에게 축복과 고통을 내려주는 것은 오직 그분의 뜻에 달려 있다고 믿는다.

나처럼 옛 선조들의 일화를 수집하는 데 관심이 많았던 분이 또 계셨는데 바로 나의 큰아버지다. 생전에 큰아버지가 물려주신 기록 덕분에 우리 선조들과 연관된 다양한 이야기들을 상세히 알 수 있었다. 기록에 따르면 우리 가문의 선조들은 노샘프턴셔 지방에 위치한 액턴이라는 마을에서 3백여 년을 살았다. 얼마나 오래 그 마을에 살았는지는 큰아버지도 모르신다고 했다. 과거에 자유 토지보유자(free-holder)를 지칭하던 프랭클린이라는 단어가 온 국민들의 성으로 쓰일 때부터인지도 모르겠다. 당시 우리 집안은 3만 6천 평 정도의 토지를 소유하고 있었으며, 대장장이 일로 생계를 꾸리며 살았다. 물론 장남이 대장장이 일을 이어받았고, 나의 아버지 대까지 이어졌다. 엑턴에 가서 호적을 조사해보니 1555년부터의 출생과 결혼, 사망 기록만이 남아 있었다. 그 기록을 통해서 내가 프랭클린 가문의 5대째 막내아들의 막내라는 사실을 알게 되었다.

17명의 자식을
낳았던 아버지

　나의 조부인 토머스는 1598년도에 태어나서 고향을 지켰다. 나이가 들어 더는 일을 할 수 없을 때가 되자 할아버지는 옥스퍼드셔의 밴버리에서 염색공으로 일하던 아들 존의 집에서 기거했다. 나의 아버지도 그곳에서 염색공 일을 배우고 있었다. 할아버지는 그곳에서 생을 마감하셨다. 1758년도에 나와 함께 할아버지의 묘를 찾은 것을 기억할 것이다. 할아버지의 큰아들 토머스는 엑턴에 위치한 집에 살았고, 웰링버러의 피셔 가문으로 시집을 간 외동딸에게 집과 토지를 물려주었다. 그리고 지금은 영주가 된 이스테드 씨에게 조부님의 재산이 넘어갔다. 할아버지는 토머스, 존, 벤저민, 그리고 조사이어(나의 아버지)까지 아들만 넷을 낳았다. 지금은 자료를 확인할 수가 없어서 정확한 이야기를 해줄 수가 없구나. 내가 남긴 자료들을 확인해보면 방금 이야기했던 부분에 대해서 자세히 알 수 있을 것이다.

나의 큰아버지인 토머스는 할아버지 밑에서 대장장이 일을 배웠다. 평소 머리가 비상했던 탓에 당시 그 교구의 세력가였던 에스콰이어 파머 씨의 후원을 받아 학업을 마칠 수 있었고(네 형제가 모두 후원을 받았다고 한다), 결국에는 공증인 자격증을 땄다. 마침내 어느 정도의 위치까지 오른 토머스는 노샘프턴셔 주와 고향 마을을 위한 공익사업에 앞장섰다. 이후 핼리팩스 경의 총애를 받아 후원자를 얻었다. 그리고 내가 태어나기 정확히 4년 전, 그러니까 1702년 1월 6일에 세상을 떠나셨다. 우리가 함께 엑턴에 사는 나이 든 유지 분들의 이야기를 듣고 난 후, 너는 "큰할아버지가 돌아가신 날, 아버지가 태어나셨네요. 모르는 사람들이 보면 큰할아버지가 환생하신 줄 알겠어요."라며 나와 큰아버지가 놀라우리만치 많은 부분이 닮았다고 놀라며 말했었지.

둘째였던 존은 아마도 모직을 염색하는 일을 배웠던 것 같다. 셋째 벤저민은 런던에서 견습공으로 일하며 견직물 염색을 배웠다. 벤저민은 재주가 뛰어난 분이셨다. 어릴 적 보스턴에서 몇 년간 함께 지낸 적이 있어서 나 역시 벤저민 삼촌에 대해 잘 알고 있다. 꽤 장수를 한 편이었고, 손자인 새뮤얼 프랭클린은 아직도 보스턴에서 살고 있다. 때로는 가족들이나 친구들에게 시를 써 보내기도 했는데, 4절판으로 된 원고가 2권이나 남아 있다. 내게 보내준 원고의 견본은 아직도 이곳에 있다. 직접 속기술을 개발해서 내게도 가르쳐주었지만 제대로 연습을 하지 않아서 지금은 까맣게 잊어버렸다.

벤저민 삼촌의 이름을 따서 내 이름을 지을 정도로 아버지와 삼촌의 우애는 돈독했다. 벤저민 삼촌은 믿음이 매우 깊은 분이라 유명한 목사들의 설교를 전부 경청하고 이를 속기로 남겼는데, 그것만 해도 여러 권이다. 게다가 정치에도 관심이 많았는데, 타고난 신분에 비해 지나칠 정도였다. 최근에 런던에서 벤저민 삼촌이 1641년부터 1717년까지 공적인 문제에 대해서 만들었던 팸플릿들을 전부 구했다. 가끔 들리던 헌책방 주인이 우연히 발견해서 보내준 것으로 중간에 빠진 부분도 많지만 2절판 8권, 4절판과 10절판이 24권에 이른다. 아마도 50년 전 벤저민 삼촌이 미국으로 건너가면서 두고 간 것이 아닌가 싶구나. 팸플릿 여백마다 삼촌이 직접 남긴 메모들이 빽빽이 적혀 있다.

우리 가문은 평범했으나 일찍부터 종교개혁에 참여했다. 그리고 메리 여왕(1516~1558)이 집권하는 동안 개신교로 활동했다. 로마 가톨릭에 지나치게 반기를 드는 바람에 위기를 맞은 적도 있었다. 집에는 영어로 된 성경책이 있었는데 보통 때는 조립식 의자 덮개 아래 성경책을 펴서 끈으로 묶어두었다. 나의 할아버지의 할아버지가 성경책을 읽어주실 때면 의자를 뒤집어서 무릎에 대고 끈 아래로 책장을 넘겼다. 그러면 아이들 중 하나가 현관 앞에 서서 종교 재판소의 집행관이 오지는 않나 망을 보았다. 혹여 집행관이 들이닥치면 의자를 다시 뒤집어 원래대로 세워서 성경책이 있는지 눈치채지 못하도록 했다. 이 모든 이야기는 벤저민 삼촌을 통해 들은 것이다. 찰스 2세(1660~1685)의 집권이 끝날 즈음 우리 가족은 영국 국교회에 속해 있었다. 때마침 영국 국교회로 개종하기를 거부해서 파면을 당한 목사 몇 명이 노샘프턴셔에 와서 비밀 예배를 열었고, 벤저민 삼촌과 나의 아버지 조사이어는 그때부터 비국교회(국교회 이외의 교회—옮긴이)를 신봉하게 되었다. 나머지 가족들

22

은 끝까지 영국 국교회에 대한 믿음을 고수했다.

나의 아버지 조사이어는 젊은 나이에 결혼을 했는데, 1682년도에 아내와 아이 셋을 데리고 뉴잉글랜드로 이주했다. 당시에는 법으로 비국교도의 비밀 예배가 금지되었기 때문에 번번이 방해를 받았다. 때문에 자유로이 신앙생활을 할 수 있다는 주변 사람들의 말에 설득당해 뉴잉글랜드로 떠난 것이다. 아버지는 첫 아내로부터 4명의 아이를 더 두었지만 사별하셨고, 두 번째 아내로부터 10명의 아이를 두어서 총 17명의 자식을 낳았다. 언젠가 성인이 되어 결혼한 13명의 자식들과 함께 커다란 식탁에 둘러앉아 있던 아버지의 모습이 지금도 기억난다.

나는 뉴잉글랜드의 보스턴에서 태어났다. 아들 중 막내였고 아래로 누이동생이 둘 있었다. 두 번째 아내였던 어머니의 성함은 어바이어 폴저로 뉴잉글랜드의 초기 이민자였던 피터 폴저의 딸이다. 내 기억으로는 『미국에서의 그리스도의 위업(Magnalia Christ Americana)』이라는 뉴잉글랜드 교회사를 집필한 코튼 매더Cotton Mather는 외조부이신 피터 폴저를 "신앙심이 두텁고 학식 있는 영국인"이라고 추앙했다. 생전에 짧은 글들을 여러 편 기고했다고 들었는데 몇 해 전 확인한 바로는 정식으로 출판된 것은 하나뿐이었다. 1675년도에 발표된 그 글은 정부 관계자들에게 보내는, 당시 뉴잉글랜드의 시대상과 이주민들에 대한 소박한 시였다. 외조부는 그 글에서 양심의 자유를 옹호하고 당시 침례교도와 퀘이커교도 및 그 외에 박해를 받았던 여러 교파의 신도들을 감싸고, 인디언들과의 불화와 나라에 닥친 갖가지 불운들은 모두 지나친 박해 때문이라고 결론지었다. 하나님은 극악무도한 죄를 저지른 인간들을 심판하기 위해서 불운을 내리신 것이기에 종교의 자유를 억압하는 사악한 법을 당장 없애야만 한다고 간곡히 청하는 내용이었다. 솔직담백한 격조와 당당한 어조가 느껴지는 글이었다.

첫 두 연은 잊어버렸지만 마지막 여섯 줄은 아직도 기억하고 있다. 종교의 자유를 억압하는 법을 질책하는 것은 모두의 선을 위한 것이기에 이런 글을 썼다는 사실을 밝히는 것에 전혀 두려움이 없다는 내용이다.

> 진심으로 바라건대
> 한낱 비방자에 그치기는 싫어
> 내가 살고 있는 셔번 마을과
> 내 이름을 밝혀두고자 한다.
> 당신의 진정한 벗이자
> 악의를 벗어던진 피터 폴저.

어릴 때부터 공적인 일에
관심이 많았다

나의 형님들은 각기 다른 분야에서 견습공으로 일했다. 나는 8살이 되던 해에 라틴어 학교에 입학했다. 아버지는 십일조를 바치는 기분으로 아들 하나를 교회에 보낸 것이다. 글을 제대로 읽지 못해서 고전했던 기억이 없는 것으로 보아 어릴 적부터 글을 읽기 시작했던 것 같다.

아버지의 친구들도 나를 큰 그릇이 될 재목이라고 추켜세워주었기에 아버지도 나를 학교에 보내기로 결심한 것이다. 벤저민 삼촌 역시 그 의견에 찬성해 그동안 속기로 써놓은 설교집들을 친히 물려주셨다. 당신이 고안한 속기법을 익히면 내가 앞으로 살아가는 데 커다란 힘이 될 거라 생각하셨던 모양이다.

하지만 라틴어 학교에 다닌 시간은 채 일 년도 되지 않았다. 일 년 사이 나는 중간에서 일등이 되었고, 한 학년 올라가서 그 해 말에는 3학년까지 월반을 하기로 되어 있었다. 하지만 그동안 아버지의 생각이 바뀌었다. 대가족의 생활비를 대는 것도 만만치 않은 데다 대학교 학비까지 낼 여유도 되지 않았고, 대학을 나와도 부유하게 살기는 힘들다는 이유에서였다. 그건 아버지가 친구들에게 둘러댄 변명이기도 했다. 결국 아버지는 나를 학교에서 자퇴시키고 글쓰기와 셈을 가르치는 학교에 보냈다. 당시 그 학교를 운영하던 조지 브라우넬은 자애로운 성품과 아이들에게 용기를 북돋워주는 교육 방식으로 유명한 분이었다. 덕분에 글쓰기 실력은 일취월장했지만 어쩐 일인지 셈을 하는 쪽으로는 별다른 진전을 보이지 못했다.

10살이 되던 해부터 집에서 아버지의 일을 도왔다. 아버지는 수지 양초와 비누를 만드셨다. 아버지가 처음부터 했던 일은 아니지만, 뉴잉글랜드로 이주한 후부터 염색 일이 거의 없어 생활을 유지하기 힘들어지자 새로 시작한 일이었다. 나는 양초의 심지를 자르고 틀에 재료를 굳혀 양초를 만들고, 가게를 지키고, 잔심부름을 도맡아 했다. 하지만 양초를 만들어 파는 것이 싫었고 바다에 나가고 싶은 마음뿐이었다. 바다 근처에서 자라면서 물과 친하게 지냈던 터라 어릴 적부터 수영을 잘했고, 배를 모는 것도 능숙했다. 친구들과 배나 카누를 탈 때면 항상 선두에서 지휘를 맡았는데 특히 난코스를 만날 때마다 실력을 발휘했다. 물에서 놀 때만 그랬던 것은 아니다. 평소에도 항상 골목대장 역할을 맡아 친구들을 선동해 말썽을 피우기도 했다. 그 중에서도 비록 성공하지는 못했으나 내가 어릴 때부터 공적인 일에 관심이 많았다는 것을 보여주는 일화를 소개하고자 한다.

물방아용 저수지 한쪽에는 바닷물과 이어지는 늪지대가 있었다. 가끔 물이 최고조로 차오르는 날이면 아이들과 함께 잔챙이를 낚으러 가곤 했다. 낚시를 한답시고 얼마나 밟아댔는지 늪지대가 진흙탕으로 변할 정도였다. 진흙탕에 발을 대지 않고 고기를 낚기 위해서는 받침대가 필요했다. 그래서 새 집을 짓기 위해서 근처에 잔뜩 쌓아두었던 돌무더기를 친구들에게 보여주었다. 그 정도면 탄탄한 받침대를 쌓을 수 있을 것 같았다.

그날 밤, 집을 짓던 인부들이 모두 돌아간 후, 나는 친구들 몇 명과 함께 열심히 돌무더기를 날랐다. 2~3명이 힘을 합쳐 커다란 돌을 날라가며 마침내 받침대를 세울 수 있었다. 다음 날 아침, 잔뜩 쌓여있던 돌무더기가 쥐도 새도 모르게 사라지자 인부들이 주변을 찾아 나섰고 결국 우리가 세운 받침대를 발견했다. 그리고 얼마 지나지 않아서 우리들의 소행이라는 것이 들통났다. 인부들에게 크게 혼난 것은 물론이고 아버지에게도 된통 혼쭐이 났다. 나는 고기를 낚기 위해서 필요한 일이었다고 반론했지만 아버지는 정직하지 못한 방법으로는 유익한 일을 해낼 수 없다고 말씀하셨다.

　이쯤에서 너의 조부의 성품에 대해 말해두는 편이 나을 듯하구나. 그분은 적당한 키와 다부진 체격의 소유자로 무척이나 건강한 분이셨다. 머리가 비상하셨고 그림 솜씨도 뛰어난 데다 음악적인 재능과 맑은 목소리를 가진 분이셨다. 아버지가 일과를 마치고 집에 돌아와서 바이올린을 연주하며 노래를 부를 때마다 귀가 호강을 하는 기분이었다고 할까. 게다가 기계도 잘 다루셔서 다른 사람이 쓰던 장비를 빌리더라도 뭐든지 잘 고치셨다. 하지만 무엇보다 큰 장점은 바로 사적인 일이나 공적인 일을 막론하고 신중히 결정해야 할 사안이 생기면 이성적이며 분별 있는 판단을 내리셨다는 점이다.

　물론 네 조부께서는 공적인 일에 참여하지는 않으셨다. 자식들이 워낙 많은 데다 형편도 넉넉지 않아서 오롯이 식솔들을 건사하는 데 집중해야 했으니 말이다. 하지만 내 기억으로는 마을의 어른들이 중요한 거사를 처리해야 할 때마다 아버지를 찾아와서 조언을 구하곤 했었다. 개인적으로 힘든 일에 처한 사람들도 상담을 구했고, 쌍방을 중재할 적임자가 필요할 때도 아버지의 도움을 청했다.

　나의 아버지는 현명한 친구들이나 이웃을 초대해 함께 식사를 하며 이야기를 나누는 것을 좋아했다. 그럴 때면 아이들 인생에 도움이 될 만한 유용하고 창의적인 주제로 대화를 이끄셨다. 그렇게 올바르고 선하고 현명한 방향으로 자식들을 이끌려고 노력하셨다. 저녁 식사의 중심이 대화로 쏠리다보니 당연히 음식에는 크게 관심이 쏠리지 않았다. 맛이 있건 없건, 제철에 나는 음식이건 아니건, 양념이 제대로 쓰였건 아니건 간에 별 신경을 쓰지 않았다. 그런 환경에서 자라다보니 지금까지도 나 역시 식탁에 차려지는 음식에 무관심한 편이다. 뭘 먹는지도 주의 깊게 보지 않아 식사 후에 무엇을 먹었느냐고 물으면 정확히 대답을 하기 힘들 정도다. 덕분에 여행을 다닐 때는 오히려 편했다. 매일 맛있는 음식에 길들여진 사람들은 뭘 먹어도 불평불만이 많은 법이다.

어머니도 매우 건강한 분이라 10명의 아이들을 전부 모유로 키우셨다. 아버지는 89세, 어머니는 85세에 돌아가셨고, 생전에 한 번도 크게 병치레를 한 적이 없었다. 두 분은 보스턴에 함께 묻히셨는데, 몇 해 전에 두 분의 무덤에 대리석으로 만든 묘비를 세워드렸다.

조사이어와 어바이어 부부가

이곳에 함께 잠들다.

55년이라는 결혼 생활 동안

엄청난 재산과 유명세는 얻지 못했지만

부지런하고 성실하게 살며 신의 은총을 받아

많은 자손들을 건실히 키웠으며

열세 명의 자녀들과 일곱 명의 손주를

훌륭하게 키웠다.

누구라도 이 묘비명을 읽는 자는

자신에게 주어진 의무에 충실하고

신의 섭리에 순응하며 정진하기를.

성실하고 신중한 성품의 남편

자애롭고 현명한 성품의 아내

조사이어 부부의 막내 아들 벤저민 프랭클린이

부모님을 추모하며 비석을 세우다.

조사이어 프랭클린(1655~1744), 향년 89세

어바이어 프랭클린(1667~1752), 향년 85세

이야기의 주제가 이상한 데로 흐르는 걸 보니, 나도 나이를 먹기는 한 모양이다. 젊을 때는 논리정연하게 글을 썼는데 말이다. 하지만 편한 사람들이 모이는 자리에 잔뜩 차려입고 나가지 않는 법이다. 이마저도 핑계일 테지만 허물이 없어 편하게 느껴진 탓일 것이다.

다시 본론으로 돌아가서, 나는 12살이 될 때까지 아버지의 조수 노릇을 했다. 아버지 밑에서 일을 배우던 존 형이 결혼을 해서 로드아일랜드로 이사가 살림을 꾸리자, 내가 아버지의 뒤를 이어서 양초를 만들어야 할 지경이 되었다. 내가 장사를 싫어한다는 것을 알고 계셨던 아버지는 큰 고민에 빠지셨다. 안 그러면 조사이어 형처럼 아버지의 뜻을 어기고 바다로 떠나버릴 거라고 생각하셨던 게다. 그래서 목수, 벽돌공, 선반공, 놋갓장이(놋그릇을 만드는 일을 직업으로 하는 사람-옮긴이)들이 일하는 곳으로 나를 데리고 다니며, 흥미를 보이는 쪽으로 진로를 정해주려고 하셨다. 안 그랬다가는 갑자기 배를 탄다며 떠날지도 모를 일이었으니까. 온갖 분야의 솜씨 좋은 장인들의 작업을 지켜본 것은 매우 즐겁고 유용한 경험이었다. 덕분에 일꾼이 없어도 집 안팎의 소소한 문제들을 눈동냥으로 배운 기술로 쉽게 해결할 수 있었다. 게다가 새로운 실험에 대한 욕심이 생겨서 작은 기계들도 직접 만들 수 있게 되었다.

마침내 아버지는 내게 칼을 만드는 기술을 가르치기로 결심하셨다. 때마침 런던에 살던 벤저민 삼촌의 아들 새뮤얼이 칼 만드는 일을 배워서 보스턴에 가게를 열었다. 내 적성에 맞는지 알아볼 요량으로 아버지는 나를 새뮤얼의 가게로 보내셨다. 하지만 새뮤얼이 나를 견습생으로 들이는 대신 교육비를 달라고 하는 바람에 아버지는 기분이 상해서 곧바로 나를 집으로 불러들이셨다.

02

인쇄공 일을
배우다

낮에는 일하고, 밤을 새우며 책을 읽다

글을 쓸 때마다 주의를 기울이다

겸손하게 의견을 개진하는 습관을 들이다

무일푼인 17세 소년, 뉴욕에 도착하다

벤저민 프랭클린 자서전

낮에는 일하고,
밤을 새우며 책을 읽다

　나는 어릴 때부터 책 읽기를 좋아했다. 조금이라도 돈이 생기면 곧바로 책을 살 정도였다. 그 중에서도 존 번연John Bunyan의 『천로역정』을 가장 좋아했다. 처음으로 수집하기 시작한 책도 존 번연의 작품들로 돈이 생길 때마다 낱권으로 사서 모으기 시작했다. 나중에는 행상에게 그 책들을 팔아서 버튼R. Burton의 『역사총서』로 바꾸었는데 45권의 문고판으로 된 역사전집은 꽤 저렴한 편이었다.

　아버지의 작은 서재에는 신학계의 논증을 다룬 서적들이 많았다. 그 책들을 거의 다 읽기는 했지만 더 많은 지식을 갈구하던 시기에 다양한 분야의 양서를 접하지 못했던 점은 아직도 아쉬움으로 남는다. 이제는 목사로서 봉사하지 않으리라는 점이 확실해졌으니 말이다. 그 중에서도 플루타르코스Plutarchos의『플루타르크 영웅전』은 몇 번이나 읽었는데 돌이켜보면 가장 커다란 도움이 되었던 것 같다. 대니얼 디포Deniel Defoe의『계획론』과 코튼 매더 박사의『선행을 위한 에세이』는 나의 사고를 완전히 뒤바꾸어 놓았으며 인생의 중대한 사건들에도 지대한 영향을 끼쳤다.

나의 책벌레적인 기질을 눈치챈 아버지는 제임스 형이 인쇄업에 종사하고 있음에도 나를 인쇄공으로 키우기로 결심하셨다. 1717년 영국에서 인쇄기와 활자를 들여온 제임스 형은 이미 보스턴에 자리를 잡은 상태였다. 물론 아버지의 사업을 이어받는 것보다는 훨씬 나았지만 바다에 대한 나의 미련은 그대로였다. 아버지는 혹시 막내아들이 바다로 떠나버릴까봐 하루빨리 나를 형의 가게로 보내고 싶어하셨다. 나는 한참을 버텼지만 결국 아버지의 설득에 넘어가 12살이라는 어린 나이에 견습공으로 일한다는 계약서에 서명을 하게 되었다. 21살까지 견습공으로 일하고 마지막 일 년 동안은 제대로 월급을 받는다는 조건이었다.

형의 인쇄소에서 일을 시작한지 얼마 지나지 않아서 나는 인쇄 일에 능숙해졌고 제임스 형의 일손을 다분히 덜어주었다. 덕분에 좋은 책들도 접할 수 있었다. 책방에서 일하는 직원들과 친분이 생겨 책을 빌려 볼 수 있게 된 것이다. 물론 깨끗하게 보고 빨리 돌려주어야만 했다. 혹여 책을 잃어버리거나 영업시간에 손님이 찾을 때 없으면 안 되었기 때문에 저녁에 빌려 아침 일찍 돌려주어야 했다. 결국 밤을 새우며 책을 읽는 수밖에 없었다.

그렇게 얼마간을 인쇄공으로 일하던 중, 형의 인쇄소에 자주 드나들던 명망 있는 사업가인 매튜 애덤스 씨를 만나게 되었다. 그분은 엄청난 양의 책을 보유한 서재를 가지고 있었는데, 내가 책을 좋아하는 것을 알아보고는 친히 집으로 초대해 내가 읽고 싶어하는 책들을 흔쾌히 빌려주셨다.

당시 나는 시에 빠져 있어서 짧은 시도 몇 편 끄적거리곤 했다. 형은 시를 써서 돈을 벌 수 있을 거라 생각해 나에게 민요를 써보라고 부추겼다. 그때 쓴 두 편 중 하나가 위딜레이크 선장이 두 딸과 함께 바다에서 조난을 당한다는 내용의 〈등대의 비극〉이고, 나머지 하나는 티치라는 해적을 잡기 위해 나선 뱃사람들에 대해 노래한 〈티치〉라는 작품이다.

두 작품 모두 졸작이었지만 형은 친히 시집을 인쇄해서 마을에 가서 팔아보라고 격려했다. 첫 번째 작품은 최근에 벌어졌던 사건을 소재로 한 덕분에 꽤 많이 팔렸고 나의 자만심은 하늘을 찔렀다. 하지만 아버지는 졸작이라고 비웃으며 시 나부랭이를 쓰는 자들은 죄다 가난하다고 말씀하셨다. 덕분에 기세등등하던 어깨가 한풀에 꺾였다. 만약 내가 시인이 되었더라도 삼류 시인에 그쳤을 것이다. 다행히 내가 써온 산문들의 경우는 달랐다. 인생을 사는 데 지대한 도움이 되었고, 나 자신을 발전시키는 데 큰 디딤돌이 되었다. 이제부터 내가 어떻게 글재주를 갈고 닦았는지에 대해 이야기하도록 하겠다.

글을 쓸 때마다
주의를 기울이다

　시내에는 나 말고도 책벌레로 소문이 난 존 콜린스라는 청년이 있었다. 우리는 친해졌고 가끔씩 만나서 토론을 하거나 서로의 의견에 논박을 하며 시간을 보냈다. 하지만 논쟁을 너무 즐기다 보면 나쁜 버릇이 들기 십상이다. 상대의 말에 반박하는 것이 습관이 되어서 자주 충돌하거나 상대의 기분을 상하게 만들어 불화를 부를 수 있기 때문이다. 게다가 친구와 우정을 쌓아야 할 자리에서 오히려 적대감과 혐오감을 불러오기 쉽다. 나는 종교적 논쟁을 다룬 아버지의 책을 읽고 이 점을 절실히 느꼈다. 유심히 관찰해보니 제대로 된 상식을 가진 사람들, 가령 법률가나 학자, 그리고 에딘버러대학교에서 교육을 받은 고위층 인사들을 제외하고는 대부분 논쟁의 악습에 젖어 있는 듯했다.

　언젠가 콜린스와 이런 저런 이야기를 나누다가 자연스럽게 논쟁을 시작하게 되었다. 논쟁의 주제는 여성이 교육을 받을 능력을 가졌는지, 그리고 교육을 받는 것이 타당한 일인지에 대해서였다. 콜린스는 여성들은 태생적으로 학문과는 어울리지 않는다고 주장했다. 나는 논쟁을 위해 그와 반대의 입장을 내세웠다. 콜린스는 워낙 말솜씨가 좋은 편이라 정확한 논리보다 조리 있는 말로 내 기를 죽이곤 했다. 결국 우리는 제대로 결론을 내리지 못한 채 헤어졌고 한참 동안 만날 기회가 없었다. 그래서 나는 책상에 앉아 내가 주장하고자 하는 바를 글로 써서 보냈다. 콜린스도 그에 대한 답장을 보냈고, 나는 다시 그에 대한 반박의 글을 보냈다.

이런 식으로 몇 번인가 서신이 오가는 사이, 우연치 않게 아버지가 편지의 내용을 알게 되었다. 아버지는 논쟁에 대해서 이렇다 할 의견을 내놓는 대신, 나의 글쓰기 기법에 대한 조언을 해주셨다. 내가 철자법이나 구두법을 정확히 사용하는 부분에 있어서는 상대보다 앞서 있지만(인쇄소에서 일을 한 덕분이었다), 표현의 정확성이나 글을 이끌어가는 능력과 명쾌함의 부분에 있어서는 많이 뒤처져 있다는 것이었다. 그러면서 몇 가지 예를 들어주셨다. 나 역시 아버지의 지적에 일리가 있음을 깨달았다. 그 후로 항상 글을 쓸 때마다 주의를 기울였고 실력을 향상시키기 위해 열심히 노력했다.

그 무렵 〈스펙테이터〉라는 잡지 한 권을 보게 되었다. 내가 본 게 세 번째 발간된 것으로, 예전에는 한 번도 본 적이 없던 종류의 책이었다. 그때부터 주간지를 읽는 데 재미를 붙이게 되었다. 잡지에 기고된 글의 문장들이 하나같이 유려해서 어떻게든 배워보고 싶은 심정이었다. 마침내 나는 몇 페이지를 골라 문장의 키워드만 간단히 메모해두었다. 그리고 며칠이 지난 후에 책을 보지 않고 발췌해두었던 단어들을 문맥에 맞추어 옮기되 예전의 문장을 복원해보려고 나름 노력했다. 그리고 〈스펙테이터〉의 원래 글과 내가 쓴 〈스펙테이터〉의 모사 글을 비교해보고 잘못된 부분을 수정했다. 내가 원하는 것은 풍부한 어휘력과 이를 적재적소에 사용할 수 있는 능력이었다. 만약 계속 시를 썼다면 이런 능력을 키울 수 있었을 것이다. 시의 운율을 맞추기 위해서는 같은 의미를 가진 다양한 단어들을 찾아야 하기 때문이다. 그러면 언어의 마술사처럼 다양한 표현들을 능숙히 사용할 수 있었을 것이다. 나는 잡지에 실린 글을 골라서 이를 시로 바꾸어 썼다. 그리고 머릿속에서 원래 글이 희미해질 무렵 시를 다시 산문으로 고쳐서 썼다. 때로는 산문을 요점 정리해서 앞뒤를 섞었다가 몇 주 후에 올바른 순서대로 배열하고 완벽하게 원문으로 복원하는 연습도 했다. 그렇게 머릿속의 생각을 정리하는 법을 터득했고 잘못된 점을 고치면서 어휘와 글쓰기 기법이 발전했다는 사실을 깨닫고 무척 기뻤다. 이렇게만 노력한다면 언젠가는 괜찮은 작가가 될지도 모른다는 생각이 들었다.

이러한 글쓰기 훈련은 하루 일과가 끝나고 난 저녁 시간이나 이른 새벽, 그리고 일요일에 주로 이루어졌다. 다들 일요일에는 예배를 드리러 갔지만 나는 온갖 핑계를 대면서 교회에 가지 않고 인쇄소에 혼자 남으려 기를 썼다. 아버지 밑에서 일을 할 때는 교회를 빠질 수 없었다. 매주 일요일에 예배를 드리러 가는 건 당연한 일이었지만, 일요일 말고는 따로 시간을 내서 글쓰기 훈련을 한다는 것이 불가능했다.

겸손하게 의견을 개진하는
습관을 들이다

16살 무렵, 우연히 트라이언이라는 사람이 쓴 채식을 권장하는 내용의 책을 읽게 되었다. 나는 채식을 실행에 옮겨보기로 했다. 당시 미혼이던 형은 따로 살림을 차리지 않고 견습생들과 함께 하숙을 하고 있었다. 그런 와중에 내가 채식을 한답시고 까탈을 부리자 다들 불편하다고 난리였고 결국 잔소리까지 들었다. 결국 나는 트라이언이 제안한 요리법을 직접 익히기로 결심했다. 감자와 쌀을 익히고 즉석 푸딩을 만드는 방법 같은 것이었다. 그리고 매주 내 몫의 식비로 사용하는 비용의 절반만 주면 혼자 식사를 해결하겠노라고 형에게 제안했다. 형은 흔쾌히 잔성했다. 직접 음식을 해먹기 시작하면서 형에게 받은 돈의 절반을 절약할 수 있게 되었다. 그리고 남은 돈은 책을 사는 데 썼다.

또 다른 이점도 있었다. 형이 견습생들과 식사를 하러 나간 동안 혼자 인쇄소를 사용할 수 있다는 것이었다. 나는 비스킷이나 빵 한 조각과 건포도 한 줌, 빵집에서 산 과일 파이와 물 한 잔으로 끼니를 때우고 사람들이 돌아오기 전까지 공부에 열중했다. 음식을 줄이니 두뇌 회전이 더욱 빨라졌고 이해력도 높아져서 성취도도 훨씬 높아졌다.

그 무렵 제대로 계산을 못해 몇 번인가 창피를 당했다. 어릴 적 학교에서 제대로 산수를 익히지 못한 탓이었다. 이참에 코커의 산수책을 독학으로 공부하기로 마음먹었는데 웬일인지 내용이 술술 이해가 되었다. 또한 셀러와 셔머의 항해술에 대한 책도 읽었고 책 속에 나오는 기하학에 대해서도 조금은 알게 되었다. 물론 기하학을 심도 깊게 익힌 것은 아니다. 이때쯤 로크John Locke의 『인간오성론』과 포르루아얄Port-Royal 학파의 『사고의 기술』도 독파했다.

한창 어문학 공부에 빠져 있을 때, 우연히 그린우드의 영문법 책을 만나게 되었다. 마지막 부분에 수사학과 논리학의 기술이 간략히 소개되어 있었고, 소크라테스식 논쟁법의 예시도 등장한 것으로 기억한다.

얼마 후에는 크세노폰Xenophon의 『소크라테스의 회고록』을 구해서 논쟁법의 다양한 예를 확인했다. 덕분에 상대의 의견을 정면으로 반박하고 싸우듯이 논쟁하기보다는 겸손한 태도로 질문을 던지고 상대의 의견에 논리적으로 반박하는 기술을 익혔다. 또한 섀프츠베리Shaftesbury와 콜린스가 쓴 글을 읽었는데 평소 기독교의 여러 가지 교리에 대해 많은 회의를 품고 있던 나에게 소크라테스식 논쟁법이 큰 도움이 된다는 사실을 깨달았다. 그 방식대로 논쟁을 하면 내 입장에서 가장 안전하면서도 상대를 꼼짝 없이 곤경에 빠트릴 수 있기 때문이다. 그래서 이를 꾸준히 연습해서 나보다 훨씬 학식이 높은 사람들까지 나의 의견에 동조하게 만들 수 있는 경지에 올랐다. 논쟁 상대가 미처 알아차리지 못하는 사이 그들을 몰아쳐서 애초에 기대했던 것보다 더 커다란 승리를 거두었다.

그렇게 몇 년 동안 고수하던 논쟁 방식을 점차 지양하고, 나는 겸손하게 나의 의견을 개진하는 습관을 들였다. 이를테면 논쟁의 소지가 있는 의견을 밝힐 때는 '분명' '의심할 나위 없이' 등의 독단적인 말투다는 '이러저러한 이유 때문에 내 생각은 이러하다.' '제 짐작으로는 그렇습니다.' '내 생각이 틀리지 않다면' 등의 말을 사용했다. 이러한 습관은 상대를 설득하고 나의 계획을 납득시킬 때 굉장히 도움이 되었다.

무릇 대화의 목적은 정보를 교환하고 즐거움을 나누고 상대를 설득하는 데 있다. 제아무리 지식이 풍부하고 선한 사람이라도 독단적이고 거만한 태도로 대화에 임한다면 상대의 반감을 불러일으켜 본래 힘을 발휘하지 못하게 된다는 점을 반드시 기억하기 바란다. 안 그러면 유익한 정보와 즐거움을 나누려던 대화의 목적이 좌절될 것이다. 독단적인 태도로 내 의견을 관철시키려 하다 보면 상대는 오히려 반발심이 생겨서 귀를 닫아버리게 된다. 그러한 태도로는 상대를 즐겁게 할 수도, 설득할 수도 없다. 그러니 자기 생각에 갇혀서 고집스러운 태도를 보이지 말아야 한다. 그러면 신중하고 분별 있는 사람들은 당신의 오류를 알아채고도 모른 척할 것이다. 알렉산더 포프Alexander Pope는 다음과 같은 명언을 남겼다.

> 상대를 가르치려고 들지 않아야 하며
> 상대가 모르는 일은 잠시 잊고 있던 것으로
> 눈감아주어야 한다.
> 확신이 들더라도
> 다소 주저하는 태도로 말하라.

그런데 포프의 다음 말은 앞뒤 맥락에서 다소 벗어나는 듯싶다.

> 겸손함의 부족은 분별력이 부족하기 때문이다.

그의 말이 왜 맥락을 벗어난 것인지는 다음 두 행을 읽어보면 알 수 있다.

> 불손한 언행에 대해서는 변명의 여지가 없다.
> 겸손함의 부족은 바로 분별력이 부족한 탓이니까.

포프가 말하는 분별력의 부족은 오히려 겸손함이 부족하다는 것을 옹호하는 것처럼 느껴지지 않는가? 그렇다면 다음과 같이 수정하는 것이 좋을 듯하다.

불손한 언행에 대한 변명은 한 가지뿐이다.
겸손함이 부족하면 분별력이 부족한 법이다.

이 점에 대해서는 더 현명한 자들의 판단에 맡겨두기로 하자.

무일푼인 17세 소년, 뉴욕에 도착하다

1720년이던가, 1721년 무렵부터 형은 신문을 발행하기 시작했다. 〈뉴잉글랜드 신보〉는 미국에서 두 번째로 발간된 신문으로, 그전에는 〈보스턴 회보〉 하나뿐이었다. 형의 주변 사람들은 신문은 하나면 충분하다고 형을 만류했다. 1771년 현재, 미국에서 발간되는 신문은 25종에 이른다. 어쨌거나 형은 〈뉴잉글랜드 신보〉의 발간을 서둘렀고, 조판과 인쇄가 끝나자 곧바로 거리로 들고나가 행인들을 상대로 판매에 나섰다.

형의 주위에는 재주 있는 친구들이 몇 있었는데 〈뉴잉글랜드 신보〉에 짤막한 글을 기고하며 즐거워했다. 그 덕에 구독자도 많이 늘었고 평판도 좋아졌다. 형의 친구들은 인쇄소를 자주 찾았다. 형과 친구들이 나누는 대화에서 독자들에게 좋은 평을 듣고 있다는 자랑 섞인 말을 들을 때마다 나도 글을 써서 함께 대화를 나누고 싶은 강한 자극을 받았다. 하지만 당시만 해도 나이가 어렸고, 내가 쓴 글이라면 형이 반대할 것이 불을 보듯 당연했다. 결국 나는 필체를 바꾸어 저자 미상의 글인 것처럼 밤늦게 인쇄소에 몰래 가져디 두었다.

다음 날 아침, 형은 인쇄소를 찾은 친구들에게 그 원고를 보여주었다. 그들은 내가 듣는 앞에서 솔직한 평을 나누었다. 글솜씨가 좋다는 칭찬을 들으면서 남모를 쾌감도 느꼈다. 원고를 쓴 사람이 누굴까 추측하면서, 학식이 뛰어나고 저명한 인사일 거라고 떠들어대는 말에 으쓱해졌다. 이제와 생각해보면 내가 운이 좋아서 마음씨가 고운 심사위원들을 만났거나 형 친구들이 그리 날카로운 비평가는 아니었던 것 같다.

어쨌거나 그 일로 용기를 얻은 나는 몇 편의 글을 더 써서 이전과 같은 방법으로 인쇄소에 가져다놓았고, 역시나 호평이 이어졌다. 그렇게 한동안은 비밀을 지켰지만 얄팍한 글쓰기 자료가 바닥이 나자 어쩔 수 없이 형을 찾아가 비밀을 털어놓았다. 형의 친구들은 깜짝 놀라 나의 실력을 칭찬했지만 형은 그다지 달가워하지 않았다. 어쩌면 그 일로 내 콧대가 하늘을 찌를 거라고 생각했는지도 모르겠다.

아무튼 그 무렵부터 우리 형제 사이에 불화가 시작된 것 같다. 무명의 원고를 기고한 것이 불화의 씨앗이 된 셈이다. 한 가족이지만 나는 인쇄소에서 일하는 견습생에 불과했고, 형은 내가 다른 사람들처럼 똑같이 일해야 한다고 생각했다. 반면 내 입장에서는 한 핏줄인데 관대함이라곤 없이 너무 가혹하게 군다며 형을 원망하고 있었다. 때로는 아버지가 보는 앞에서 말다툼을 벌이기도 했다. 내 주장이 옳았던 건지, 아니면 논리적으로 주장을 한 건지는 모르지만 아버지는 거의 내 편을 들어주셨다. 하지만 성질이 불같았던 형은 화를 참지 못하고 손찌검을 하기에 이르렀고 나는 마음이 상할 대로 상해버렸다(형이 워낙 포악하게 성질을 부리는 바람에 평생을 권력을 휘두르는 자들을 혐오하며 지냈는지도 모르겠다).

안 그래도 견습생으로 일하는 것에 염증을 느끼던 참이었는데 생각지 않았던 기회가 찾아왔다. 지금은 정확히 기억나지 않지만 형이 발간하는 신문에 기고했던 정치 관련 논평이 주 의회의 노여움을 산 적이 있었다. 결국 형은 의장이 보낸 소환장을 받게 되었고, 조사를 받은 후 1개월간 수감되기에 이르렀다. 형이 끝까지 논평을 쓴 사람의 이름을 함구했기 때문이었다. 나 역시 조사를 받았다. 하지만 뾰족한 답을 제시하지 않고도 쉽게 풀려났다. 아마도 고용주를 위해 비밀을 지켜야 하는 견습생 정도로 보고 풀어준 것 같다.

형과의 사이는 좋지 않았지만 억울하게 옥살이를 하게 된 점에 분개한 나는 공석이 된 발행자의 역할을 도맡게 되었다. 뿐만 아니라 용감하게 정치인들을 비난하는 글도 실었다. 형은 고마워했지만 다른 사람들은 어린놈이 남들 깎아내리는 데 신이 났다며 아니꼬운 시선으로 바라보았다. 마침내 형이 감옥에서 풀려났다. 하지만 주 의회로부터 기묘한 명령을 받게 된다. 그것은 바로 "제임스 프랭클린은 앞으로 〈뉴잉글랜드 신보〉를 발행하지 못한다."라는 내용의 명령이었다.

제임스 형과 친구들은 인쇄소에 모여서 머리를 맞대고 어떻게 위기를 극복할지에 대한 토론을 벌였다. 신문 명칭을 바꿔서 의회의 명령을 피해가자는 의견도 있었다. 하지만 형은 도리어 귀찮은 일이 생길지 모른다고 잘라 말했다. 결국 신문 발행인의 이름을 벤저민 프랭클린으로 바꾸어 신문을 계속 발행하는 것으로 결론이 났다. 혹시 어린 견습생의 신분으로 신문을 발행한다는 것이 문제가 될 경우를 대비해 고용해지 각서를 작성해서 이를 증거로 제시하기로 했다. 한편 남은 기간을 형의 밑에서 일한다는 내용의 비밀고용계약서에도 서명을 해야 했다. 그렇게 몇 달 동안 〈뉴잉글랜드 신보〉는 내 이름으로 발행되었다.

그로부터 오래지 않아, 제임스 형과 나 사이에 다시 문제가 터졌다. 지금 상황에서는 새로 작성한 고용계약서를 문제 삼지 못하리라는 확신이 들었던 나는 이제는 자유의 몸이라고 우기기 시작했다. 하지만 상대의 약점을 이용한 것은 올바른 행동이 아니었다. 당시 나의 행동은 인생 최초의 실수였다고 인정한다. 하지만 화만 나면 손찌검을 하는 형의 행동에 화가 나 있던 터라 그런 생각을 할 여유도 없었다. 손버릇이 험하다는 점만 빼면 흠잡을 데 없는 사람인데 아마도 나의 당돌하고 호전적인 태도가 형의 화를 불렀는지도 모르겠다.

내가 다른 인쇄소를 찾아가서 일을 구할지도 모른다고 생각한 형이 미리 시내의 인쇄소들을 찾아가 손을 써놓아서 일자리를 구하는 것도 녹록지 않았다. 그래서 인쇄소에서 일을 할 수 있는 가장 가까운 도시인 뉴욕으로 발걸음을 돌렸다. 어차피 보스턴에서는 오만방자한 녀석으로 미움을 산 터라 이번 기회에 다른 곳으로 떠나고도 싶었다. 게다가 평소 기독교의 교리를 의심하는 논쟁을 자주 벌여서 혹시 이단자나 불신론자가 아니냐는 손가락질까지 받던 참이었다. 그렇게 뉴욕으로 떠나기로 마음먹었지만 이번만큼은 아버지도 형의 손을 들어주셨다. 이렇게 나가다가는 아버지의 방해에 이도저도 못하고 몰릴 판이었다.

그래서 평소 친하게 지내던 콜린스의 도움을 구했다. 콜린스는 뉴욕으로 가는 배의 선장을 만났고 안타까운 사정을 꾸며서 나를 돕기로 했다. 나는 가지고 있던 책을 팔아서 여비를 마련했고 사람들의 눈을 피해 배에 올랐다. 다행히 내가 탄 배는 순풍을 만나 3일 만에 300마일 떨어진 뉴욕에 도착했다. 그렇게 나는 열일곱이라는 나이에 추천장 하나 없이 거의 무일푼 상태로 객지에 발을 디디게 되었다.

03

필라델피아에
도착하다

집을 떠난 것을 뼈저리게 후회하다

필라델피아 시장 근처의 부두에 도착하다

인쇄소 일자리를 노인에게 소개받다

뜻밖의 일이 생겨 보스턴으로 돌아가다

벤저민 프랭클린 자서전

집을 떠난 것을
뼈저리게 후회하다

당시만 해도 나는 바다에 대한 열망을 완전히 접은 후였다. 그렇지 않았다면 오랜 꿈을 이루기 위해 선원이 되었을 것이다. 하지만 나는 인쇄 기술을 제대로 배웠고 꽤 쓸만한 인쇄공이라 자부하고 있었다. 그래서 뉴욕의 윌리엄 브래드퍼드라는 노인의 인쇄소로 찾아가 일자리를 달라고 청했다. 그는 본래 펜실베이니아 주에서 최초로 인쇄업을 시작했는데 사정이 생겨 뉴욕으로 돌아왔다고 했다. 게다가 일감도 거의 없는데 인쇄공들이 넘쳐나서 나를 고용하기엔 무리였다. 대신 그는 다른 제안을 했다.

"필라델피아에 내 아들이 하는 인쇄소가 있네. 아킬라 로즈라는 친구가 세상을 떠나는 바람에 일손이 달린다고 하더군. 그쪽에 가면 일자리를 찾을 수 있을 걸세."

필라델피아는 뉴욕에서도 100마일이나 더 가야 하는 곳이었다. 나는 앰보이로 향하는 작은 배에 몸을 실었고, 짐은 다음 배로 보내기로 했다. 하지만 뉴욕 만을 건너던 중 돌풍을 만나는 바람에 돛이 산산조각이 나버렸고, 마침내 킬 해협이 아닌 롱아일랜드 쪽으로 밀려가고 말았다. 그 와중에 만취한 네덜란드인 승객 하나가 바다 아래로 빠져버렸다. 나는 막 물에 빠지려던 승객의 머리채를 붙잡고 겨우 끌어올려 다시 배에 태웠다. 찬물에 빠졌다가 나와서 술이 조금 깬 그는 주머니에서 책을 한 권 꺼내 내게 맡기고 다시 잠이 들었다. 예전에 내가 무척 좋아했던 존 번연의『천로역정』네덜란드어 판으로, 동판 삽화가 삽입되고 고급 용지에 인쇄된 책이었다. 당시 내가 보았던 어떤 원어판보다도 훌륭했다. 그제야『천로역정』이 유럽 대부분의 언어로 번역되었고 성서 다음으로 가장 많이 읽히는 책이라는 사실을 알게 되었다.

내가 아는 바로 존 번연은 대화와 서술을 더해서 글을 쓴 최초의 작가로 독자들을 끌어당기는 큰 힘을 가지고 있었다. 이야기가 정점으로 치달을 때가 되면 독자들은 작품 속에 빠져들어 등장인물들과 함께 대화를 나누는 듯한 느낌을 받았다. 대니얼 디포는 이러한 글쓰기 기법을 이어받아『로빈슨 크루소』『몰 플랜더스』『신성한 구혼』『가정교사』등의 작품에서 큰 성공을 거두었다. 사무엘 리처드슨Samuel Richardson 역시 그의 대표작『파멜라』에서 동일한 기법을 사용했다.

어렵사리 롱아일랜드 근처에 가까워졌지만 아무리 봐도 배를 정박할 만한 공간이 눈에 띄지 않았다. 해변에는 온통 바위투성이였고 파도도 너무 높았다. 결국 우리는 닻을 내리고 뱃머리를 해안 쪽으로 돌렸다. 그때 사람들 몇 명이 해안으로 달려와 뭐라고 소리쳤다. 하지만 워낙 바람이 세고 파도소리가 커서 우리가 소리를 질러도 들리지 않는 모양이었다. 해변 근처에 통나무배들이 보여서 구조 신호를 보내고 소리쳤지만 우리 목소리가 들리지 않는 건지 불가능하다고 생각한 건지 얼마 후 멀리 떠나버렸다.

그렇게 시커먼 어둠이 내렸다. 이제 파도가 잔잔해질 때까지 기다리는 수밖에 없었다. 어쩔 수 없이 나도 선원들과 함께 어떻게든 잠을 청하기로 했다. 물에 흠뻑 젖은 네덜란드인 승객을 데리고 배 안으로 들어가려다가 뱃머리 위로 물보라가 흩뿌리는 바람에 다 함께 바닷물을 뒤집어썼다. 결국 우리는 온몸이 젖은 채 뜬눈으로 밤을 새웠다. 하지만 다음 날 바람이 잔잔해지면서 간신히 앰보이에 배를 댈 수 있었다. 그렇게 우리는 바다 위를 떠돌아다닌 30여 시간 동안 먹을 것 하나 없이 럼주 한 병에 의지해 짜디짠 바닷물만 마시며 버텼다.

저녁이 되자 온몸이 불덩이처럼 달아오르기 시작했고 그대로 침대에 앓아누웠다. 어디선가 차가운 물을 마시면 열이 내린다고 적혀 있었던 기억이 나서 그대로 했는데 밤새 땀을 흘리고 나서야 열이 가라앉았다. 이튿날 아침, 나는 선착장에서 50마일 거리인 벌링턴까지 도보로 이동했다. 그곳에 가면 필라델피아로 가는 배를 탈 수 있다고 했다.

그날은 종일 비가 퍼부었다. 나는 흠뻑 비에 젖어서 정오 무렵에는 거의 기진맥진할 지경이 되었다. 그래서 허름한 여인숙에서 하룻밤을 보내기로 했다. 그날 밤에 나는 집을 떠난 것을 뼈저리게 후회했다.

필라델피아 시장 근처의
부두에 도착하다

워낙 몰골이 흉하다 보니 마주치는 사람마다 이런저런 질문을 던져왔다. 아무래도 몰래 도망친 하인이라고 생각하는 모양이었다. 하마터면 부랑자로 붙잡힐 뻔도 했다.

나는 계속 길을 갔고, 다음 날 밤에는 벌링턴에서 10마일가량 떨어진 여인숙에 도착할 수 있었다. 그곳은 브라운이라는 의사가 운영하고 있었다. 간단히 저녁 끼니를 때우는 동안, 브라운 씨가 대화를 청해왔다. 그는 내가 글줄이나 꽤 읽은 사람이라는 것을 알고 나자 급격히 친절한 태도를 보였다. 그리고 브라운 씨가 세상을 떠날 때까지 우리들의 우정은 이어졌다. 브라운 씨는 아마도 세상 이곳저곳을 떠돌아다니는 순회 의사였을 것이다. 잉글랜드의 온갖 도시들과 유럽의 각국, 그리고 다양한 도시를 한눈에 꿰고 있었기 때문이다. 학식도 뛰어났고 문학적 소양도 나무랄 데 없는 재원이었지만 지독한 불신자였다. 몇 년 후, 코튼이 로마의 시인 버질의 시를 우스꽝스럽게 각색했던 것처럼 성경을 우스꽝스럽게 뜯어고치려는 시도까지 벌일 정도였다. 브라운 씨는 일반적인 사실들을 조금 다른 시선으로 보았기 때문에 주관이 뚜렷하지 못한 사람들이 그의 작품을 읽었더라면 적잖이 당황했을 것이다. 다행히 그의 작품은 세상에 선보이지 못했다.

그렇게 브라운 씨의 여인숙에서 하룻밤을 보내고 다음 날 아침 벌링턴에 도착했지만 안타깝게도 정기선을 놓쳐버렸다. 벌링턴으로 가는 배는 다음 주 화요일에나 떠난다고 했다. 딱히 갈 곳이 없던 나는 다시 시내로 돌아가 배에서 간단히 요기를 하기 위해서 생강빵을 샀던 곳으로 향했다. 그리고 빵을 파는 노파에게 자초지종을 말하고 도움을 청했다. 그러자 노파는 다음 배를 타기 전까지 자기 집에서 묵어도 좋다고 했다. 한참을 걷느라 지쳐 있던 나는 노파의 제안에 흔쾌히 응했다.

내가 인쇄공이라는 사실을 들은 노파는 벌링턴에서 가게를 차려보라고 권했지만 인쇄소를 차리는 데 얼마나 많은 자본이 필요한지 모르고 하는 말이었다. 어쨌거나 노파는 귀한 손님 대접을 해주고, 고기 요리까지 곁들인 식사를 내왔다. 물론 그에 대한 답례로 맥주 한 병을 드렸다. 그때만 해도 화요일까지 노파의 집에 기거할 생각이었다.

그러다 저녁 무렵 강변을 걷던 중 우연히 승객들 몇 명을 태우고 필라델피아로 가는 배를 발견했다. 그들은 나를 태워주었는데, 바람이 불지 않아서 나도 열심히 노를 저어야 했다. 자정이 되어서도 도시가 보이지 않자 일행 몇 명이 필라델피아를 지나친 게 분명하다고 말했고 노 젓는 것을 멈추었다. 그곳이 정확히 어디인지 알 길이 없었다. 결국 우리는 다시 육지 쪽으로 뱃머리를 돌리고 수로를 따라서 낡은 울타리 근처에 배를 댔다. 쌀쌀한 바람이 부는 10월의 밤이라 우리는 울타리 빗장을 뽑아 불을 피우고 날이 샐 때까지 기다렸다. 드디어 날이 밝자, 일행 중 하나가 이곳은 필라델피아 조금 위쪽에 있는 쿠퍼의 지류라고 말했다. 지류를 벗어나자 바로 필라델피아가 보였다. 마침내 일요일 아침 9시 무렵, 우리는 필라델피아 시장 근처의 부두에 도착했다.

인쇄소 일자리를
노인에게 소개받다

　지금까지 필라델피아에 도착하기까지의 여정을 최대한 상세히 기록해보았다. 이제부터 필라델피아에 도착한 후 있었던 일을 상세히 들려주고자 한다. 비록 어느 정도 세월이 지나서 어렵사리 성공 가도에 오르긴 했지만 그 시작이 얼마나 초라했는지 느낄 수 있을 것이다.

　앞서 입을 만한 옷가지들은 전부 배편으로 보냈기 때문에 나는 여전히 작업복 차림이었다. 게다가 오랜 여행으로 옷이 이만저만 더러운 것이 아니었다. 호주머니에는 셔츠와 양말을 구겨 넣어 불룩 튀어나왔고, 하룻밤 잠을 청할 곳도 없어 눈앞이 막막한 상태였다. 긴 여행과 노 젓기, 그리고 수면 부족으로 지칠 대로 지쳐 있었고, 배도 고팠다.

　수중에 가진 돈이라고는 네덜란드 화폐 1달러와 1실링짜리 동전 하나뿐이었다. 그나마 남은 동전도 뱃삯으로 선원에게 주었다. 처음엔 같이 노를 저었으니 안 줘도 된다고 했지만 끝까지 쥐어주었다. 본래 인간은 돈이 없을 때 더 인심이 후해지는 법이다. 누구나 가진 게 없다는 걸 들키기 싫어하는 법이니까.

나는 길게 이어진 길을 따라서 계속 걸었다. 그렇게 시장 근처까지 어슬렁거리며 걷다가 빵을 들고 있는 꼬마아이와 마주쳤다. 빵으로 끼니를 때우는 일이 익숙했던 터라 아이에게 어디서 빵을 샀는지 물어 곧장 2번가의 빵집으로 향했다. 보스턴에서 자주 먹던 비스킷을 달라고 했지만 없다는 대답이 돌아왔다. 필라델피아에는 그런 비스킷이 없었던 모양이다. 그래서 3페니짜리 빵을 달라고 하니 그것도 없다는 것이었다. 어차피 돈의 가치나 물가, 그리고 빵의 이름이 지역별로 다르고 그 차이도 모르는 상태라 그냥 3펜스어치 빵을 달라고 말했다. 그러자 빵집 주인은 큼직한 빵 세 덩어리를 건네주었다. 너무 양이 많아서 놀랐지만 하나는 손에 들고, 나머지 2개는 겨드랑이에 하나씩 끼고 빵을 뜯어 먹으며 다시 걸었다.

그렇게 나는 시장에서 4번가까지 걸었고 미래에 나의 장인어른이 될 리드 씨의 집 앞을 지나쳤다. 훗날 나의 아내가 될 리드 양도 문간에 서 있다가 나를 보고 거지처럼 허름한 사람이 지나간다고 생각했다고 한다. 그럴 만도 했다. 나는 방향을 바꾸어 체스트넛 가를 지나 월넛 가로 향했다. 계속 빵을 뜯어 먹으며 걷다 보니 어느새 시장거리와 부두로 돌아왔다. 나는 오전에 타고 왔던 배 쪽으로 걸어가 물 한 모금을 마셨다. 빵 하나로 배를 채운 후라 남아 있던 빵 2개를 같이 배를 타고 왔던 아주머니와 아이에게 건네주었다. 두 사람은 더 먼 곳으로 가기 위해 배를 기다리고 있었기 때문이다.

겨우 허기를 면한 나는 다시 거리로 발걸음을 돌렸다. 거리에는 말쑥하게 차려입은 사람들이 모두 같은 방향을 향해 걷고 있었다. 나도 그

무리에 끼여서 시장 근처에 퀘이커교(퀘이커교는 영국에서 탄압받다가 퀘이커교도 윌리엄 펜이 불하받은 북아메리카 식민지 영토에 도시를 세움으로써 종교의 자유를 허용받음-옮긴이) 신도들이 모인 예배당 안으로 들어갔다. 신도들 틈바구니를 뚫고 들어가 예배당 의자에 앉은 후 주위를 둘러보았지만 퀘이커교도들은 침묵 예배를 보는 터라 주위에는 정적뿐이었다. 종일 기운을 빼고 돌아다녀서인지 졸음이 밀려와 나는 예배가 끝날 때까지 줄곧 단잠에 빠졌다. 예배가 끝나가 누군가 친절하게 깨워주었다. 결국 그 예배당이 필라델피아에서 제일 먼저 들어가본 집이자 처음으로 잠을 청한 곳으로 남았다.

나는 다시 강 쪽으로 걸어 내려갔고, 주위 사람들을 유심히 살펴보다가 마침내 인상이 좋은 퀘이커교도 청년 하나를 만났다. 나는 필라델피아가 초행인데 어디에서 숙박을 하면 좋겠느냐고 물었다. 당시 우리는 '삼인의 뱃사람'이라는 간판 근처에 있었다.

"근처에 숙박할 만한 곳이 있기는 한데, 평판이 그리 좋지 않아서요. 저를 따라오시면 괜찮은 숙소를 알려드리죠."

청년은 워터 가에 있는 자그마한 여관으로 나를 안내했다. 여관에 앉아 식사를 하는 동안 사람들의 질문이 쏟아졌다. 워낙 어리게 보이는 데다 거지꼴을 하고 다니니 어디서 도망을 친 거라고 생각한 모양이다.

점심 식사를 마친 후 다시 잠이 쏟아져서 방으로 들어가 옷도 벗지 않고 그대로 잠이 들었다. 오후 6시가 되어 저녁 식사를 하라고 누군가가 깨울 때까지 잠을 잤고, 식사를 마친 후 다시 잠이 들어 다음 날 아침까지 실컷 잤다.

56

다음 날 나는 최대한 깔끔하게 옷을 차려입고 앤드류 브래드퍼드 씨의 인쇄소로 향했다. 마침 뉴욕에서 만났던 그의 아버지까지 와 있었다. 말을 타고 와서 나보다 먼저 도착한 것이다. 노인은 아들에게 나를 소개했고, 아들은 정중히 인사를 건넨 후 아침 식사를 대접했다. 하지만 최근에 새로 인쇄공 하나를 구한 터라 당장은 일손이 필요치 않다고 했다. 그렇지만 최근에 키머라는 사람이 인쇄소를 개업했으니 거기에 가보면 일자리를 구할 수 있을 거라고 말했다. 그는 혹여 그곳에서 일자리를 못 찾게 되면 자기 집에서 지내도 좋고, 다른 일을 찾을 때까지 자잘한 일감을 주겠다고 했다.

뉴욕에서 만난 노인은 나를 인쇄소까지 안내해주었다. 그리고 키머를 만나자 이렇게 말했다.

"여기 인쇄공 한 명을 소개하겠네. 이곳에 꼭 필요한 사람인 것 같군."

키머는 몇 가지 질문을 하고는 식자용 막대기를 내밀었다. 내가 일하는 모습을 본 후 당장 일손이 필요하지는 않지만 고용하겠다고 말했다. 그리고 난생 처음 만난 브래드퍼드 씨를 그저 인심 좋은 지역 유지라 생각했는지 현재 자기가 하는 일과 앞으로의 전망에 대해서 시시콜콜 늘어놓기 시작했다.

노인은 자신 역시 인쇄업자이고 아들도 인쇄소를 운영한다는 사실을 함구한 채, 앞으로 필라델피아의 인쇄업계에서 거물이 될 거라는 키머의 말을 가만히 듣고 있었다. 그렇게 때로는 말에 동조하고 교묘하게 질문도 던지면서 키머가 앞으로의 계획과 후원자, 그리고 운영 방침에 대한 모든 것을 술술 털어놓게 만들었다. 바로 옆에서 두 사람의 대화를 지켜보던 나는 한쪽은 노련한 사기꾼이며, 한쪽은 그저 순진해빠진 풋내기라는 사실을 느낄 수 있었다. 브래드퍼드 노인이 인쇄소를 떠나고 나서야 키머에게 그가 누구인지 알리자 그는 소스라치게 놀랐다.

뜻밖의 일이 생겨
보스턴으로 돌아가다

키머의 인쇄소에는 오래된 인쇄기 한 대와 작고 닳은 영문 활자판 한 벌뿐이었다. 당시 키머는 아킬라 로즈를 위한 애도가를 조판중이었다. 앞서 언급했지만 아킬라 로즈는 매우 총명한 젊은이로 인품은 물론 필력까지 갖춘 의회의 서기이자 뛰어난 시인이었다. 키머도 시를 썼지만 사실 시라고 하기에는 많이 부족한 편이었고, 머릿속에 떠오르는 대로 조판기를 돌리는 식이었다. 때문에 원고 자체가 있을 리도 만무했다. 현재로서는 애도가부터 조판을 해야 하는 형편이었고, 하나뿐인 활자판 한 벌에 두 사람이 붙어서 작업하는 것은 불가능했다.

우선 나는 키머의 인쇄기를 손봐서 제대로 작동하도록 만들었다(키머는 사용법을 몰라서 그때까지 한 번도 인쇄기를 써본 적이 없었다고 했다). 그리고 조판 작업이 끝나는 대로 돌아와서 인쇄기를 작동시켜 주겠노라고 약속하고 앤드류 브래드퍼드 씨의 댁으로 돌아왔다. 그는 약속한 대로 일감을 조금 건넸고, 당분간 그 집에서 숙식을 해결하기로 했다. 며칠 뒤 키머로부터 애도가 인쇄 준비가 끝났다는 연락을 받았다. 그 사이 활자판도 한 벌 더 준비되었고, 다시 찍어야 하는 팸플릿 작업도 있어서 내가 그 일을 맡게 되었다.

앤드류 씨와 키머의 인쇄 기술은 조악하기 짝이 없어 보였다. 앤드류 씨는 제대로 기술을 배운 적도 없는 데다 일자무식이었다. 키머는 읽고 쓸 줄은 알지만 식자공에 불과할 뿐 인쇄술에 대해서는 무지했다. 그는 과거에 '프랑스의 예언자' 교파의 신도로 선교활동에 열심이었다고 했다. 지금은 특정 종교를 따르지 않고 때에 따라 색을 바꾸었다. 세상 물정에도 어두운 편이었는데, 나중에 알게 된 바로는 타고난 본성 자체가 악한 쪽이었다. 또 내가 자기 인쇄소에서 일하면서 앤드류 씨의 집에서 기거하는 것도 못마땅하게 여겼다. 물론 키머도 집이 있었지만 살림살이도 제대로 갖추고 있지 않아서 나까지 함께 살기엔 무리였다. 그 대신 앞서 언급했던 리드 씨의 집에서 하숙을 할 수 있도록 주선해주었다. 리드 씨는 그의 집 주인이기도 했다.

그즈음 다른 배편으로 보냈던 옷가지와 짐들이 도착했다. 덕분에 리드 양에게 맨 처음 길에서 빵을 뜯어 먹던 흉한 몰골보다는 한결 나아진 모습을 보여줄 수 있었다.

얼마 지나지 않아서 그 마을에서 책을 즐겨 읽는 젊은이들과 안면이 생겼다. 우리는 종종 함께 모여 즐거운 저녁 시간을 보냈다. 나는 착실히 인쇄소 일을 하고 검소하게 생활한 덕분에 저축도 많이 하면서 만족스러운 시간을 보냈다. 보스턴에서 겪었던 일은 되도록 잊으려고 애썼다. 다만 오랜 벗 콜린스에게만 편지로 거처를 알리고, 다른 사람들에게는 나의 근황을 비밀에 부쳤다. 콜린스는 나의 비밀을 충실히 지켜주었다.

그러다 뜻밖의 일이 생겨 예정보다 훨씬 일찍 보스턴으로 돌아가게 되었다. 보스턴과 델라웨어를 오가는 무역선의 선장이었던 자형 로버트 홈즈가 필라델피아에서 아래쪽으로 40마일 떨어진 뉴캐슬에 살고 있었는데 우연히 내 소식을 듣고 편지를 보내온 것이다. 내가 소리 소문 없이 사라져버려서 가족과 친구들이 모두 걱정하고 있으며, 나에 대한 호의로 가득하니 언제든 돌아오기만 하면 모든 게 해결될 거라는 내용이었다. 자형은 간곡한 어조로 고향에 돌아갈 것을 청했다. 나는 자형의 호의에 감사하다는 내용의 답장을 보냈다. 하지만 애초에 보스턴을 떠나온 이유를 자세히 밝히고, 나의 잘못 때문에 도망친 것은 아니라는 점을 분명히 했다.

04

첫 번째
보스턴 방문

윌리엄 키드 지사가 인쇄소 개업을 권하다

인쇄소를 하던 형과의 오해가 시작되다

부모님의 승낙을 받아 다시 뉴욕으로 가다

질 나쁜 여자들의 꼬임에 넘어가지 않다

너무나 많이 변해버린 오랜 친구 콜린스

영국에 다녀오라는 키드 지사의 제안

합리적인 인간이 된다는 것

벤저민 프랭클린 자서전

윌리엄 키드 지사가
인쇄소 개업을 권하다

때마침 뉴캐슬에서 윌리엄 키드 지사와 함께 있던 자형은 내가 보낸 편지를 그와 함께 읽었다. 지사는 내가 몇 살인지 전해 듣고는 깜짝 놀라며 이렇게 말했다(나중에 보스턴에서 자형을 만났을 때 그 이야기를 전해 들을 수 있었다).

"장래가 촉망되는 젊은이 같은데 오히려 격려를 해주는 게 낫지 않겠소? 필라델피아에는 제대로 된 인쇄공이 없으니 이곳에서 인쇄소 사업을 시작하면 크게 성공할 거요. 그렇게만 된다면 나도 정부 문서를 수주하도록 하고 내 능력이 닿는 만큼 도와주도록 하겠소."

어느 날 키머와 창가에서 작업을 하고 있는데 창문 너머로 말쑥하게 차려입은 키드 지사와 또 다른 신사(나중에 알게 된 바로는 바로 뉴캐슬의 프렌치 대령이었다)가 길 건너편에서 우리 인쇄소 쪽으로 걸어오는 모습이 눈에 들어왔다.

잠시 후 노크 소리가 들렸다. 키머는 인쇄를 맡기러 온 손님인 줄 알고 곧장 뛰어나갔지만, 키드 지사는 예상외로 나를 찾았다. 그는 작업실이 있는 2층으로 올라와서 난생 처음 받아보는 정중한 인사를 건네더니 온갖 칭찬을 늘어놓는 것이었다. 그리고 내가 먼저 자신을 찾아오지 않은 것을 책망하면서 앞으로 좋은 관계를 유지하고 싶다고 했다. 키드 지사는 프렌치 대령과 고급 마데이라주를 맛보러 가는 길이라며 함께 가자고 권했다. 키머는 많이 놀란 눈치였다. 어쨌거나 나는 두 신사를 따라서 3번가에 있는 한 술집으로 향했다.

우리는 함께 마데이라주를 음미했다. 지사는 인쇄소 개업을 권하며 내가 성공할 수밖에 없는 몇 가지 이유를 댔다. 그리고 프렌치 대령이 정부에서 하는 문서 작업들을 전부 수주해줄 것이라고 확언했다. 나는 아버지의 허락을 구하기 힘들 거라고 솔직히 말했다. 그러자 지사는 직접 추천서를 써주겠다며 이를 가지고 보스턴으로 가면 허락을 받을 수 있을 거라고 독려했다.

그래서 나는 첫 배를 타고 보스턴에 돌아가기로 했다. 물론 별다른 내색 없이 키머의 인쇄소에서 평소처럼 일을 했고, 가끔 키드 지사의 저녁 초대를 받았다. 그는 더없이 다정하고 호의적으로 나를 대해주었으며, 아무런 허물없이 많은 이야기를 들려주었다.

인쇄소를 하던
형과의 오해가 시작되다

　1724년 4월 말, 필라델피아에서 보스턴으로 가는 배편이 생겼다. 나는 친구들을 만나러 간다고 하고 키머에게 휴가를 받았다. 키드 지사는 아버지에게 전할 두꺼운 추천서도 써주었다. 내가 여러 방면에서 뛰어난 청년이며 필라델피아에서 인쇄소를 개업하면 분명 성공할 것이라는 내용이었다. 그렇게 배를 타고 떠났지만 항해 도중 배가 모래톱에 부딪히면서 밑바닥에 커다란 구멍이 뚫렸다. 배에 자꾸 물이 고이자 선원과 승객 할 것 없이 교대로 물을 퍼내며 온갖 고초를 겪었다. 그렇게 2주 만에 보스턴에 무사히 도착할 수 있었다.

　보스턴을 떠난 지 7개월이나 되었지만, 주변 사람들 누구도 내 소식을 알지 못했다. 자형이 아직 보스턴에 돌아오지 않은 데다 내가 돌아온다는 사실을 서신으로 알리지도 않았기 때문이다. 내가 갑자기 나타나자 가족들은 전부 놀란 눈치였지만 형을 제외한 모두가 다들 기뻐하며 나를 맞아주었다.

　나는 형을 만나기 위해 인쇄소로 향했다. 물론 예전에 형과 일하던 때보다 훨씬 멋진 모습이었다. 머리끝부터 발끝까지 잘 차려입고 시계도 찬 데다 주머니에는 은화 5파운드가 들어 있었다. 형은 별로 반가운 기색 없이 나를 한 번 훑어보더니 계속 일을 했다. 인쇄소에서 함께 일하던 동료들은 내가 그동안 어디에 가 있었고, 그곳이 어떤 곳인지, 얼마나 좋은지를 전부 알고 싶어했다. 나는 필라델피아에서 보낸 시간을 장황하게 떠들었다. 그렇게 즐거운 기억들을 한껏 자랑한 뒤, 다시 돌아갈 거라고 했다. 그러자 한 사람이 그곳에서는 어떤 화폐를 쓰느냐고 물었다.

나는 주머니에서 은화 한 주먹을 꺼내서 자랑스럽게 펼쳐 보였다. 당시만 해도 보스턴에서는 화폐만 사용했기 때문에 난생 처음 보는 은화는 커다란 구경거리가 될 만했다. 나는 내친김에 회중시계까지 꺼내서 자랑했다. 그때까지만 해도 형은 못마땅한 표정을 짓고 있었다.

마지막으로 나는 스페인 달러를 그들에게 쥐어주며 술이나 한 잔 하라고 말한 후 인쇄소를 나왔다. 그런데 그 일이 형의 화를 돋운 꼴이 되었다. 그로부터 얼마 후, 어머니는 형제끼리 싸우는 모습을 보고 싶지 않다며 우리를 불러놓고 타일렀다. 하지만 형은 나 때문에 직원들 앞에서 엄청난 모욕을 당했으며 이를 절대로 잊지 못할 거라고 씩씩거렸다. 하지만 그건 형의 오해일 뿐이었다.

부모님의 승낙을 받아
다시 뉴욕으로 가다

아버지는 키드 지사의 추천서를 읽고 꽤 놀란 눈치였다. 하지만 한동안 아무 말씀이 없었다. 그러다 자형이 보스턴에 돌아오자 다시 추천서를 꺼내 보이며 윌리엄 키드 경이 누구인지, 어떤 사람인지 물었다. 그리고 아직 성년이 되려면 3년이나 남은 어린아이에게 사업을 권유한 것을 보니 분별력이 모자란 인사인 것 같다는 의견도 덧붙였다. 자형은 인쇄소를 개업하겠다는 내 계획에 최대한 힘을 실어주었지만 아버지는 아랑곳하지 않은 채 확고한 반대의사를 밝혔고, 윌리엄 키드 지사에게 정중한 태도로 감사와 거절의 뜻을 편지로 전했다.

"제 부족한 아들에게 커다란 은혜를 베풀어주셔서 뭐라 감사드려야 할지 모르겠습니다. 하지만 아직 나이가 어려서 그렇게 중대하고 엄청난 자금이 드는 일을 하기엔 무리라고 생각됩니다. 경의 권유를 거절할 수밖에 없음을 무척 유감으로 생각합니다."

당시만 해도 나의 절친한 벗 콜린스는 우체국에서 일하고 있었다. 그는 새로운 땅, 필라델피아에 대한 이야기를 듣고 무척 마음에 든다며 함께 가겠다고 나섰다. 아버지의 결정이 떨어지기를 기다리는 동안 콜린스가 먼저 로드아일랜드로 출발했다. 콜린스는 수학과 자연 과학에 관련된 장서들을 수집하고 있어서 내가 나중에 그 책들을 가지고 가서 뉴욕에서 만나기로 약속했다.

아버지는 키드 지사의 제안은 거절하셨지만, 그래도 막내아들이 저명인사로부터 좋은 평가를 받았다는 사실에 꽤나 흡족해하셨다. 필라델피아에서 근면하게 생활하고 성실하게 일을 했으니 짧은 시간 안에 말끔한 청년이 될 수 있었다고 여기신 모양이다. 그래서 형과의 사이가 좀처럼 풀릴 기미가 보이지 않자 필라델피아로 돌아가도 좋다고 허락하셨다. 마지막으로 "사람들에게 항상 친절히 대해라." "항상 존경받을 수 있도록 행동해라." "너도 똑같은 처지이면서 괜히 남을 비난하거나 비꼬지 마라." 등 이런저런 충고를 해주셨다. 그리고 "성실하게 일하고 검소한 생활을 하다 보면 21살 정도에는 사업자금을 마련할 수 있을 게다. 그때가 되면 내가 모자라는 돈은 보태주마."라고 덧붙이셨다.

이것이 내가 부모님에게 받은 전부였다. 물론 애정의 징표로 작은 선물도 주셨다. 그렇게 나는 뉴욕행 배에 몸을 실었다. 이번에는 부모님의 승낙과 축복을 받으며 떠날 수 있었다.

질 나쁜 여자들의 꼬임에
넘어가지 않다

이윽고 로드아일랜드의 뉴포트에 도착했다. 나는 얼마 전 결혼을 한후 그곳에 자리를 잡은 존 형을 찾아보기로 했다. 형은 평소 막내인 나를 아껴주었던 터라 반갑게 맞아주었다. 형의 친구 중에 버논이라는 사람이 있었는데 나에게 한 가지 부탁을 해왔다. 펜실베이니아 주에서 받아야 할 돈이 35파운드 정도 있는데, 자기 대신 받아서 가지고 있다가나중에 연락을 하면 보내달라는 것이었다. 그리고 나에게 대신 돈을 갚으라는 위임장까지 써주었다. 이 일은 나중에 큰 골칫거리가 되었다.

뉴포트에서도 뉴욕으로 가는 승객이 몇 사람 늘었다. 그 중에는 친구로 보이는 젊은 여자 2명과, 하인을 여럿 거느린 품위 있는 퀘이커교도 부인이 한 명 있었다. 항해중 우연히 부인의 편의를 봐주었는데 나를 굉장히 좋게 보았는지 친절히 대해주었다. 항해를 계속하는 동안 나는 두 젊은 여자들과 점점 친하게 지내게 되었는데, 오히려 여자들 쪽에서 더 호감을 보이자 하루는 부인이 나를 따로 불러 이렇게 말했다.

"젊은이, 보아하니 혼자 여행중인 것 같고 아직 세상 물정도 모를 나이인 것 같은데 괜히 잘못될까봐 걱정이 돼서 한마디 해주고 싶어요. 저 여자들, 굉장히 질이 나쁜 사람들 같아요. 평소 행실을 보면 대번에 알 수 있죠. 그러니 조심하지 않으면 위험해질 수도 있어요. 저 아가씨들이 어떤 사람인지 잘 모르죠? 노파심에 하는 말이니까 너무 가까이 지내지 말도록 해요."

처음에는 젊은 여자들이 나쁜 의도를 가지고 접근했으리라고는 상상도 못했다. 하지만 부인은 자신이 직접 보고 남들에게 들은 바를 상세히 짚어주었다. 듣고 보니 그 말도 사실인 것 같아서 고마움을 표하고, 부인의 말을 따르기로 했다.

뉴욕에 도착하자, 젊은 여자 둘은 주소를 적어주며 한 번 놀러오라고 했지만 나는 끝내 찾아가지 않았다. 그것은 정말 잘한 일이었다. 다음 날 선장은 선실에 보관하고 있던 은수저를 포함해 몇 가지 물건이 사라진 것을 발견했다. 그제야 젊은 여자들이 매춘부라는 사실을 알게 되었고, 수색 영장을 받아 그들의 집을 샅샅이 뒤진 후에 도난당한 물건들을 찾을 수 있었다. 결국 젊은 여자 둘은 도난 사건으로 처벌을 받게 되었다. 뉴욕으로 오는 길에 암초를 만나기도 했지만, 내 입장에서는 질이 나쁜 여자들의 꼬임에 넘어가지 않은 것이 암초를 만난 것보다 다행스러운 일이었다.

너무나 많이 변해버린
오랜 친구 콜린스

콜린스는 나보다 며칠 앞서 뉴욕에 도착해 있었다. 우리는 어린 시절부터 절친한 사이였고, 서로 책을 바꿔보기도 했다. 그 친구는 나보다 독서를 할 수 있는 시간이 많았다. 게다가 수학 쪽으로 천재적인 머리를 갖고 있어서 그 분야만큼은 감히 따라잡을 수가 없었다. 보스턴에서 살 때는 시간이 날 때마다 콜린스와 함께 대화를 나누며 시간을 보냈다.

당시 콜린스는 부지런하고 영민하며 성실한 친구로 목사님들이나 어르신들의 칭찬을 한 몸에 받았다. 앞으로 커다란 재목이 될 친구라고도 했다. 하지만 나와 떨어져 있는 그는 사이에 많이 변해버렸다. 매일 브랜디를 마시는 나쁜 습관이 생겨 날마다 술에 취해서 지냈다. 콜린스 본인과 다른 사람들의 말을 빌면, 뉴욕에 온 후로 하루가 멀다 하고 술고래로 지냈으며 이상한 행동까지 했다는 것이었다. 게다가 도박에도 손을 대서 가진 돈을 전부 날려 며칠 동안의 숙박비를 대신 내주고 데리고 나와야 했다. 필라델피아로 가는 여비부터 생활비까지 전부 내가 감당해야 할 처지에 놓이자, 내 어깨의 짐이 한층 더 무거워졌다.

당시 뉴욕 지사이자 버넷 주교의 아들인 버넷 씨가 우연히 나와 같은 배를 타게 되었다. 그는 선장을 통해 젊은 청년이 굉장히 많은 책을 가지고 왔다는 소식에 나를 만나고 싶다며 청해왔다. 나는 선장과 함께 버넷 씨를 만나러 갔다. 콜린스도 함께 갔더라면 좋았겠지만 벌써 만취 상태였다. 지사는 정중히 나를 맞았고 본인의 서재도 보여주었다. 입이 떡 벌어질 정도로 큰 서재였다. 우리는 책과 작가들에 대해 많은 이야기를 나누었다. 버닛 씨는 내게 호의를 보인 두 번째 지사였다. 나처럼 가난하고 보잘것없는 청년에게는 그야말로 무한한 영광이었다.

우리는 필라델피아로 항해를 계속했다. 만약 돈이 없었더라면 여행을 마치지 못했을 것이다. 콜린스는 회계 사무소에 취직하고 싶어했지만 지독한 술 냄새 때문인지, 아니면 태두가 불량해서이지 뜻대로 되지 않았다. 그래서 추천서를 몇 장이나 가지고 있으면서도 좀처럼 취직이 되지 않았다. 결국 콜린스는 내 집에 얹혀살았고, 하숙비까지 전부 내가 물어야 하는 지경이 되었다. 또 버논 씨의 미수금을 대신 받았다는 사실도 알고 있어서 내게 야금야금 돈까지 빌려갔다. 취직만 되면 전부 갚아주겠다는 것이었다. 그렇게 빌려간 액수가 엄청나게 불어나자 혹여 버논 씨가 언제 돈을 보내달라고 할지 몰라 바늘방석에 앉은 것 같은 나날을 보내야만 했다.

콜린스는 매일 술을 퍼마셨고 우리 사이에 언쟁도 빈번해졌다. 술에 취하면 괴팍한 성질을 보였기 때문이다. 한 번은 젊은 친구들 몇 명과 델라웨어로 배를 타고 가다가 자기 차례가 되었는데도 노를 젓지 않겠다며 고집을 피웠다.

"난 도저히 못하겠으니까 너희들이 노를 저어."

나는 그 말에 화가 나서 "절대 그럴 수는 없다."라고 버텼다.

"마음대로 해. 너희들이 노를 젓지 않으면 밤새 물에 떠 있어야 할 테니까."

다른 친구들은 별일 아니라며 그냥 우리가 노를 젓자고 했지만, 나는 괘씸한 마음에 끝까지 버텼다. 그러자 콜린스는 화가 나서 나를 물속에 빠트려버리겠다고 나섰고, 급기야 나를 때릴 기세로 가까이 다가왔다.

나는 콜린스의 다리 사이로 팔을 넣어 거꾸로 들어 올린 다음, 물속에 처넣었다. 콜린스는 수영을 잘 하는 친구라 크게 걱정하지는 않았다. 그가 잽싸게 배를 따라 잡으면 다시 노를 저어 저만치 멀어지기를 반복했고, 나는 그에게 이제 노를 젓겠냐고 물었다. 콜린스는 머리끝까지 화가 났는지 죽어도 노를 젓지 않겠다고 버텼다. 결국 콜린스도 완전히 힘이 빠진 것 같아 우리는 다시 그를 배에 태웠고, 물에 흠뻑 젖은 채로 집으로 데리고 돌아왔다.

그 뒤로도 우리 두 사람 사이에는 온갖 험한 말들이 오고 갔다. 때마침 서인도제도에서 온 선장 하나가 바베이도스에 사는 신사 한 분이 급히 가정교사를 구한다며 콜린스를 찾아왔다. 그는 선장의 제안에 흔쾌히 응했고, 바베이도스로 가서 봉급을 받으면 곧바로 나에게 빌린 돈을 갚겠노라고 약속하고 떠났다. 하지만 그 후로 콜린스의 소식은 들을 수 없었다.

영국에 다녀오라는
키드 지사의 제안

버논 씨의 돈을 멋대로 써버린 것은 내 인생 최고의 실수였다. 아직 중대한 사업을 벌이기에는 어리다는 아버지의 판단이 크게 틀리지 않았다는 사실이 입증된 거나 다름없었다. 하지만 키드 지사는 아버지의 편지를 읽은 후에도 괜히 걱정이 앞선 것이라고 말했다. 분별력도 사람마다 다른 법이라 나이가 든다고 해서 반드시 분별력이 있고 어리다고 분별력이 없다고 단정 짓는 것은 잘못된 생각이라는 것이었다. 그러면서 나에게 엄청난 제안을 했다.

"아비님 뜻이 정 그렇다면 내가 도와주도록 하겠네. 인쇄소를 차리는 데 꼭 필요한 물건들이 뭔지 목록을 적어주게. 그러면 내가 영국에서 주문을 하지. 나중에 사업이 잘 되면 그때 돈을 갚으면 돼. 평소 필라델피아에 제대로 된 인쇄소가 있었으면 하는 바람이 있었거든. 자네라면 반드시 성공할 수 있을 거야."

키드 지사의 표정이 얼마나 진지했는지 나는 한 치의 의심도 하지 못했다. 그때까지 나는 인쇄소를 개업한다는 사실을 비밀로 해왔고 그 후로도 누구에게도 밝히지 않았다. 만약 그 사실을 누군가에게 말했다면 평소 키드 지사의 성품을 잘 아는 사람들이 그를 믿지 말라고 충고해주었을 것이다. 나중에 알게 된 바로는 키드 지사는 말만 번드르르한 허풍쟁이였다. 하지만 내가 부탁을 한 것도 아닌데 먼저 관대한 제의를 해왔으니 누군들 그의 말을 믿지 않았을까? 하지만 당시 내 입장에서 키드 지사는 세상에서 가장 고마운 사람이었다.

나는 소규모 인쇄소를 차리는 데 필요한 물품들의 목록을 적어서 그에게 건넸다. 어림잡아 은화 100파운드 정도면 될 것 같았다. 키드 지사는 흡족해하면서 직접 영국에 가보면 어떻겠냐고 제안했다. 활자판도 직접 고르고, 제대로 된 물건들을 보는 게 좋겠다는 것이었다.

"자네가 가면 공급처 사람들과 안면도 익히고 책이나 문구상의 거래처도 만들 수 있을 걸세."

나 역시도 그의 제안에 동의했다.

"당장 애니스 호를 타고 영국으로 떠날 준비를 하게나."

당시 애니스 호는 일 년에 딱 한 번 필라델피아와 런던을 오가는 유일한 정기선이었다. 하지만 애니스 호가 런던으로 출발하는 날짜가 몇 달이나 남았기 때문에 키머의 인쇄소에서 계속 일을 했다. 그렇게 나는 버논 씨가 언제 돈을 보내달라고 할까 싶어 좌불안석하면서 하루하루를 보냈다. 다행히 몇 년이 지나도록 버논 씨에게서는 연락이 오지 않았다.

합리적인 인간이
된다는 것

중간에 빠뜨린 이야기가 하나 있는 것 같아 여기에 덧붙일까 한다. 처음 보스턴을 떠날 때의 일이다. 블록 아일랜드 근처에서 바람이 잦아드는 바람에 배가 완전히 멈춘 적이 있었다. 승객들은 이때다 싶어 낚싯대를 드리웠고 대구가 꽤 많이 잡혔다.

그때까지만 해도 나는 엄격히 채식주의자로 생활하고 있었다. 존경하는 트라이언 선생의 가르침처럼 살아 있는 고기를 잡아먹는 것은 무자비한 살생이라고 여겼기 때문이다. 물고기는 인간에게 어떤 해도 끼치지 않으며 그럴 수도 없는 존재가 아닌가? 당연한 이치였다.

하지만 그전까지만 해도 생선을 즐겨 먹었기 때문에 그날따라 노릇노릇 프라이팬에서 구운 생선 냄새를 맡으니 군침이 돌았다. 그렇게 한참 동안 채식주의라는 원칙과 본능적인 식욕 사이에서 갈등하던 중 생선 배를 가를 때 그 속에서 작은 물고기들이 나왔던 일이 떠올랐다. 생선끼리도 먹고 먹히는 상황인데 하물며 나라고 고기를 먹지 못할 이유는 없었다.

결국 나는 생선구이를 맛있게 먹었고, 그 후로도 채식을 병행하며 가끔씩 지인들과 생선구이를 즐겼다. 그러고 보면 합리적인 인간이 된다는 것은 정말이지 편리한 일이다. 뭐든 하고 싶은 일이 생기면 타당한 이유를 찾아내거나 만들어내면 되니 말이다.

05
필라델피아에서
사귄 친구들

토론을 자주 벌였던 열정적인 키머

하나같이 독서광이었던 이들과 교우하다

토론을 자주 벌였던
열정적인 키머

내가 인쇄소를 차리려고 한다는 사실을 키머는 전혀 모르고 있었기 때문에 그와는 변함없이 잘 지내고 있었다. 키머는 어린 시절의 열정을 그대로 지니고 있는 사람으로 토론하기를 좋아했다. 우리는 자주 토론을 벌였는데, 나는 소크라테스식 논쟁법으로 그와의 토론을 이끌었다. 주제와 무관한 질문으로 시작해 점차 논점으로 다가가서 상대를 굴복시키는 식이었다. 그럴 때마다 키머는 자가당착에 빠져 진땀을 흘렸다.

매번 그런 식이다 보니 아무리 평범한 질문을 해도 키머는 어쩔 줄 몰라 했고, "또 무슨 대답을 듣고 싶어서 그래?"라고 묻고 난 후에야 대답했다. 나의 뛰어난 언변을 높이 평가했는지 그는 새로운 종파를 세우고 싶은데 동참해달라며 진지한 제안을 해왔다. 본인이 설교를 할 테니 나더러 반대하는 무리들을 맡아달라는 것이었다. 그리고 새로운 종파와 관련된 교리를 설명해주었다. 듣고 보니 이치에 맞지 않는 몇 가지가 마음에 걸려 나의 의견을 반영하지 않으면 함께할 수 없다고 말했다.

키머는 턱수염을 길게 기르고 다녔는데, 모세의 율법 어딘가에 "수염 끝을 손상시켜서는 안 된다."라고 적혀 있기 때문이란다. 또 제7일(유대인의 풍습에 따라 토요일을 안식일로 정함-옮긴이)을 반드시 안식일로 삼았다. 키머는 그 2가지만큼은 절대 양보하지 않으려 했다. 나는 2가지 다 마음에 들지 않았지만 육식을 금지하는 교리를 넣는 조건으로 키머의 주장을 받아들이기로 했다. 키머는 본인의 체구가 워낙 큰 편이라 육식을 하지 않고 견딜 수 있을까 걱정했지만, 그럴수록 나는 채식이 몸에 좋다고 설득했다. 키머는 평소 대식가로 소문이 나 있어서 배를 곯으며 고생하는 모습을 보면 재미있을 것 같기도 했다. 그는 나와 함께라면 채식에 도전해보겠노라고 했다.

우리는 3개월 동안 채식을 이어갔다. 미리 식단을 짜서 이웃에 사는 여자에게 주고 일정한 시간에 받아 먹는 식이었다. 생선과 고기, 닭고기가 완전히 배제된 40가지 정도의 식단이었다. 단기간이었지만 일주일에 18펜스를 넘지 않는 저렴한 가격 때문에 더욱 마음에 들었다. 그 후로도 나는 몇 년 동안 사순절(부활 주일 전 40일 동안의 기간. 이 기간 동안 교인들은 광야에서 금식하고 시험받은 그리스도의 수난을 되살리기 위해 단식과 속죄를 행한다-옮긴이)을 엄격히 지키며 일반식에서 채식으로 바꾸었다가 다시 채식에서 일반식으로 돌아갔지만 몸에 전혀 무리가 없었다. 그러고 보면 식단을 조절하는 데 일정한 시간을 두어야 한다는 말도 별 의미는 없는 것 같다.

나는 채식을 즐겼지만 불쌍한 키머는 너무도 괴로워했다. 결국 채식을 그만두고 돼지 통구이를 주문해 두 여자 친구를 초대해서 같이 먹자고 했다. 하지만 요리가 너무 일찍 나오는 바람에 키머는 그 유혹을 이기지 못해 우리가 도착하기도 전에 전부 먹어치웠다.

그 무렵 나는 하숙을 하고 있던 집의 여식인 리드 양을 흠모하고 있었다. 나는 리드 양을 존중하고 커다란 연정을 품고 있었으며 그녀 또한 같은 마음이었을 거라고 믿는다. 하지만 불가피하게 장기간 필라델피아를 떠나 있어야 했고 우리 둘 다 열여덟 살을 갓 넘긴 나이였다. 리드 양의 어머니는 우리의 관계가 깊어지지 않도록 각별히 신경을 썼다. 혼인을 하더라도 내가 런던에서 돌아와 제대로 인쇄소를 차리고 자리를 잡은 후라야 가능하다는 것이었다. 나는 미래에 대한 확신이 있었지만 남들 눈에는 별로 미덥지 않아 보였던 모양이다.

하나같이 독서광이었던
이들과 교우하다

당시 주로 만나던 친구들은 찰스 오스본, 조지프 왓슨, 제임스 랠프 등으로 하나같이 독서광이었다. 오스본과 왓슨은 마을의 유명한 공중인 찰스 브로그덴의 서기로 일했고, 랠프는 상점에서 일했다. 왓슨은 신앙이 돈독하고 분별력이 뛰어나며 번듯한 청년이었다. 반면 다른 두 친구는 그다지 종교에 구애를 받지 않는 편이었다. 콜린스가 그랬던 것처럼 랠프도 나 때문에 종교에 회의를 느끼게 되었고, 콜린스와 함께 나를 귀찮게 했다. 오스본은 재치가 뛰어나고 솔직한 성격이었지만 문학적인 문제만 나오면 지나치게 비판적인 성향을 보였다. 랠프는 영리하고 재주가 뛰어나며 성격도 온순한 데다 뛰어난 달변가였다. 그 친구만큼 말재주가 좋은 사람은 한 번도 보지 못했을 정도였다. 오스본과 랠프는 시에 매료되어 있었고, 가끔은 직접 시를 쓰기도 했다. 우리는 일요일이면 스쿨킬 강 근처의 숲을 거닐면서 함께 책을 읽고 서로의 의견을 나누었다.

랠프는 시를 제대로 공부하고 싶다고 했다. 언젠가는 유명한 시인이 되어서 돈방석에 오를 거라고 호언장담하며, 아무리 위대한 시인도 자신처럼 처음에는 실수투성이였을 거라고 말했다. 그러나 오스본은 랠프가 시에는 재능이 없는 것 같다며 여기서 단념하라고 권했다. 지금 하는 일에 충실한 편이 나을 것 같다는 것이었다. 오히려 장사를 하는 쪽으로 경험을 쌓다보면 큰 자본이 없어도 성실하고 근면한 태도로 경영을 맡을 수도 있고, 언젠가 독립해서 상점을 차릴 수도 있을 거라고 말했다. 나도 재미로 가끔씩 시를 쓰고 어휘를 늘리는 것은 좋지만 그 이상은 꿈꾸지 않는 편이 좋겠다고 충고했다.

이런저런 이야기 끝에 우리는 다음에 만날 때는 각자 시를 써서 그에 대한 의견을 나누기로 했다. 물론 비평과 평론 능력을 향상시키고 언어적인 능력을 향상시키는 것이 취지였기 때문에 창작에 대한 부분은 철저히 배제하기로 했다. 마침내 하나님의 강림을 묘사한 시편 18편을 새롭게 개작하는 것으로 결론이 났다. 모임이 얼마 남지 않은 어느 날, 랠프가 시를 완성했다며 나를 찾아왔다. 나는 일도 바쁘고 딱히 좋은 생각도 떠오르지 않아서 아직 시작도 못했다고 말했다.

랠프는 자신의 작품을 보여주며 의견을 구했다. 언뜻 보기에도 꽤 괜찮아보여서 아낌없이 칭찬을 해주었다. 그러자 랠프가 이렇게 말하는 것이었다.

"오스본은 질투를 하는 건지 내가 썼다고 하면 어떻게든 깎아내리려 하고 꼬투리를 잡으려 들 거야. 그런데 자네가 쓴 시라고 하면 그 정도는 아니겠지. 그러니까 자네가 썼다고 해주게. 난 바빠서 못 썼다고 할 테니까. 오스본이 어떻게 나오는지 한 번 보자고."

나는 그의 제안에 동의하고 내가 쓴 것처럼 보이기 위해서 곧바로 그 시를 옮겨 적었다.

마침내 약속한 날이 되었다. 맨 먼저 왓슨이 자기 작품을 낭독했다. 썩 괜찮은 부분도 있었지만 수정할 점도 많았다. 그다음은 오스본의 차례였는데, 왓슨의 것보다는 훨씬 좋았다. 랠프는 몇 가지 결점을 지적했지만 나머지는 꽤 좋았노라고 칭찬했다. 다음은 내 차례였다. 나는 바빠서 제대로 쓰지 못했다며 잠시 망설이는 태도를 보였다. 하지만 친구들의 성화에 못 이기는 척하며 준비해온 작품을 낭독했다. 그러자 한 번 더 듣고 싶다는 요청이 쇄도했다. 왓슨과 오스본은 입을 모아 최고의 작품이라며 칭찬을 아끼지 않았다. 랠프는 몇 군데 수정을 하는 게 좋겠다고 했지만 나는 끝까지 원문을 고수했다. 그러자 오스본이 랠프의 태도를 꼬집었다. 시도 제대로 쓰지 못하면서 비평하는 태도까지 엉망이라는 것이었다. 그제야 랠프도 입을 다물었다.

나중에 들은 바로는 내 시를 두고 오스본이 입에 침이 마르도록 칭찬했다고 한다. 본인 앞에서 칭찬을 하면 괜히 아첨한다고 생각할까봐 참았다나.

"프랭클린이 그런 멋진 시를 쓸 줄이야! 묘사력 하며 시어의 힘, 그 정열적인 시구까지 오히려 원문보다 낫더라고. 평소에는 단어도 제대로 고르지 못해 어물거리더니만, 세상에! 그 친구가 그렇게 시를 잘 쓸 줄이야!"

다음 모임에서 랠프는 사실 그 시가 자신의 작품임을 밝혔고, 오스본은 웃음거리가 되었다.

아무튼 그 이후로 시인이 되겠다는 랠프의 결심은 더욱 확고해졌다. 어떻게든 그를 말려보려고 했지만 랠프는 계속해서 졸작들을 끄적이며 버텼다. 알렉산더 포프가 『바보열전』에서 그의 졸렬한 글 솜씨를 꼬집어서 혼쭐을 내기 전까지는 그랬다. 그럼에도 불구하고 랠프는 훌륭한 산문가이자 평론가가 되었고, 평생 연금까지 받았다. 그에 대한 이야기는 다음에 더 자세히 언급하기로 하겠다. 나머지 두 친구에 대해서는 다시 말할 기회가 없을 것 같으니 여기서 조금 더 써두는 편이 좋겠다.

그로부터 몇 년 후, 왓슨은 내 품에서 숨을 거두었다. 친구들 사이에서 가장 빛나던 보석을 떠나보낸다는 것은 정말 슬픈 일이었다. 오스본은 서인도제도로 가서 변호사로 이름을 날리고 성공해서 돈을 많이 벌었지만 역시 일찍 삶을 마감했다. 그 친구와 약속한 것이 하나 있었는데, 먼저 죽는 사람이 이승에 남은 이를 찾아와서 저 세상의 이야기를 들려주기로 한 것이었다. 하지만 안타깝게도 그 친구는 끝내 약속을 지키지 않았다.

06

영국으로의
첫 번째 항해

영국으로 가는 길을 마음껏 즐기다

죽어라 하루를 벌어 근근이 하루를 연명하다

재능 있는 청년으로 평가받기 시작하다

랠프와의 오랜 우정이 허무하게 깨지다

인쇄 작업이 아닌 식자 작업을 맡게 되다

리틀브리튼의 하숙집에서 만난 사람들

사람과 정보를 얻었던 런던에서의 18개월

벤저민 프랭클린 자서전

Benj. Franklin

영국으로 가는 길을
마음껏 즐기다

당시 필라델피아 지사였던 윌리엄 키드는 나와 대화를 나누는 것을 매우 좋아해서 자주 그의 집으로 초대했다. 인쇄소를 차리는 데 드는 비용 전부를 대준다는 것도 기정사실처럼 말했다. 나는 인쇄기와 활자판, 종이를 구입하는 데 필요한 경비 이외에도 그의 친구들에게 보여줄 추천서를 영국에 몇 통 가져갈 생각이었다.

키드 지사는 추천서를 써놓을 테니 언제든지 찾으러 오라고 약속해놓고 막상 찾아가면 오늘내일 미루기만 했다. 때마침 런던으로 가는 배의 출항 날짜가 계속 연기되다가 드디어 출발 날짜가 잡혔다. 출발하기 전, 나는 인사도 드리고 추천서도 받을 겸 해서 키드 지사를 찾아갔다. 그런데 비서인 바드 박사가 말하기를, 키드 지사가 지금 몹시 바쁘니 먼저 배를 타고 출발하면 중간 정박지인 뉴캐슬로 가서 추천서를 주겠다는 것이었다.

랠프는 이미 결혼을 해서 아이도 하나 있었지만 이번 여행에 함께 나서기로 했다. 런던의 상점주들과 얼굴을 익히고 나중에 거래를 틀 생각인가 싶었는데, 알고 보니 부인과 오랜 불화 때문에 이대로 영국에 가서 다시는 돌아오지 않을 작정이었다. 나는 지인들에게 작별 인사를 하고 리드 양과 몇 가지 진지한 약속을 한 뒤 배를 타고 필라델피아에서 출발했다.

얼마 후 뉴캐슬에 도착했다. 키드 지사도 그곳에 와 있었다. 하지만 그가 묵는 숙소로 찾아가자 비서가 지금은 중요한 업무중이라 만날 수 없다고 했다. 추천서는 배로 보내줄 테니 무사히 여행을 마치고 빨리 돌아오기를 바란다는 것이었다. 조금 어리둥절했지만 그때까지만 해도 아무 의심 없이 배로 돌아왔다.

때마침 필라델피아의 저명한 변호사인 앤드류 해밀턴 씨가 아들과 함께 같은 배에 타고 있었다. 퀘이커교도 상인 데넘 씨, 메릴랜드에서 철강 사업을 공동 운영하는 어니언 씨와 러셀 씨도 앤드류 부자와 함께 일등실에 묵고 있었다. 우리는 이들과 전혀 안면이 없던 터라 일반인들과 함께 삼등실에 묵었다.

그런데 해밀턴 씨가 선박 압류 건으로 급한 의뢰를 받게 되었다. 어마어마한 보수가 걸린 일이라 해밀턴 씨는 아들(제임스라는 이름의 아이는 이후 지사가 되었다)과 함께 뉴캐슬에서 필라델피아로 돌아가게 되었다.

배가 막 출항하려는 찰나, 프렌치 대령이 배에 올랐다. 프렌치 대령은 언제나처럼 나에게 정중하게 인사를 건넸고, 그때부터 사람들이 나를 다른 눈으로 보기 시작했다. 주변의 신사들도 두 자리가 비었으니 일등실로 오라고 청했다. 랠프와 나는 곧바로 짐을 옮겼다.

그때만 해도 당연히 프렌치 대령이 추천서를 가지고 왔을 거라고 생각했다. 나는 선장을 찾아가 프렌치 대령이 맡긴 추천서를 찾고 싶다고 말했다. 하지만 선장은 모든 서신들은 우편 가방에 보관되어 있기 때문에 당장은 찾기가 곤란하므로 대신 영국에 도착해 배에서 내리기 전까지는 찾아주겠노라고 말했다. 그래서 아무 걱정 없이 영국으로 가는 길을 마음껏 즐겼다.

우리는 일등실에 탄 승객들과 어울렸다. 해밀턴 씨가 음식을 두고 가서 먹을 것도 많았다. 당시 친분을 맺은 데넘 씨와는 그분이 세상을 떠나기 전까지 꾸준히 좋은 관계를 이어나갔다. 얼마 동안 바다 날씨가 궂어서 항해하면서 꽤 고생을 했다.

영국 해협에 도착할 무렵, 선장은 약속대로 우편 가방 안에서 추천서를 찾을 수 있도록 도와주었다. 하지만 내 이름이 적힌 봉투는 보이지 않았다. 어쩔 수 없이 글씨체를 보고 적당한 것을 추려내는 수밖에 없었다. 그 중에서도 왕실 담당 인쇄업자인 배스킨 앞으로 보내는 편지와 서적 판매인에게 보내는 편지가 유력해보였다.

죽어라 하루를 벌어
근근이 하루를 연명하다

1724년 12월 24일, 드디어 우리는 런던에 도착했다. 나는 먼저 서적 판매인을 찾아가서 윌리엄 키드 지사가 보내준 추천서로 보이는 봉투를 내밀었다. 그러자 그런 사람을 모른다는 대답이 돌아왔다. 그는 봉투를 뜯어보더니 말했다.

"이건 리들스덴이 보낸 편지로군요. 얼마 전에 들으니 이 작자가 아주 인간성이 나쁘다던데, 이제 그 사람을 볼 일이 없으니 편지도 읽을 필요가 없소."

그는 다시 편지를 돌려주고 홱 돌아서 다른 손님들을 맞으러 가버렸다. 나는 깜짝 놀랐다. 그제야 지금까지 키드 지사의 의뭉스러운 태도를 곱씹어보았고 그의 진정성을 의심하게 되었다.

어쩔 수 없이 데넘 씨를 찾아가 지금까지 있었던 일들을 사실대로 털어놓았다. 그러자 데넘 씨는 윌리엄 키드 지사가 얼마나 허풍쟁이인지 이야기해주면서 나를 위해 추천서를 써줄 리가 없다고 딱 잘라 말했다. 키드 지사를 아는 사람들은 절대로 그의 말을 신임하지 않는다는 것이었다. 누굴 추천할 만큼 신뢰할 수 있는 사람도 아니라며 오히려 콧방귀까지 뀌었다. 앞으로 어떻게 할지 걱정이라고 말하자 그는 인쇄소 쪽으로 일자리를 구해보는 게 좋겠다고 조언했다.

"여기 있는 인쇄소에서 일을 하다보면 실력도 늘 테고, 나중에 미국으로 돌아가서 개업을 하는 데도 도움이 될 걸세."

그 과정에서 우연히 리들스덴이라는 변호사의 인간성이 바닥이라는 사실을 알게 되었다. 사실 그는 리드 양의 아버지를 꼬드겨 사업 자금 보증을 부탁했다가 리드 씨를 파산으로 몰아간 사악한 작자였다. 편지 내용을 보아하니 함께 배에 탔었던 해밀턴 씨에게 사기를 치기 위한 모종의 계략이 진행중인 모양이었다. 키드 지사 역시도 리들스덴과 한패였다. 데넘 씨는 한시 바삐 해밀턴 씨에게 이 사실을 알려야 한다고 말했다. 다행히 해밀턴 씨도 얼마 후 영국에 도착했다. 나는 키드 지사와 리들스덴에 대한 분노와 해밀턴 씨에 대한 호의로 그 편지를 직접 전했다. 해밀턴 씨는 정말 중요한 정보를 알려주어 고맙다며 정중히 인사를 했다. 그때부터 우리는 친분을 유지했고, 내가 어려움에 처할 때마다 그에게 큰 도움을 받았다.

대체 지사라는 직책씩이나 맡고 있는 사람이 왜 나처럼 순진한 청년을 물 먹이려고 한 것일까! 그건 윌리엄 키드 지사의 습성이었다. 사람들을 기쁘게 해주고는 싶은데 딱히 해줄 것은 없으니 꿈이나 실컷 꾸게 해주겠다는 식이었다. 그 못된 습성 하나만 제외하면 분별력도 뛰어나고 똑똑하며 상당한 필력을 가진 사람이었다. 그를 지사로 내세운 영주들의 뒤통수를 치기도 했지만 시민들의 입장에서는 좋은 지도자였다. 어쨌거나 윌리엄 키드는 지사로 재임하고 있는 동안 여러 가지 훌륭한 법안들을 발의하고 통과시켰다.

한편 랠프와 나는 바늘과 실 같은 친구가 되었다. 우리는 리틀브리튼에 있는 일주일에 3실링 6펜스짜리의 작은 하숙집에서 함께 지냈다. 당시에는 하루 벌어 하숙비를 대는 것도 빠듯했다. 랠프의 친지들이 영국에 있었지만 하나같이 가난해서 우리를 도와줄 형편이 못 되었다. 그제야 랠프는 다시 미국으로 돌아가지 않을 것이라고 솔직히 고백했다. 그나마 조금 챙겨온 돈도 뱃삯으로 전부 써버렸다. 내가 챙겨간 금화 15닢도 랠프가 일자리를 구하러 다니는 동안에 야금야금 새어나갔다. 랠프는 스스로 배우가 될 소질이 있다고 믿었다.

처음에는 주로 극단에 들어가기 위해 애썼다. 하지만 랠프의 연기를 본 영국의 유명한 희극 배우 월크스는 배우의 꿈을 접으라고 냉정하게 진심 어린 충고를 했다. 그다음에는 페이터노스터 거리에서 출판업을 하고 있는 로버츠 씨를 찾아갔다. 그리고 〈스펙테이터〉 같은 주간지에 글을 기고하고 싶다면서 조건을 제시했지만 이 역시 거절당했다. 그러자 랠프는 법학대학교 근처의 출판업자들과 변호사들을 찾아가서 문서 담당자로 일하고 싶다고 말했지만 그나마도 빈자리를 찾을 수 없었다.

반면 나는 곧바로 바살러뮤 클로스에서 가장 유명한 파머 씨의 인쇄소를 찾아가 일자리를 얻었다. 그리고 일 년 가까이 그곳에서 일했다. 죽어라 일했지만 월급의 대부분은 랠프와 연극을 보러 가고, 놀러가는 데 탕진했다. 이제 은화도 바닥이 났고, 하루 벌어 하루 먹는 셈이 되었다. 랠프는 처자식을 완전히 잊은 것 같았다. 나 역시 리드 양과의 약속을 점점 잊어갔다. 영국에 도착해서 리드 양에게 딱 한 번 편지를 보냈는데 그나마도 빨리 미국에 돌아갈 수 없을 것 같다는 내용이었다. 이는 내 인생에서 가장 큰 실수 중 하나이다. 만약 시간을 돌릴 수만 있다면 절대로 그런 실수는 하지 않을 것이다. 솔직히 말하면 하루하루 근근이 먹고 사느라 미국으로 돌아갈 뱃삯조차 마련할 수가 없었다.

재능 있는 청년으로
평가받기 시작하다

　나는 파머 씨의 인쇄소에서 논리학자 윌라스턴의 『자연종교론』 2판을 찍기 위한 식자 작업을 했다. 그런데 작업을 하던 중에 이론을 뒷받침할 근거가 부족한 부분들이 간간이 눈에 띄었다. 나는 그 부분들을 논평한 철학적인 글을 썼고 '자유와 필연, 쾌락과 고통에 관해'라는 제목을 붙였다. 그리고 랠프에게 헌정한다고 덧붙여 몇 권을 인쇄했다. 인쇄소 주인 파머 씨는 나의 논리 중 취약한 부분을 날카롭게 지적했지만 나를 재능 있는 청년으로 평가하기 시작했다.

　리틀브리튼에서 하숙을 하는 동안 근처에서 서점을 운영하던 윌콕스 씨를 알게 되었다. 그 서점에는 고서들이 꽤 많이 소장되어 있었다. 당시만 해도 순회 도서관 같은 것이 없었다. 그래서 나는 윌콕스 씨의 책을 개인적으로 빌려볼 수 있도록 모종의 합의를 맺었다. 정확히 어떤 조건인지는 기억나지 않지만 덕분에 나는 서점에 있는 책들을 전부 읽어볼 수 있었고, 최대한 주어진 기회를 이용했다.

　아무튼 당시 썼던 논평이 『인간 판단의 정밀성』이라는 책을 쓴 외과의사 라이언스 씨의 손까지 들어간 모양이다. 그것이 계기가 되어 우리는 서로 알고 지내게 되었다. 라이언스 씨는 나를 높이 평가했고, 가끔찾아와서 여러 주제를 가지고 사담을 나누거나 치프사이드 가에 있는 혼즈라는 술집으로 데려갔다. 그는 『꿀벌의 우화』라는 책을 쓴 맨더빌 박사를 소개해주었다. 박사는 농담도 잘하고 유쾌한 인물로 사교클럽을 만들어 모임을 이끌었다. 또 라이언스 씨는 나를 뱃슨의 커피숍으로 데려가 펨버튼 박사도 소개해주었다. 박사는 빠른 시일 내에 아이작 뉴턴Isaac Newton 경과의 만남을 주선해보겠노라고 약속했다. 나는 그날이 오기만을 기다렸지만 끝내 성사되지 않았다.

나는 미국에서 진기한 물건들 몇 가지를 런던에 가지고 왔는데, 그 중에 석면으로 만든 지갑이 있었다. 불을 대면 환한 빛이 나는 물건이었다. 한스 슬로안 경이 그 이야기를 듣고 나를 찾아왔고, 블룸스베리 광장에 있는 자신의 집으로 초대해 지금까지 수집한 온갖 진기한 물건들을 보여주었다. 그는 내가 가진 석면 지갑도 함께 수집하고 싶다고 부탁했다. 결국 나는 섭섭지 않을 정도의 대가를 받고 물건을 건네주었다.

랠프와의 오랜 우정이
허무하게 깨지다

랠프와 내가 묵던 하숙집에는 클로이스터에서 모자 상점을 운영하는 T부인이라는 젊은 여인이 있었다. 명랑하고 사려 깊은 성격에 좋은 집 안에서 자라서 대화가 아주 잘 통했다. 랠프는 저녁이면 그녀에게 희곡을 읽어주었고, 점차 친해지는가 싶더니 그녀를 따라서 다른 하숙집으로 나가버렸다. 두 사람은 한동안 동거 생활을 했다. 하지만 랠프는 직업이 없었고 T부인은 아이까지 하나 딸린 상황이라 쥐꼬리만 한 수입으로는 세 사람 입에 풀칠을 하기도 벅찼다.

마침내 랠프는 런던을 떠나 지방으로 가서 교사가 되기로 결심했다. 그는 글솜씨도 뛰어나고 수학과 계산에 능했기 때문에 교사가 될 자격이 충분하다고 자부했다. 하지만 교사란 직업이 자기 수준에 비해 한참 부족하다고 여긴 그는 나중을 생각해서 가명을 사용하기로 했다. 참으로 고맙게도 그는 내 이름을 가져다 썼다.

런던을 떠난 지 얼마 후에 랠프에게서 편지가 도착했다. 버크셔라는 작은 마을에 자리를 잡았는데, 12명의 아이들에게 수업료 6펜스씩을 받고 읽기와 쓰기를 가르치고 있다고 했다. 그 사실을 T부인에게 알리고 잘 돌봐달라고 부탁했고, 답장을 보낼 때는 프랭클린 선생님 앞으로 보내라고 했다.

랠프는 계속해서 근황을 알리는 편지를 보냈고, 현재 집필중인 작품이라며 서사시의 초고를 보내 비평과 수정을 부탁하기도 했다. 가끔은 원하는 내용의 답장을 보냈지만, 대부분은 랠프가 시 쓰는 것을 단념할 수 있도록 권고하는 내용이었다. 때마침 '영'이라는 시인이 풍자시 한 편을 발표했다. 나는 그 시의 대부분을 편지에 옮겨서 랠프에게 보냈다. 영의 시는 뮤즈의 도움으로 출세하고 싶은 어리석은 자들을 풍자한 것으로, 뮤즈의 뒤꽁무니만 졸졸 쫓는 삼류 작가들의 모습을 비판적으로 묘사하고 있었다. 하지만 쇠귀에 경 읽기였다. 랠프는 끝없이 작품을 써서 보내왔다.

그런 와중에 랠프와 가까워지면서 지인들과 데면데면해지고 일감도 떨어져 곤경에 처한 T부인은 종종 나를 찾아와 생활비를 빌려가곤 했다. 그렇게 나는 T부인과 차츰 가까워졌고, 당시에는 특정 종교에 속한 것도 아니었기 때문에 돈을 빌미로 그녀와 가까워지려고 했다. 이 또한 내 인생의 커다란 실수였다. T부인은 화를 내며 내 청을 단칼에 거절했고 그 사실을 랠프에게 알렸다. 이 일로 랠프와 나의 우정이 깨지고 말았다. 랠프는 곧바로 런던으로 달려와 이번 일로 우리 사이의 채무 관계 또한 끝난 것이라고 통보했다. 어차피 랠프가 돈을 갚을 능력이 없다는 것을 알았기 때문에 달라질 것은 없었다. 결국 나는 랠프에게 빌려줬던 돈을 한 푼도 돌려받지 못하게 되었다.

오랜 우정까지 잃었지만 오히려 마음은 홀가분했다. 그때부터 나는 조금씩이라도 돈을 모으기로 결심했다. 그래서 파머 씨의 인쇄소를 나와서 그보다 더 규모가 큰 링컨스 인 필드 근처의 와츠 인쇄소에서 일자리를 얻었다. 나는 미국으로 돌아가기 전까지 계속 그곳에서 일했다.

인쇄 작업이 아닌
식자 작업을 맡게 되다

와츠 인쇄소에서 처음으로 맡은 일은 인쇄 작업이었다. 영국은 미국과 달리 식자 작업과 인쇄 작업이 철저히 분리되어 있었다. 식자 일만 하면 몸을 움직일 일이 거의 없어 체력적으로 약해지기 쉬웠기 때문에 나는 일부러 인쇄 쪽을 택했다. 매일 물만 마시던 나와는 달리 나머지 50여 명의 직원들은 맥주를 퍼마시다시피 했다. 내가 양손에 큼직한 활자판을 들고 계단을 오르내릴 때 나머지 인쇄공들은 달랑 하나만 들고 다녔다. 그들은 '물만 퍼마시는 미국인(동료들은 나를 그렇게 불렀다)'이 독한 맥주를 마시는 자신들보다 훨씬 더 체력이 강하다는 사실에 의아해했다. 인쇄소 안에는 맥줏집 종업원이 상주하고 있었고, 주문이 들어오면 곧바로 맥주를 배달했다.

어떤 친구는 아침을 먹기 전에 1파인트, 점심 때 1파인트, 오후 6시에 1파인트, 일과가 끝난 후에 1파인트의 맥주를 마셨다. 정말 하루도 술을 거르지 않았다. 나는 그것이 매우 나쁜 습관이라고 생각했다. 하지만 그의 생각은 달랐다. 고된 일을 해내기 위해서는 독주의 힘을 빌려야 한다는 것이었다. 정확히 따지고 보면 맥주의 주성분인 보리 알갱이는 극히 적은 양이고, 1페니어치의 빵에 든 밀의 양이 훨씬 더 많다는 사실을 어떻게든 설명하려고 애썼지만 허사였다. 맥주 2파인트를 마시는 것보다 빵 1페니어치를 먹는 것이 훨씬 더 열량이 높지 않을까? 아무리 설명해도 그 친구는 아랑곳 않고 술을 퍼마셨고, 주급으로 받는 돈 중에 4~5실링 정도를 술값으로 탕진했다. 나는 예외였지만 가엾은 친구들은 그렇게 가난에서 헤어나지 못했다.

그로부터 몇 주 후, 와츠 씨가 인쇄 작업이 아닌 식자 작업을 맡아달라고 말했고 그렇게 인쇄실 동료들과 헤어졌다. 식자 작업실에 가니 환영식을 해야 한다며 5실링을 내라고 했다. 이전에 인쇄 작업을 시작할 때도 돈을 냈던 터라 별로 내키지 않았다. 인쇄소 주인도 나와 같은 의견이었다. 그렇게 3주 가까이 버티는 와중에 급기야 따돌림까지 당하게 되었다. 잠시만 자리를 비우면 조판해놓은 활자를 바꿔놓고 완전히 부숴버리는 등 온갖 심술을 부리는 것이었다. 그래놓고 제대로 환영식을 하지 않은 인쇄공을 괘씸히 여긴 인쇄소 유령이 저지른 짓이라는 얼토당토않은 변명을 해댔다. 다행히 주인은 내 편이었지만 이렇게 가다가는 나만 힘들 것 같았다. 그래서 나는 고집을 꺾고 결국 5실링을 내고 동료들과 편하게 지내기로 했다.

그 후부터는 인쇄 작업이 순탄히 흘러갔고 어느새 상당한 영향력까지 행사할 수 있게 되었다. 나는 예배당(당시 인쇄소를 예배당이라 불렀다)의 불합리한 규칙을 현실적으로 바꿔야 한다고 주장하며 온갖 반대를 무릅쓰고 이를 실천했다. 또한 나를 본보기 삼아 변해가는 동료들도 생겼다. 빵과 치즈, 그리고 맥주를 퍼마시는 대신 나처럼 빵과 버터를 섞고 후추를 뿌린 수프를 이웃에 주문해 먹기 시작했다. 그러면 맥주 1파인트를 사먹을 수 있는 1페니의 절반 정도로 식사를 해결할 수 있고, 속도 편했으며, 맑은 정신으로 버틸 수 있었다. 하루가 멀다 하고 맥주를 마시던 동료들은 외상값이 쌓여 더는 술집에 가지 못하게 되었다. 그들은 이자를 줄 테니 돈을 빌려달라고 나를 찾아왔다. 소위 "불이 꺼졌다."며 술이 필요하다는 것이었다. 주급이 나오는 토요일이면, 나는 경리 책상을 지키고 있다가 빌려준 돈을 받아냈다. 어떤 날에는 30실링 가까이 돈을 받은 적도 있었다. 거기다 말도 재미있게 하고 풍자를 잘하는 친구로 소문이 나서 인쇄소에서 나름대로 입지도 굳어졌다.

나는 괜히 핑계를 대며 월요일에 출근을 미루지도 않았고, 성실하게 일을 해서 주인의 총애를 받았다. 작업 속도도 남달라서 급한 일은 도맡아 했다. 보통 급행으로 작업을 처리하면 보수도 꽤 좋은 편이었다. 그렇게 나는 하루하루를 즐겁게 보내고 있었다.

리틀브리튼의 하숙집에서
만난 사람들

리틀브리튼의 하숙집은 인쇄소와 꽤 먼 편이었다. 그래서 나는 듀크 가의 로마 성당 건너편으로 거처를 옮겼다. 이태리 식료품을 파는 가게 3층의 뒤쪽 방이었다. 집주인은 미망인으로 딸과 하녀 한 명, 그리고 가게를 관리하는 점원 한 명이 매일 출퇴근을 했다. 집주인은 이전 하숙집에 사람을 보내서 나의 평소 행실을 확인하고 나서야 먼저처럼 일주일에 3실링 6펜스에 방을 내주기로 했다. 집에 장정이 하나 들어오면 심적으로 든든할 것 같아 싸게 해주는 거라며 생색도 냈다.

한창 나이에 미망인이 된 집주인은 개신교 목사의 딸로 태어났지만 남편을 만나면서 가톨릭으로 개종을 했다. 남편이 세상을 떠난 후에도 당시의 추억을 소중히 여겼다. 게다가 상류 사회에서 나고 자란 덕분에 찰스 2세 때까지 거슬러 올라가 과거 유명인들의 일화를 꿰고 있었다. 평소에는 신경통 때문에 거동이 편치 않아서 가끔씩 말동무를 청했다. 나는 집주인이 부를 때마다 흔쾌히 응했고, 재미있는 이야기를 들으며 저녁 시간을 보냈다.

저녁이라고 해봤자 버터를 바른 빵 한 조각과 생선 한 토막, 그리고 맥주 한 잔이 고작이었다. 하지만 제일 맛있는 음식은 바로 흘러간 일화들을 듣는 것이었다. 평소에 내가 귀가시간도 잘 지키고 큰 문제도 일으키지 않았기 때문에 집주인은 내가 그 집에서 계속 지내길 바랐다. 한 번은 일주일에 2실링인 저렴한 하숙집으로 옮기겠다고 하자, 그런 생각은 아예 말아달라며 곧바로 하숙비를 깎아주기도 했다. 그래서 나는 일주일에 1실링 6펜스로 런던 생활을 이어갈 수 있었다.

하숙집 다락방에는 칠십 평생 결혼도 않고 세상을 등진 채 살아가는 노파가 살고 있었다. 주인 말로는 독실한 가톨릭 신자로 어릴 때 수녀가 되기 위해서 외국으로 갔다가 풍토가 맞지 않아 돌아왔다고 했다. 영국에는 수녀원이 없기 때문에 주어진 환경 내에서 수녀의 삶을 살며 평생을 보내기로 맹세했다는 것이다. 그 노파는 가진 재산 전부를 자선 단체에 기부하고, 자기 몫으로 연간 생활비 12파운드씩만 남겼다. 그조차도 어려운 사람을 돕는 데 주로 사용하고, 죽 한 그릇으로 하루를 버텼다. 불도 죽을 끓일 때만 제외하고는 사용하지 않았다. 그 하숙집에 들어온 지도 꽤 오래되었다고 했다. 집주인은 그런 사람을 곁에 둔다는 것을 축복이라 생각해 하숙비도 안 받고 방을 내주었다.

노파의 하숙방에는 매일 신부가 찾아와 고해성사를 들어주었다. 집주인이 그렇게 착하게 살면서 참회할 일이 있느냐고 묻자 "괜한 잡생각을 떨치지 못해 그렇다."라고 대답했다고 한다. 언젠가 한 번 노파의 방을 찾은 적이 있었다. 굉장히 친절하고 활달하고 말도 재미있게 하는 분이었다. 먼지 하나 없는 방에는 침대 하나와 십자가상, 성경책이 놓인 책상, 손님용 의자 하나, 난로 위에 성 베로니카가 수건을 들고 있는 그림 하나뿐이었다. 노파의 말에 따르면 손수건 위로 가끔씩 피를 흘리는 예수님의 형상이 보인다고 했다. 노파는 파리한 얼굴을 하고 있었지만 크게 아픈 데는 없었다. 나는 그분을 통해 가진 것이 적어도 행복하고 건강한 삶을 영위할 수 있다는 교훈을 배웠다.

사람과 정보를 얻었던
런던에서의 18개월

  나는 와츠 인쇄소에서 와이게이트라는 영민한 청년과 가까이 지내게 되었다. 그는 부유한 친척 덕분에 다른 동료들보다 교육을 잘 받아 라틴어도 잘하고, 프랑스어도 수준급이었으며, 독서량도 엄청났다. 나는 와이게이트와 그의 친구에게 수영을 가르쳐주었다. 두 번째로 강을 찾았을 때 그들은 혼자서 수영을 할 수 있을 정도가 되었다. 두 사람은 지방에서 온 유지들을 소개해주었다. 그들은 런던의 대학과 돈 살테로의 애장품들을 구경하기 위해서 멀리서 배를 타고 첼시를 찾았다고 했다. 돌아오는 길에 와이게이트는 내 수영 실력이 수준급이라며 치켜세웠고 나는 그들의 부탁을 받아 옷을 벗고 강물에 뛰어들었다. 그리고 첼시에서 블랙프라이어까지 수영을 하면서 강물 안팎을 넘나들며 온갖 묘기를 선보였다. 일행들은 재미있는 구경거리를 보며 즐거운 시간을 보냈다.

  나는 어릴 적부터 수영을 좋아해서 프랑스의 수영선수인 데브노의 영법을 모두 연구하고 몸에 익혔다. 거기다 직접 개발한 쉽고 유용하며 우아한 동작들을 가미했다. 그날 내가 가진 모든 기술들을 선보이고 나서 사람들의 칭찬을 듣자 어깨가 으쓱해졌다. 학업 수준도 비슷하고 수영을 잘하고 싶었던 와이게이트는 점점 나와 친밀하게 지냈다. 마침내 그는 유럽 방방곡곡을 여행해보자고 내게 제안했다. 인쇄 기술이 있으니 그걸로 여비를 마련하면 된다는 것이었다. 처음에는 나도 그의 제안에 혹해서 마음이 움직였다. 그래서 자주 만나 시간을 보내던 데넘 씨에게 조언을 구했다. 데넘 씨는 자신도 펜실베이니아로 갈 생각이니 딴 생각 말고 얼른 미국으로 돌아갈 생각만 하라며 따끔하게 충고했다.

이쯤에서 데넘 씨의 훌륭한 성품을 보여주는 일화 하나를 소개할까 한다. 그는 예전에 브리스톨에서 장사를 했다. 어쩌다 실패를 해서 빚더 미에 앉았지만 채권자들과 합의가 잘 되어 미국으로 건너갔다. 그 후로 장사에 열중해 몇 년 후에는 큰 재산을 모을 수 있었다. 나와 함께 배를 타고 영국으로 돌아온 데넘 씨는 과거에 자신에게 관대함을 보여주었 던 채권자들을 초대해서 성대한 만찬을 열었다. 맛있는 식사 대접만 기 대하고 왔던 채권자들은 깜짝 놀랐다. 첫 번째 요리가 담긴 접시를 열 자 예전에 데넘 씨가 갚지 못한 원금과 이자까지 더한 액수가 적힌 수 표가 놓여 있었기 때문이다.

얼마 후면 데넘 씨도 필라델피아로 돌아갈 것이다. 그는 가게를 차리 기 위해 준비한 온갖 상품들을 싣고 갈 것이라고 했다. 또 장부를 기입 하는 법을 알려줄 테니 장부 정리를 하고, 문서를 베끼고, 가게 관리를 맡아달라고 내게 제의해왔다. 그리고 내가 어느 정도 장사 기술을 익 히고 나면 밀가루나 빵 같은 물품을 싣고 서인도제도로 보내 돈벌이가 될 만한 위탁판매도 맡기고 나중에는 독립도 시켜줄 것이라고 말했다. 정말 기쁜 일이었다. 안 그래도 런던의 생활이 싫증나던 참이었고, 펜 실베이니아에서 보냈던 행복한 날들이 그리워져서 하루빨리 돌아가고 싶은 심정이었다. 그래서 펜실베이니아 돈으로 연봉 50파운드를 받는 조건으로 그의 제안을 수락했다. 물론 인쇄소에서 벌던 돈보다는 적지만 미래를 생각한다면 훨씬 더 좋은 조건이었다.

그렇게 인쇄소 일과는 영영 작별인가 싶은 생각에 매일같이 데넘 씨와 함께 새로운 일을 배우기 위해 뛰었다. 상인들 사이를 헤집고 다니며 물품을 구입하는 방법도 익혔다. 새로 사들인 상품을 보관하고, 심부름도 하고, 일꾼들을 시켜 문서를 발송하는 일도 맡았다. 그렇게 모든 물건들을 배에 싣고 니니 2・3일 정도 여유가 생겼다. 그러던 어느 날 예상치 못했던 일이 터졌다. 평소 이름만 어렴풋이 알고 있던 윌리엄 윈덤 경이 사람을 보내 나를 부른 것이다. 내가 첼시에서 블랙프라이어까지 헤엄을 쳤던 일과, 와이게이트와 그의 친구에게 몇 시간 만에 수영을 가르친 일을 전해들은 모양이었다.

윈덤 경은 자기 아들 둘이 얼마 후 여행을 떠나게 되었는데 수영을 가르쳐달라고 부탁했다. 대신 사례는 섭섭지 않게 주겠다고 했다. 하지만 아직 아들들이 영국에 도착하지 않은 데다 나 역시 언제 떠날지 모르는 상태라 정중히 고사했다. 그 순간 영국에 남아서 수영학교를 연다면 엄청난 돈을 벌 수 있을 것 같은 기분이 들었다. 조금 더 일찍 그런 제의를 받았다면 그토록 서둘러 미국으로 돌아가지는 않았을 것이다. 알다시피 윈덤 경과의 인연은 이것이 끝이 아니었다. 수년 후에 그의 아들 중 하나(그는 에그레몬트 백작이 되었다)가 나와 중요한 관계를 맺게 된 것을 기억할 것이다. 그러니 이 이야기는 나중에 자세히 들려주겠다.

그렇게 나는 런던에서 18개월이라는 시간을 보냈다. 대부분의 시간은 인쇄소 일에 몰두했고, 가끔 연극을 보거나 책을 읽는 것 외에는 사사로운 것에 시간을 낭비하지 않았다. 과거 친구였던 랠프 때문에 나는 알거지가 되었다. 그는 27파운드라는 거금을 빌려갔는데 다시 돌려받을 수 있는 가망이 없었다. 당시 내가 받은 주급에 비하면 27파운드라는 돈은 실로 엄청난 액수였다. 하지만 나는 여전히 랠프를 친구로 아꼈다. 그는 친절하고 좋은 사람이었다.

비록 런던에서 큰돈은 벌지 못했지만 나는 좋은 친구들 여럿을 사귀었고, 그들과 여러 분야의 대화를 나누면서 유익한 정보도 얻었다. 그리고 독서량도 엄청나게 늘었다.

07

필라델피아에서
사업을 시작하다

데넘 씨가 죽고 세상에 다시 홀로 남다

다양한 사람들과 함께했던 인쇄소 일

메레디스의 동업 제안을 받아들이다

당시 내가 가졌던 마음가짐과 생활신조

유능한 친구들을 모아 비밀 클럽을 만들다

인쇄소에서 밤낮으로 부지런히 일하다

메레디스와의 동업 계약을 마침내 청산하다

벤저민 프랭클린 자서전

데넘 씨가 죽고
세상에 다시 홀로 남다

  1726년 7월 23일, 우리가 탄 배는 그레이브센드 항을 출발했다. 당시 항해중에 생긴 중요한 일에 대해서는 내 일기에 전부 기록되어 있을 것이다. 가장 중요한 것은 항해중에 앞으로 어떻게 살아가야 할지 정리해둔 생활지침이다.

  10월 11일, 우리는 필라델피아에 도착했다. 그곳도 많이 변해 있었다. 윌리엄 키드가 지사직에서 물러나고 고든 소령이 그 자리를 맡았다. 나는 평범한 시민이 된 윌리엄 키드와 거리에서 우연히 마주쳤다. 그는 겸연쩍은 표정을 짓더니 그냥 지나가버렸다. 나 역시 리드 양을 만

낳더라면 그런 표정을 지었을 것이다. 그녀의 친구들이 내가 보낸 편지를 보고 그만 단념하라며 조언하고 로저스라는 남자와 결혼하라고 설득하지 않았더라면 말이다.

하지만 리드 양의 결혼 생활은 행복하지 않았고 로저스와는 곧 헤어졌다. 그에게 또 다른 부인이 있다는 사실을 알고는 남편의 성을 따르는 것은 물론 같이 사는 것도 거부했다. 뛰어난 기술자였던 로저스를 그녀의 친구들이 믿음직하게 생각했던 것도 당연한 일이었다. 하지만 빚더미에 올라앉았던 그는 1727년인가 1728년도에 서인도제도로 도망쳤다가 그곳에서 죽었다.

키머는 인쇄소를 확장해 더 큰 건물에 문구류와 새로운 활자판을 들여놓았고, 그리 뛰어나지는 않지만 직공들도 여럿 거느리고 있었다. 그런대로 사업도 잘 굴러가는 모양이었다.

데넘 씨는 워터 가에 점포를 구했고, 우리는 새로운 가게에 짐을 풀었다. 나는 열심히 일했고 부기(물건을 사고파는 일에 필요한 전반적인 회계 업무-옮긴이)도 배워서 머지않아 물건 판매도 할 수 있게 되었다. 우리는 한집에서 살았다. 그는 진심으로 나를 대했고 아버지처럼 자상하게 챙겨주었다. 나 역시 데넘 씨를 존경하고 따랐다. 그렇게 오래도록 행복할 수 있었다면 좋았을 것이다. 1727년 2월, 내가 21살을 갓 넘겼을 당시 우리 둘은 병을 앓았다. 나는 늑막염에 걸려서 자칫하면 목숨을 잃을 뻔했다. 어쩌면 회복될 수 없을지도 몰라 거의 포기상태였다가 조금씩 호전될 기미가 보이자 오히려 맥이 빠질 정도였다.

데넘 씨의 병명은 정확히 기억나지 않지만 오랫동안 그를 괴롭히다가 결국 목숨까지 앗아가버렸다. 데넘 씨는 병석에 누워 있을 때 조금이지만 내 앞으로 유산을 남겨주었다. 그동안 나눈 우정에 대한 표시였다. 그렇게 나는 세상에 다시 홀로 남겨졌다. 데넘 씨의 점포는 유언 집행인이 관리하게 되었고, 그와 했던 고용 계약도 끝났다.

그즈음 필라델피아에 있던 홈즈 자형이 원래 하던 인쇄일을 다시 해보는 게 어떻겠느냐고 제안했다. 때마침 키머가 상당한 연봉을 제시해왔다. 자기 인쇄소를 맡아서 관리해주면 본인은 문구류 판매에 매진하고 싶다는 것이었다. 하지만 런던에서 지내며 키머의 부인과 그 친구들로부터 그의 성품이 모질다는 것을 익히 들은 터라 별로 엮이고 싶지 않았다. 차라리 상점에서 일을 하는 게 낫겠다 싶어서 일자리를 구하러 다녔지만 그 역시 여의치가 않았다. 결국 나는 다시 키머와 일을하게 되었다.

다양한 사람들과 함께했던 인쇄소 일

당시 인쇄소에는 다양한 사람들이 일하고 있었다. 휴 메레디스는 웨일스계의 펜실베이니아인으로 나이는 서른이었다. 본래 농사꾼이었는데 성실하고 착한 성품을 지녔다. 독서도 많이 하는 편이었지만 술을 너무 많이 마셨다. 스티븐 포츠는 막 성년이 된 농촌 출신의 청년으로 체격조건이 좋고 유머감각도 뛰어났지만 다소 게을렀다. 두 사람은 기술이 숙달되면 석 달에 1실링씩 올려준다는 조건으로 낮은 급료를 받고 일했다. 언젠가 보수가 나아지리라는 희망만 가지고 일하는 것이었다. 메레디스는 인쇄를, 포츠는 제본을 맡았다. 계약서상으로는 키머가 일을 가르쳐주기로 되어 있었지만 정작 할 줄 아는 게 하나도 없었다. 아일랜드 출신의 존은 딱히 기술도 없었으며, 난폭하기만 했다. 본래 배를 탔는데 그 배의 선장과 4년 계약을 하고 데려온 사람으로 인쇄를 맡기로 되어 있었다. 또 옥스퍼드대학교의 학생인 조지 웹이란 친구도 있었다. 그 역시 존처럼 4년 계약 조건으로 이곳에 왔으며 식자공으로 일하기로 되어 있었다. 그 친구에 대해서는 나중에 자세히 이야기하겠다. 마지막으로 시골 출신의 견습공 데이비드 해리가 있었다.

그제야 키머가 눈이 번뜩 뜨일 만한 조건으로 나를 채용한 이유를 깨달았다. 아무것도 모르는 직공들을 싼값에 고용해서 나에게 맡겨놓은 뒤, 내가 기술을 잘 가르쳐놓고 나면 제대로 부릴 작정이었던 것이다. 일단 기술만 익히면 계약으로 묶인 몸들이니 인쇄소는 잘 굴러갈 것이다. 하지만 나는 여기에 개의치 않아 열심히 일을 가르쳤고, 엉망이던 인쇄소도 정리했으며, 견습공들이 저마다 맡은 작업을 제대로 처리할 수 있도록 가르쳤다.

옥스퍼드 정도 되는 학교를 다니던 이가 인쇄소에 팔려오다니 정말 이상한 일이었다. 18살 정도로 보이는 앳된 학생이 들려준 이야기는 이러했다. 그는 글루체스터 출신으로 그곳에서 라틴어 학교를 다녔고, 연극제에서 맡은 역할을 훌륭하게 소화해서 친구들의 인기를 독차지한 적도 있었다. 그리고 옥스퍼드에 진학해 일 년쯤 공부를 했지만 별

다른 흥미를 느끼지 못해 런던에 가서 배우가 되기로 결심했다. 그래서 4분기 등록금 15기니(과거 영국의 화폐 단위-옮긴이)를 받자 빚을 갚지도 않은 채 무작정 런던으로 떠났다. 교복은 숲에 던져버리고 걸어서 런던까지 간 것이다. 그러다가 런던에서 나쁜 친구들을 만나 가진 돈도 전부 잃었다. 연극배우들을 소개해 줄 인맥도, 돈도 없었던 그는 옷까지 전당포에 맡겼지만 빵 하나 사 먹을 돈도 없었다. 그렇게 주린 배를 잡고 거리를 방황하다가 사기꾼들이 붙인 광고문을 보게 되었다. 미국에 가서 일한다고 계약만 하면 당장 먹을 것과 일당을 주겠다는 내용이었다. 막다른 길에 몰려 있던 터라 그는 곧바로 계약서를 쓴 후에 배를 타고 미국으로 건너왔다. 이런 사실은 가족과 친구들 누구도 알지 못했다. 평소 활발하고 재치 있고 유쾌한 청년이었지만 워낙 게으르고 분별력이 없는 데다 지독하게 게을렀다.

아일랜드 출신의 존은 얼마 후 인쇄소에서 도망을 쳤다. 그 외의 나머지 사람들과는 대체로 잘 지냈다. 그들은 키머가 있을 때는 인쇄 일을 제대로 배우지 못했는데 내가 일을 잘 가르쳐주자 굉장히 예의바른 태도를 보였다. 키머는 안식일에는 일을 하지 않았기 때문에 나는 이틀 동안 책을 실컷 읽을 수 있었다. 그사이 마을의 영리한 친구들도 많이 사귈 수 있었다. 키머는 나를 굉장히 친절하게 대했고 겉보기에는 정중한 태도를 보였기 때문에 불편한 점은 없었다. 다만 버논 씨의 돈을 갚지 못했다는 점이 계속 마음에 걸렸다. 다행히 그는 한동안 돈을 독촉하지 않았다.

메레디스의 동업 제안을
받아들이다

인쇄소 일을 하다 보니 활자판이 부족한 일이 잦았다. 당시만 해도 미국에는 활자판을 주조하는 곳이 없었다. 나는 런던에 있을 때 제임스의 인쇄소에서 활자판을 만드는 과정을 본 적이 있었다. 자세히 보지 않아서 자신은 없었지만 기억을 더듬어 활자판을 만들었다. 먼저 틀을 만들고 우리가 가지고 있는 활자들을 각인기에 찍어서 납으로 활자 모형을 만들었다. 굉장히 수고스러운 작업이었지만 그런대로 부족한 활자판을 채울 수 있었다. 그 밖에 각조를 하고, 잉크도 만들고, 창고지기 노릇까지 도맡아 했으니 만능 일꾼의 역할을 톡톡히 한 셈이었다. 하지만 내가 아무리 일을 잘한다고 해도 다른 직공들이 기술을 터득하게 되면서 내가 할 일은 조금씩 줄어들기 시작했다.

때마침 키머가 3개월 치 급료를 주며 인쇄소 운영이 힘들다고 죽는 소리를 했다. 아무래도 급료를 낮춰야겠다는 것이었다. 키머의 태도는 점차 달라졌고, 틈만 나면 꼬투리를 잡으면서 어떻게든 나를 쫓아내고 싶어 안달이 난 사람 같았다. 하지만 사업이 여의치 않아 그런 거라 생각하며 꾹 참고 지냈다.

그러다 아주 사소한 일 때문에 우리 둘의 관계는 완전히 틀어지게 되었다. 어느 날 재판소 근처에서 웅성거리는 소리가 나서 창문 너머로 고개를 내밀었는데, 때마침 밖에 있던 키머가 버럭 소리를 지르는 것이 아닌가. 그는 한눈팔지 말고 일이나 하라며 내게 욕설까지 퍼부었다. 사람들 앞에서 모욕을 당하자 나는 울컥 화가 치밀어 올랐다. 키머는 인쇄소로 뛰어들어왔고, 그렇게 우리는 언성을 높이며 한참을 싸웠다. 계약서의 내용에 따르면 해고 3개월 전에 통보를 해야만 했고, 그는 그렇게 통고 기간을 오래 정한 것이 분하다고 난리였다. 나는 분할 것이 하나도 없다며 당장 그만두겠다고 말한 후 모자만 들고 인쇄소 밖으로 나와버렸다. 메레디스가 아래층에 실고 있었기 때문에 나머지 물건들은 나중에 챙겨다주겠지 싶었다.

예상대로 메레디스가 하숙집으로 짐을 챙겨 왔고 우리는 앞으로의 일을 상의했다. 그는 나를 매우 존경했고, 함께 인쇄소에서 일을 하고 싶다고 했다. 내가 고향에 돌아갈 생각이라고 말하자, 그는 현재 인쇄소 상황을 설명하며 극구 만류했다. 키머가 여기저기서 돈을 긁어모아서 인쇄소를 확장해 돈을 빌려준 사람들이 불안해하고 있다는 것이었다. 경영도 서툰 데다가 현금이 필요하면 밑지는 장사도 마다하지 않았고, 장부에 제대로 기입도 하지 않은 채 외상을 주는 등 인쇄소 사정이 엉망이라고 했다. 그는 이대로 가면 인쇄소 상황이 악화될 테니 그때를 노려보는 게 어떻겠느냐고 물었다.

하지만 내게는 그럴만한 자금이 없었다. 그러자 메레디스는 자기 아버지가 나를 매우 좋게 평가하고 있다고 했다. 언젠가 아버지와 이야기를 나눈 바로는 나와 동업하는 조건이면 사업자금을 빌려줄 것도 같다고 했다. 얼마 후 봄이 되면 메레디스의 계약 기간도 끝날 테고, 그때쯤이면 런던에서 인쇄기와 활자판을 들여올 수 있을 거라고 했다. 그는 자신이 아직 숙달되지 않은 상태이니 자신이 사업자금을 끌어오면 나는 작업을 맡아 남은 이익을 공평히 나누자고 제안했다.

그의 제안에 솔깃해진 나는 곧바로 승낙했다. 마침 필라델피아에 와 있던 메레디스의 아버지도 흔쾌히 도와주겠노라고 약속했다. 평소 술고래로 살던 아들이 나의 오랜 설득 끝에 술을 끊은 모습에 감동한 모양이었다. 나와 함께 일을 하다 보면 못된 술버릇도 영원히 끊을 수 있을 거라고 생각했던 것이다.

나는 인쇄소에 필요한 물품들의 목록을 적어주었고, 그는 그 목록을 곧바로 상인에게 넘겼다. 물건이 올 때까지는 우리 계획을 철저히 비밀에 부치기로 했다. 그동안 나는 다른 인쇄소에서 일자리를 찾기로 했다. 적당한 곳이 없어 며칠 동안 빈둥거리고 있는데, 키머가 편지 한 통을 보내왔다. 매우 정중한 말투로, 뉴저지 주의 지폐를 인쇄하게 되었는데 지폐를 만들려면 다양한 문양과 글자체를 찍어야 하고 이를 할 수 있는 사람은 나밖에 없다는 내용이었다. 오랜 친구끼리는 홧김에 던진 말 한마디로 우정을 깨지 않는다는 말도 덧붙였다. 지폐 인쇄를 두고 경쟁중이던 브래드퍼드가 나를 먼저 고용해 일감을 뺏길지도 모른다는 생각에 먼저 행동을 취한 것이다.

메레디스도 그 제안을 받아들일 것을 권했다. 뭐든 하나라도 더 배울 수 있을 거라고 생각한 것이다. 그래서 나는 예전으로 돌아가 키머와 원만하게 지내며 일을 계속했다. 우리는 결국 뉴저지 주의 화폐를 인쇄하는 작업을 따냈고, 나는 지폐 문양에 맞추어 동판으로 틀을 만들었다. 미국 최초로 선보이는 기술이었다. 또한 지폐에 들어갈 여러 가지 문양과 표지들도 조각했다. 우리는 벌링턴으로 갔고, 나는 맡은 임무를 완벽히 해냈다. 덕분에 키머도 엄청난 돈을 손에 쥐었고, 한동안은 빚에 쪼들리지 않고 인쇄소를 운영할 수 있었다.

벌링턴에 있으면서 나는 지역 유지들과 친분을 맺었다. 주 의회의 명령을 받아 지폐 인쇄 작업 현장에 나와서 법으로 정해진 수량 이상을 찍어내지 않는지 감시하는 사람들이었다. 그들은 정해진 순서대로 인쇄소를 찾아왔고 항상 친구들을 데리고 왔다. 나는 키머보다 책을 많이 읽었기 때문에 정중한 대우를 받았다. 그들은 자기 집에 초대한다거나 지인들을 소개해주며 내게 친절을 베풀었다. 키머가 인쇄소 주인이지만 오히려 소외되었다고 할까. 솔직히 키머에게는 이상한 구석도 있었다. 그는 세상 돌아가는 일에 무관심했고, 상식적인 의견엔 무조건 반기를 들었으며, 작업도 엉성한 데다 종교적인 부분에서만 열성적이었다. 게다가 심술도 대단한 편이었다.

우리는 3개월 가까이 벌링턴에서 머물렀다. 그동안 나는 앨런 판사, 주 장관인 새뮤얼 버스틸, 아이작 피어슨, 조지프 쿠퍼, 주 의회 의원인 스미스 가의 인사들, 측량 감독관 아이작 디코를 사귀었다. 그 중에서도 디코는 매우 날카롭고 머리 회전이 빠른 노인이었다. 언젠가 자신의 인생 이야기를 들려주었는데 어릴 때는 벽돌 공장에서 흙을 나르고 성인이 된 후에야 글을 배웠다고 했다. 이후 측량 기사들 밑에서 기술을 배워서 성실하게 일한 덕분에 큰 부자가 되었다고 했다. 그는 내게 이런 말을 건넸다.

"머지않아 자네가 주인을 제치고 필라델피아에서 큰 부자가 될 것 같군."

당시만 해도 내가 필라델피아나 다른 지역에서 인쇄 사업을 벌이려고 계획하고 있다는 사실을 누구도 알지 못할 때였다. 물론 나도 그들에게 도움을 주었지만 당시 사귄 지인들로부터 훗날 큰 은혜를 입었다.

당시 내가 가졌던
마음가짐과 생활신조

정식으로 사업을 시작하게 된 이야기를 하기 전에 당시 내가 가졌던 마음가짐이나 생활신조, 도덕관에 대해서 언급하는 편이 좋을 것 같다. 그러면 당시 내가 생각했던 부분들이 지금까지 나의 삶에 얼마나 큰 영향을 끼쳤는지 느낄 수 있을 것이다.

어린 시절 부모님은 나의 신앙심을 일깨워주셨고, 유년시절부터 비국교도의 길로 인도하려고 하셨다. 하지만 비국교도에 관련된 여러 편의 책을 읽으면서 교리에 대한 의문이 생겼다. 급기야 이를 주제로 한 책들을 읽고 나서는 성경 자체에 대한 의구심이 자리 잡았다. 그러다가 우연히 이신론(처음에는 초자연작인 힘이 우주를 창조했지만 더이상 하루하루의 활동을 관리하거나 사적으로 인간사에 끼어들지 않는다는 믿음-옮긴이)을 논박하는 몇 권의 책이 내 손에 들어왔다. 청교도 연구가인 보일 로버트의 기념 강연의 내용을 기록한 것이었다. 그 책을 읽은 후로 오히려 나는 철저한 이신론자가 되었다. 이신론을 반박하기 위해서 인용한 교리들이 반론보다 더 그럴싸하게 보였기 때문이다.

나의 생각은 주변의 친구들, 특히 콜린스와 랠프를 잘못된 길로 이끌었다. 우정을 등지고 큰 잘못을 하고도 뻔뻔스러운 태도를 보이게 만든 것이다. 자유사상가였던 윌리엄 키드 지사가 나를 우습게 만든 것도 그렇고, 내가 버논 씨와 리드 양에게 한 비열한 짓(그 생각을 할 때마다 몹시 괴로웠다)을 생각하면 이신론의 교리도 그리 유용하지는 않은 것 같았다. 1725년 런던에서 인쇄된 내 논문은 다음과 같은 시구로 시작한다.

존재하는 것은 진실이다.

하지만 무지한 인간들은

거대한 사슬 중 가까운 것만 보고

모든 것들의 균형을 맞추고 있는

저울대를 미처 보지 못한다.

나는 그 논문을 통해 신의 무한하신 지혜와 자비로움, 권능에 대해 결론을 내렸다. 세상에는 악이 존재할 수 없으며 미덕과 악덕을 구분하는 것조차 무의미한 일이다. 이제와 돌이켜보면 그 논문은 앞뒤가 맞지 않는 것 같다. 형이상학적인 추론이 늘 그러하듯 나도 모르게 어떤 오류가 스며들어 어느 시점 이후부터 완전히 잘못된 것이 아닌가 싶다.

나는 행복한 삶을 살기 위해서 가장 필요한 것은 진실과 성실, 그리고 완전무결함을 갖춘 인간관계라고 확신했다. 그래서 당시 느꼈던 생각을 기록하고 평생 이를 실천하며 살기로 했다. 그 글은 아직도 내 일기장에 남아 있다. 내 입장에서 성경은 그리 중요하지 않았다. 성경에서 금한다고 해서 악한 것이고, 성경에서 명령한다고 해서 선한 것이 아니다. 그저 그 행동이 인간에게 해롭기 때문에 이를 금하거나 이롭기 때문에 이를 실천하라고 권하는 것이다. 어떤 행동을 할 것인가 하는 것은 본질과 주변 상황에 따라 달라진다.

이런 신념은 자칫 위험해질 수도 있었던 나의 젊은 시절을 바른 길로 인도해주었다. 하나님의 은총을 받았거나 수호천사의 도움을 받았던 것인지, 아니면 운 좋게 주변 상황이 그렇게 이끌었는지도 모르겠다. 그것도 아니라면 그 모든 것들 때문일 수도 있다. 덕분에 나는 종교도 없이 아버지의 보살핌과 감독에서 벗어나 낯선 사람들과 어울려 살면서도 크게 도덕에 어긋나거나 부정한 짓을 저지르지 않고 살 수 있었다. 앞서 내가 저질렀던 여러 가지 과오들은 워낙 어리고 경험이 부족했던 데다 꾐에 넘어가서 '어쩔 수 없이' 저질렀던 일이다. 그렇게 나는 원만한 성격을 갖추고 세상에 발을 디딜 수 있었다. 나는 그 점을 매우 소중하게 여겨 평생 고수하기로 결심했다.

유능한 친구들을 모아
비밀 클럽을 만들다

필라델피아로 돌아온 뒤 얼마 지나지 않아서 런던에서 주문한 활자판이 도착했다. 메레디스와 나는 키머에게 사직 의사를 밝혔고, 새로 인쇄소를 개업한다는 소문이 돌기 전에 인쇄소를 나왔다. 우리는 시장 근처에 새로 집을 얻었다. 처음에는 일 년 집세가 24파운드였는데 나중에는 70파운드까지 올랐다. 결국 집세를 감당하지 못한 나는 유리장이 토머스 고드프리 가족을 새로 들였다. 덕분에 집세도 많이 줄어들었고, 매 끼니 식사도 해결할 수 있었다. 드디어 활자판을 뜯고 새로 인쇄기를 설치하려는데 조지 하우스라는 지인이 거리에서 인쇄소를 찾아 헤매던 시골 사람 하나를 데려왔다. 인쇄수 사업에 모든 자금을 퍼부었던 터라 한 푼도 없었기 때문에 당시 첫 수입이었던 5실링은 나중에 벌어들인 커다란 액수보다 값진 것이었다. 조지 하우스의 배려에 감동한 나는 그 후부터 젊은 나이에 독립을 위해 애쓰는 친구들을 돕는데 앞장서고 있다.

어디를 가든 극단적인 비관론자들이 있게 마련이다. 그들은 이곳저곳을 떠돌며 종말을 예고한다. 필라델피아에도 그런 사람이 한 명 있었다. 인자한 외모와 정중한 말투의 새뮤얼 믹클이라는 노인이었다. 어느날 그 노신사가 안면도 없는 나를 찾아와서 얼마 전 인쇄소를 개업한 친구가 맞느냐고 물었다. 그렇다고 하자, 대뜸 참으로 안타깝게 되었다며 자본이 많이 들어가는 사업인데 얼마 후면 망하게 될 거라고 했다. 필라델피아는 이제 쇠퇴하기 시작한 도시라 절반은 파산을 했고 나머지는 파산 직전에 있다는 것이었다. 신축 건물들이 속속 들어서고 있어서 발전하는 것처럼 보이지만 결코 희망적이지 않다고 했다. 그리고 현재 진행중이거나 앞으로 벌어질 재앙에 대해 상세히 설명해주어서 그가 떠나고 난 후에도 우울한 기분에서 헤어날 수가 없었다. 만약 인쇄소를 개업하기 전에 그 노신사를 만났더라면 개업할 엄두도 내지 못했을 것이다. 그는 계속해서 필라델피아 종말론을 떠들고 다녔고, 곧 쇠퇴할 도시라며 자기 집도 사지 않았다. 그러다 처음 종말론을 떠들기 시작했을 때보다 5배나 더 값을 치르고 결국 집을 샀다. 정말 속이 후련한 소식이었다.

앞뒤가 바뀐 감이 있지만, 나는 그해 전에 주변의 유능한 친구들을 모아서 서로 발전하기 위한 클럽을 만들었다. 이름하여 비밀결사대 '전토Junto'였다. 우리는 금요일 저녁마다 모였다. 그리고 정해진 회칙에 따라서 차례대로 윤리와 정치, 그리고 자연철학에 대한 논제들을 한두 가지 정해서 발표를 하고 토론을 했다. 의장의 지휘·감독 아래 토론이 이루어졌고, 행여 토론이 싸움으로 번지거나 이기는 것에 집착하지 않기 위해서 최대한 이성적인 자세로 임하기로 했다. 또한 서로 감정의 골이 생기지 않도록 독단적인 의사 표현이나 무조건적인 반대를 주장할 경우 벌금을 내도록 했다. 다음은 전토의 초창기 회원들이다.

조지프 브린트널은 공증인 사무소에서 필경사(인쇄판을 제작하는 사람-옮긴이)로 일했다. 유순한 성품에 다정한 중년 남자로 시를 무척 좋아했고, 닥치는 대로 책을 읽었으며, 괜찮은 글도 몇 편 썼다. 자질구레한 장신구를 만드는 손재주가 있었으며, 말재간도 뛰어났다.

토머스 고드프리는 독학을 통해 저명한 수학자가 된 인물로 훗날 '해들리의 사분의'라는 것을 발명했다. 자기 전공 외에는 별로 아는 게 없었고, 재미있는 사람도 아니었다. 지금까지 만났던 대부분의 수학자들처럼 그 역시 보편적인 정확성을 바탕으로 하는 말만 해야 한다고 생각했다. 아무리 사소한 일도 부정적으로 접근했고 끝까지 물고 늘어져 이야기의 진행을 막기 일쑤였다. 그는 얼마 못가 클럽에서 탈퇴했다.

니콜라스 스컬은 측량사로 나중에 측량 감독관으로 승진했다. 책을 좋아하고 가끔 시를 쓰기도 했다.

윌리엄 파슨스는 구두 수선공으로 독서와 수학을 좋아했다. 그는 점성술 때문에 수학을 배웠지만 나중에는 점성술을 조소하기도 했다. 그 역시 측량 감독관이 되었다.

윌리엄 모그리지는 당시 최고로 꼽히는 가구 장인으로, 성실하고 재치가 넘치는 인물이었다. 휴 메레디스, 스티븐 포츠, 조지 웹은 앞서 설명한 바 있다.

로버트 그레이스는 꽤 많은 재산을 소유한 젊은 신사로 호탕하고 익살맞은 성격에 말재간이 뛰어났다. 그는 말장난하기를 즐겼으며, 친구들을 좋아했다.

나와 비슷한 나이 또래로는 상점에서 일하는 윌리엄 콜먼이 있었다. 내가 아는 사람 중에서 가장 이성적이고 명석한 두뇌와 따뜻한 심성, 엄격한 성품을 갖춘 친구였다. 나중에 그는 유명한 상인이자 우리 주의 판사가 되었다. 우리 둘의 우정은 견고하게 이어졌으며, 그가 세상을 떠날 때까지 40년 이상 계속되었다. 클럽 '전토'도 그만큼 오랜 세월 동안 존속했다.

우리는 철학과 도덕, 정치에 관한 한 우리 지역에서 최고로 꼽히는 수련장으로 이름을 날렸다. 매주 모임에서 토론하게 될 주제를 일주일 전에 알려서 그때마다 주제에 대해 심도 깊은 연구를 했기 때문이다. 이렇듯 연구와 토론은 정해진 회칙에 따라 진행되었고, 서로를 불쾌하게 만드는 일을 피하기 위해 노력하다 보니 점잖은 대화법도 배우게 되었다. 우리 클럽이 오랫동안 존속할 수 있었던 이유는 바로 그 때문이었다. 전토에 대해서는 앞으로도 가끔씩 언급할 것이다.

인쇄소에서 밤낮으로 부지런히 일하다

지금 이 클럽을 소개하는 이유는 내가 회원들에게 많은 도움을 받았기 때문이다. 모두들 나에게 일감을 몰아주려고 사방으로 뛰어다녔다. 특히 브린트널은 퀘이커교도들로부터 그들의 역사를 집대성한 40쪽 가량의 서적을 인쇄할 수 있도록 알선해주었고, 나머지는 키머가 맡았다. 단가가 워낙 낮아서 더욱 힘든 작업이었다. 2절지 판에 프로 파트리아(2절판) 크기로 파이카(12포인트) 활자와 주석에는 소프리머(10포인트) 활자를 사용했다. 나는 매일 활자 한 장을 짰고 메레디스가 그것을 인쇄했다. 다음 날 작업을 위해 활자판을 펼치고 나면 대부분 밤 11시였고 그보다 늦을 때도 많았다. 가끔은 다른 친구들이 연결해주는 일감도 찍어내야 했기 때문이다. 나는 무슨 일이 있어도 하루에 한 장씩은 활자판을 만들기로 결심했다.

어느 날 밤에는 조판을 모두 마치고 마음놓고 있다가 갑자기 활자판이 하나 망가지는 바람에 두 페이지가 뒤죽박죽이 된 적이 있었다. 나는 즉시 활자판을 풀어서 다시 정확히 맞춘 후에야 잠자리에 들었다.

124

그렇게 열심히 일하다 보니 마을 사람들 사이에도 좋은 평판이 돌았다. 우리는 점차 인쇄소 업계에서 신용을 쌓아갔다. 언젠가 이런 이야기도 들었다. 매일 밤 상인들이 모이는 클럽에서 새로운 인쇄소가 들어설지도 모른다는 이야기가 나왔는데, 키머와 브래드퍼드의 인쇄소가 있기 때문에 분명 실패할 것이라고 다들 입을 모아 말했다는 것이다. 하지만 베어드 박사(그로부터 오래 후에 그분의 고향인 스코틀랜드의 세인트앤드루스에서 뵌 적이 있었다)만은 다른 의견을 냈다.

"나는 프랭클린처럼 성실한 사람을 본 적이 없어요. 내가 클럽에서 집으로 돌아갈 때도 인쇄소에서 일을 하고, 우리가 아침에 눈을 뜨기 전에도 일을 하고 있으니까요."

그의 이야기를 들은 사람 하나가 우리 인쇄소에 문방구를 납품하겠다고 나섰다. 하지만 아직은 소매상까지 신경 쓸 여력이 없었다.

내가 얼마나 부지런하게 일을 했는지 이렇게 설명하는 이유는 자기 자랑을 하려는 것이 아니다. 언젠가 내 후손들이 이 글을 읽고 근면이라는 미덕이 얼마나 유익한 것인지 깨닫고 실천하기를 바라기 때문이다.

메레디스와의 동업 계약을
마침내 청산하다

그러던 중에 조지 웹에게 여자 친구가 생겼다. 여자 친구에게 돈을 빌려서 키머와 남은 계약을 무효화한 그는 우리 인쇄소로 와서 일을 하고 싶다고 말했다. 하지만 당시 형편으로는 직원을 고용할 처지가 못 되었다. 나는 경솔하게 앞으로 신문을 발행할 계획이라는 비밀을 말하고 그때 함께 일하자고 했다. 그만큼 확실한 성공이 보장된 일이었다. 당시 우리 지역에는 브래드퍼드가 발행하는 신문 하나뿐이었다. 그런데 관리도 엉망인 데다 내용도 부실하고 형편이 없는데도 흑자를 올리고 있었다. 그 상태에서 괜찮은 신문 하나가 더 나온다면 실패할 리가 없었다. 반드시 비밀에 부쳐야 한다고 당부했지만 웹은 키머에게 그 사실을 알렸다. 그러자 키머는 우리보다 먼저 새로운 신문 발간 계획을 공표하고 웹을 채용하기로 약속했다.

나는 무척 화가 났지만, 그렇다고 당장 신문을 발행할 수도 없었다. 그래서 브래드퍼드가 발행하는 신문에 '하룻강아지'라는 제목으로 재미있는 글을 싣기 시작했다. 브린트널이 나를 이어 몇 달 동안 글을 연재했다. 이 글이 점차 사람들의 이목을 끌기 시작하자, 그 틈을 노려 키머가 새로 신문을 발행하는 것을 조소하는 글을 실었고 아무도 그에게 관심을 보이지 않게 되었다. 하지만 키머는 아랑곳하지 않고 신문을 발행했고 그 후로 9개월이나 계속 찍었다. 그럼에도 구독자 수가 90명을 넘지 못하자 결국 헐값으로 신문을 넘기겠노라고 제안했다. 나는 이전부터 인수할 준비를 하고 있던 터라 곧바로 계약을 성사시켰고 2~3년 만에 엄청난 수의 구독자를 모아 큰돈을 벌 수 있었다.

계속 '나'를 중심으로 이야기를 하는 이유는 메레디스와 동업 관계인 것은 확실했으나 사실상 내가 주체가 되어 경영을 도맡았기 때문이다. 메레디스는 식자도 할 줄 몰랐고 인쇄 기술도 서투른 데다 여전히 술에 취해있을 때가 더 많았다. 주위에서는 메레디스와 내가 동업을 하는 것을 안타깝게 생각했지만 나는 그럴수록 더욱 열심히 일했다.

우리의 첫 신문인 〈펜실베이니아 가제트〉는 예전의 신문들과는 많이 달랐다. 활자 형태 자체도 눈에 띄었고, 인쇄 상태도 깨끗했다. 하지만 본격적으로 인기를 끌기 시작한 것은 당시 버넷 지사와 매사추세츠 의회 사이에서 벌어진 논쟁에 대한 의견을 함께 게재하기 시작하면서부터였다. 나의 용기 있는 발언이 유명 인사들 사이에서 화제가 되면서 신문과 그 발행인에 대한 이야기가 널리 퍼졌고, 몇 주가 지나자 많은 사람들이 우리 신문을 구독했다.

저명한 인사들이 우리 신문을 구독하자 일반인들도 대세에 동참했다. 그렇게 신문 발행 부수가 계속 늘어났다. 이 모든 것들이 오랫동안 글쓰기 기술을 연마한 덕분이었다. 또한 글 꽤나 읽었다는 사람들이 나를 도와주었기 때문이다. 날카로운 논조를 구사하는 사람이 발행하는 신문을 돕다 보면 훗날 자신들에게도 도움이 될 거라고 생각한 것이다.

브래드퍼드는 투표용지와 법률 문서, 그 밖에 공무와 연관된 서류를 인쇄하고 있었다. 한 번은 주 의회가 지사에게 보내는 청원서를 인쇄하는 작업을 맡았는데 그 결과물이 조악하기 짝이 없었다. 그래서 우리는 똑같은 내용을 정확하고 품위 있게 다시 인쇄해서 주 의원들에게 한 부씩 돌렸다. 그러자 확연한 차이를 느낀 의원들이 하나 둘 나서서 인쇄소를 바꾸자고 건의했고, 이듬해부터 우리 인쇄소에서 의회 업무와 연관된 작업을 전담하게 되었다.

그즈음 버논 씨가 과거 돌려받지 못한 미수금을 돌려받고 싶다는 의사를 전해왔다. 나는 조금만 더 시간을 달라고 솔직하게 말했고, 버논 씨도 이에 동의했다. 그리고 형편이 나아지자마자 원금과 이자까지 계산해서 그동안 기다려주어 감사하다는 말과 함께 빚을 청산할 수 있었다. 그렇게 내가 저질렀던 커다란 실수 하나는 바로잡을 수 있었다.

그런데 생각지도 못했던 곳에서 문제가 생겼다. 인쇄소를 차리는 데 필요한 경비를 전부 대주기로 약속했던 메레디스의 아버지가 100파운드만 지불하고 나머지 100파운드는 상인에게 빌렸던 모양이다. 결국 기다리다 지친 상인이 우리 모두를 상대로 고소를 해왔다. 일단 보석금을 내고 나왔지만 정해진 기간 내에 돈을 갚지 못하면 소송이 진행되어 재판을 받을 테고 강제집행에 들어갈 것은 불을 보듯 뻔한 일이었다. 그러면 인쇄기와 활자판은 다른 사람의 손에 넘어가 반값밖에 받지 못할 것이고, 결국 우리의 희망이던 인쇄 사업은 파멸하게 될 터였다.

커다란 고민에 빠져 있는데 친구 둘이 나를 찾아왔다. 윌리엄 콜먼과 로버트 그레이스였다. 나는 아직도 두 친구가 베풀어주었던 친절함을 기억하고 있으며 살아 있는 동안 절대 잊지 못할 것이다. 그들은 각각 나를 찾아와서 혼자 인쇄소를 인수하면 어떻겠느냐고 제안했다. 내가 따로 도와달라고 부탁하지 않았는데도 각자 그런 생각을 하고 나를 찾아온 것이다. 단, 메레디스와의 동업 관계는 멈추어야 한다는 전제가 붙었다. 메레디스는 매일 술에 취해서 도박에까지 손을 대고 다녔기 때문에 우리 인쇄소의 신용까지 떨어지고 있다는 것이었다. 나는 먼저 동업 관계를 해지하자고 말할 수는 없다고 했다. 메레디스가 나에게 먼저 동업을 제안했고, 그동안 도와준 은혜 때문이라도 그럴 수는 없었다. 하지만 메레디스 쪽에서 계약을 이행하지 못할 상황이 된다면 그때는 친구들의 도움을 받겠노라고 약속했다. 그렇게 며칠을 조용히 보내던 나는 메레디스에게 먼저 말을 건넸다.

"아버님이 우리가 함께 동업하는 것을 싫어하셨는지도 모르겠어. 아들 혼자 하는 일이라면 끝까지 도움을 주실지도 모르지. 만약 그런 거라면 솔직히 말해줘. 그러면 인쇄소를 자네에게 양보하고 새로 사업을 시작해볼 테니까."

그러자 메레디스의 대답이 돌아왔다.

"그런 게 아니에요. 아버지도 사업이 잘 풀리지 않아서 도움을 주고 싶어도 주지 못할 뿐이죠. 나도 인쇄 쪽에 재능이 없다는 것을 깨달았어요. 처음 배운 농사일이나 열심히 할 것을 괜히 나이 서른에 도시까지 나와서 남의 밑에서 기술을 배우려고 한 것 자체가 잘못이었나 봐요. 웨일즈 사람들이 땅값이 싼 노스캐롤라이나로 많이들 이주하고 있다고 하던데, 저도 그곳에 가서 농사를 해볼까 생각중이에요. 당신을 돕겠다는 사람들은 많을 테니 우리 인쇄소의 부채를 책임지고 아버지가 투자한 100파운드와 제가 진 빚과 30파운드, 그리고 새 말안장만 마련해준다면 모든 권리를 포기하고 인쇄소를 넘기겠어요."

나는 메레디스의 제안을 곧바로 받아들였고 즉시 서류를 작성해서 서명까지 마쳤다. 그는 얼마 후 노스캐롤라이나로 떠났다. 이듬해에 두툼한 편지 2통이 도착했다. 그곳의 기후와 토양, 그리고 농사일에 대한 상세한 설명으로 읽기도 쉽고 굉장히 잘 쓰인 글이었다. 역시 메레디스는 농사 전문가였다. 나는 그의 편지를 신문에 실었고, 독자들의 큰 호응을 얻었다.

메레디스가 떠나고 나서 나는 두 친구를 찾아갔다. 둘 중 하나라도 기분이 상하지 않도록 나는 필요한 돈을 절반씩 빌렸다. 그 돈으로 부채를 처리하고 동업 계약이 해지되었음을 공고한 후, 나 혼자 인쇄소를 꾸려나가기 시작했다. 그때가 1729년도 즈음이었다.

08

인쇄업의 성공과
도서관 설립

상인으로서 좋은 평판을 쌓기 시작하다

사업은 순풍을 달고, 리드 양을 아내로 맞다

회원제 도서관을 미국 최초로 설립하다

내가 받은 몇 통의 편지와 그에 대한 답변

도서관이 생긴 덕분에 나도 계속 발전하다

나만의 기도서를 사용하기로 결심하다

Benj. Franklin

벤저민 프랭클린 자서전

상인으로서 좋은 평판을
쌓기 시작하다

그 무렵 시민들 사이에서는 지폐 발행 부수를 늘려야 한다는 여론이 일었다. 당시 식민지에 융통된 지폐는 고작 1만 5천 파운드뿐이었고 그 나마도 얼마 후면 상환될 예정이었다. 그러나 부자들은 지폐를 더 많이 찍는 것을 반대했다. 뉴잉글랜드처럼 더 많은 지폐가 유통되면 그만큼 가치가 하락해 모든 채권자들이 손해를 보게 된다는 것이었다.

우리 전토 클럽에서도 그 문제에 대한 토론을 벌였다. 나는 지폐 발행 부수를 늘려야 한다는 쪽에 찬성했다. 1723년 소액의 화폐가 처음 발행되었을 때, 상거래와 고용률이 증가하고 인구 수도 눈에 띄게 늘었기 때문이다. 이제는 오래된 집도 전부 주인이 들어서고 새 집들도 계속 늘고 있지만, 처음 필라델피아에 도착해서 빵을 뜯으며 거리를 배회할 때보다 하루가 멀다 하고 이곳을 떠나는 사람들이 많아졌다. 1번가와 2번가 사이의 월넛 가에는 '세입자 구함'이라는 종이가 나붙은 집들이 많았고, 체스트넛 가나 다른 동네들도 이와 비슷해 필라델피아 사람들이 전부 떠나기로 작정한 것 같았다.

전토 클럽에서 토론이 끝난 후에도 나는 그 문제에 열중해 있었고, 〈지폐의 성격과 그 필요성〉이라는 이름으로 소논문을 작성해서 신문에 게재했다. 서민들은 두 팔 벌려 환영했지만 부자들은 반색을 표했다. 나의 글이 지폐를 더 많이 발행해야 한다는 목소리에 힘을 실어준 반면, 부자들의 입장을 대변할 만한 글을 쓸 인물이 없어서 반대파의 힘이 줄어들었기 때문이다. 결국 그 안건은 주 의회에 상정되어 통과되었다. 의회에서 일하는 친구들은 지폐가 발행되기까지 내가 세운 공적이 높다는 점을 인정하고 그에 대한 보답으로 나에게 지폐 발행을 맡기기로 했다. 그것은 굉장히 이윤이 많이 남는 작업으로 내게는 큰 도움이 되었다. 이 또한 내가 평소에 글솜씨를 다듬었기 때문에 얻을 수 있었던 이점이었다.

점차 시간이 흐르고 지폐의 효용 가치가 하나 둘 명확해지면서 반대파들의 목소리도 잦아들었다. 곧이어 지폐 발행 수가 5만 5천 파운드까지 늘었고, 1739년도에는 8만 파운드에 달했다. 그 후 전쟁이 발발하면서 지폐는 35만 파운드까지 발행되었고, 그에 따라 상거래와 건물, 인구 수도 눈에 띄게 늘어났다.

그로부터 얼마 지나지 않아 해밀턴 씨를 통해서 뉴캐슬의 지폐를 인쇄하는 일도 맡게 되었다. 당시만 해도 굉장히 큰 일감이었다. 가진 것이 없는 사람에게는 작은 일거리도 크게 보이는 법이니 말이다. 소소한 일로 큰 용기를 얻었으니 내게는 기념비적인 일이었다. 해밀턴 씨는 뉴캐슬 주 정부의 법률 문서와 투표용지를 인쇄하는 일도 내게 맡겼고, 인쇄소 일을 그만둘 때까지 나를 전적으로 밀어주었다.

더불어 작은 문방구도 열었다. 각종 서식 용지를 완비하고, 친구 브린트널 덕분에 규격도 가장 정확히 맞출 수 있었다. 또한 종이와 양피지, 행상인들의 책도 구비했다. 런던에서 알고 지냈던 화이트매시라는 식자공도 채용했다. 그는 기술이 좋고 성실했으며 부지런하게 일했다. 또한 아킬라 로즈의 아들도 견습공으로 두었다.

처음 인쇄소를 차릴 때 빌렸던 돈도 조금씩 갚아나가기 시작했다. 상인으로서 좋은 평판을 얻고 신용을 쌓기 위해서 평소에도 부지런하고 근검절약했을 뿐만 아니라 외향적으로도 신경을 썼다. 언제나 수수한 옷차림을 하고 다녔고, 유흥을 즐기는 곳에는 발걸음을 하지 않았으며, 낚시나 사냥도 다니지 않았다. 가끔 책을 읽느라 일을 미룬 적은 있지만 매우 드물었고, 남의 눈에 띄지 않도록 조심했다.

내가 인쇄소에 관련된 일이라면 발 벗고 나선다는 점을 보여주기 위해서 여러 가게에서 구입한 종이 뭉치들을 직접 손수레에 싣고 돌아오기도 했다. 그렇게 나는 부지런하고 전도유망한 청년이라는 평판을 얻었다. 물건대금은 그 자리에서 지불했기 때문에 문방구를 수입해오는 상인들은 모두 나와 거래를 트고 싶어했다. 도맷값으로 책을 대주겠다는 상인들도 있었다.

그렇게 나의 사업은 나날이 발전해갔다. 반대로 키머의 신용도는 점점 떨어졌고 매출도 감소했다. 급기야 빚 때문에 인쇄소를 처분해야 할 지경에 이르렀다. 결국 그는 바바도스 섬으로 떠나서 몇 년 동안 가난하게 생활해야 했다.

키머의 인쇄소에서 일을 가르쳤던 견습공 데이비드 해리는 그의 인쇄소에 있던 기계를 매입해서 새로 인쇄소를 차렸다. 처음에는 그의 인쇄소가 우리 인쇄소와 쟁쟁하게 맞붙을 거라고 생각했다. 그의 주변에는 유능한 친구들이 많았고 연줄도 있는 편이었기 때문이다. 그래서 둘이 함께 경영을 해보자고 제안했지만 그는 이를 비웃으며 단칼에 거절했다. 지금 생각해보면 오히려 다행스러운 일이었다. 해리는 오만방자한 성격에 사치를 즐기고, 비싼 옷을 입고 다녔으며, 유흥을 좋아해 항상 집 밖으로 나돌아다녔기 때문이다. 자연히 인쇄소 일은 뒷전으로 밀렸고, 하루가 다르게 빚만 늘어갔다.

오래지 않아 일감이 끊긴 해리는 키머가 있던 바바도스 섬으로 가서 인쇄소를 개업했다. 과거 견습공이던 해리는 예전의 주인이었던 키머를 고용했다. 그러나 마음이 맞지 않았던 두 사람은 매일같이 다투었다. 결국 해리는 그곳에서도 빚에 시달리다가 활자판을 전부 팔아치운 뒤, 펜실베이니아로 돌아와서 농사꾼이 되었다. 해리의 활자판을 매입한 사람이 다시 키머를 고용했지만 몇 해 지나지 않아 키머는 세상을 떠나고 말았다.

사업은 순풍을 달고,
리드 양을 아내로 맞다

일이 그렇게 되고 보니 필라델피아에서 인쇄소를 경영하는 사람은 브래드퍼드와 나밖에 없었다. 부유하고 태평한 성격의 브래드퍼드는 가끔 소일거리 삼아 인쇄 일을 했고 사업에는 크게 신경 쓰지 않았다. 하지만 일반 사람들은 그가 우체국을 가지고 있어서 뉴스를 더 빨리 입수하고 신문 배달도 잘 될 테니 광고도 잘 될 거라고 믿는 듯 했다. 그래서 내 신문보다 그쪽 신문에 광고를 게재하는 사람들이 많았다. 나 역시 신문 배달원에게 뇌물을 쥐어주고 부탁을 해봤지만 여의치 않았다. 브래드퍼드는 매몰차게 내 앞길을 막았고 나 역시 화가 났다. 그의 행태가 너무 몰인정한 것 같아서 나중에 브래드퍼드의 입장이 되더라도 절대 그러지 말아야겠다고 다짐했다.

그때까지도 나는 고드프리와 한집에 살았다. 그는 부인과 아이들을 데리고 가게 한쪽에서 유리장이 일을 계속했다. 그런데 일은 게을리하고 매일같이 수학에만 몰두해 있었다. 고드프리 부인은 가까운 친척의 딸과 나의 혼사를 진행해보려고 그녀와 내가 만날 기회를 자주 만들었다. 그녀는 꽤 괜찮은 아가씨였다.

얼마 후, 나는 진지하게 그녀에게 청혼을 했다. 그녀의 부모님은 나를 저녁 식사 자리에 초대했고, 둘이 대화를 나눌 수 있도록 자리도 만들어주었다. 나는 늦은 시간까지 그녀와 이야기를 나누고 돌아왔다. 드디어 고드프리 부인이 결혼 성사를 위해 발 벗고 나섰다. 나는 인쇄소를 차릴 때 진 빚을 갚을 수 있도록 지참금을 챙겨왔으면 좋겠다고 부인에게 전했다. 당시 액수로 100파운드가량 되었던 것 같다. 그러자 그 아가씨의 집에 그만한 돈이 없다는 대답이 돌아왔다. 집을 담보로 잡히면 어떻겠냐고 내가 되묻자 며칠 후에 결혼에 찬성할 수 없다는 회신이 왔다. 그쪽 말로는 브래드퍼드에게 물어보니, 인쇄소를 해봤자 돈을 벌기 어렵고, 기계도 금방 낡아 계속 사들여야 하며, 키머와 해리도 연달아 망했으니 나 역시도 곧 망할지 모른다고 했다는 것이다. 그러면서 그녀를 만나러 오지도 말라며 딸을 집 안에 가둬버렸다.

정말 아가씨의 부모의 마음이 변한 건지, 아니면 우리 두 사람이 깊이 빠진 것 같으니 몰래 결혼해버리면 지참금은 주지 않아도 될 거라고 생각한 건지 모를 일이다. 하지만 나는 후자일 거라고 생각했고, 기분이 상해 다시는 그 집에 찾아가지 않았다. 고드프리 부인은 그리 나쁜 사람들은 아니라면서 나를 다시 설득했다. 하지만 나는 다시는 그 가족들과 인연을 맺고 싶지 않다고 딱 잘라 말했다. 고드프리 부부는 나의 태도에 화가 났고, 우리 사이도 갈라졌다. 결국 고드프리 식구들은 나만 집에 남겨둔 채 나가버렸다. 마침내 커다란 집에 나 혼자 남았지만 더이상은 다른 사람들을 세 들이지 않기로 결심했다.

그 일을 겪으며 결혼에 대한 생각마저 바뀌었다. 주위에서 신붓감을 찾아보기도 하고 친구들에게 부탁도 해보았지만, 인쇄업이 별 희망이 없다고 생각하는지 하나같이 시큰둥한 반응이었다. 때문에 신부에게 지참금까지 가져오라고 하는 것은 무리한 처사라는 걸 깨달았다. 가끔 지참금을 가져오겠다는 여자가 있었지만 그런 경우에는 내 마음에 들지 않았다. 그 사이 젊은 혈기를 억제하지 못할 때마다 돈을 주고 여자를 사서 욕정을 풀었는데, 돈도 돈이지만 혹여 병에 걸릴까 싶어 꺼림칙했다. 하지만 운 좋게도 염려했던 일은 벌어지지 않았다.

한편 나와 리드 씨 가족은 이웃에 살며 오랜 친구의 관계를 계속 유지했다. 처음 하숙을 시작할 때부터 그들은 나를 자상하게 돌봐주었다. 그 집에 문제가 생기면 곧바로 달려가 의논 상대가 되어주었고, 더러는 도움을 주었다. 리드 양은 항상 기운이 없었고, 웃는 얼굴도 좀처럼 볼 수 없었다. 사람들을 만나기도 꺼려하는 모습이 참으로 안쓰러웠다. 내가 런던으로 떠나지 않았더라면, 그렇게 무책임하게 굴지 않았더라면 어땠을까 하는 후회도 많이 했다. 나는 리드 양의 불행에 큰 책임감을 느꼈다. 하지만 리드 양의 어머니가 우리 결혼을 반대했고, 내가 없는 사이 다른 남자와의 혼인을 강요했기 때문에 그쪽에서도 책임감을 느끼고 있었다.

그렇게 우리 사이는 다시 회복되었지만 커다란 장애물이 하나 남아 있었다. 리드 양이 처음 결혼한 남자의 부인이 영국에 있다는 소문이 돌았지만 거리가 워낙 멀어서 진위를 확인하기가 힘들었다. 별거 후 남편이 죽었다는 소문도 있었지만 이 또한 불확실했다. 만약 그 소문이 사실이라도 전 남편이 빚을 남겼다면 두 번째 남편이 그 빚을 대신 갚아야 했다. 하지만 나는 모든 장애를 무릅쓰고 결혼을 감행했고, 1730년 9월 1일에 리드 양을 아내로 맞았다.

다행히도 우리가 우려했던 일은 하나도 일어나지 않았다. 리드 양은 충실하고 믿음직한 인생의 동반자였고, 인쇄소에 나와서 일을 거들기도 했다. 우리 사업은 승승장구했으며, 아내와 남편으로서 서로를 행복하게 해주려고 노력했다. 마침내 내가 저지른 커다란 잘못을 만회할 수 있게 된 것이다.

회원제 도서관을
미국 최초로 설립하다

그즈음 전토 클럽은 술집 대신 그레이스 씨의 집에 있는 조그만 방에서 모임을 가졌다. 회원들을 위해 따로 마련한 방이었다. 어느 날 나는 한 가지 안건을 제의했다. 회원들이 보유하고 있는 책들을 한데 모아서 공동으로 사용할 수 있는 서재를 만들자는 것이었다. 매주 토론 주제가 바뀔 때마다 서로 필요한 책을 빌려보곤 했는데 한곳에 책을 모아두면 편리하게 찾아볼 수 있을 거라는 생각이었다. 개개인이 소유한 책을 한데 모으면 회원들이 함께 소유하는 거나 다름없지 않을까? 다들 내 제안에 찬성했고, 방 한쪽에 우리가 모을 수 있을 정도로 책을 쌓아두었다. 기대보다 적은 양이었지만 매우 편리했다. 하지만 제대로 관리하기가 힘들었고 불편한 점도 많아져서 일 년 만에 공동 서재는 무산되었다.

이를 통해 나는 공적인 업무를 위해 처음으로 발을 내딛었다. 바로 회원제 도서관을 설립하는 것이었다. 내가 초안을 작성하고 나서 유명한 공증인 브록덴이 형식에 맞추어 문서의 내용을 다듬었다. 그리고 전토 클럽의 도움으로 50명의 회원을 확보했다. 처음에는 1인당 40실링을 내고, 회원제 도서관을 지속할 예정 기간인 50년 동안 1년에 10실링씩 회비를 내야 했다. 회원수가 100명으로 늘어나자 우리는 법인체로 인가를 받아 도서관을 열었다. 요즘 북미에서 흔히 볼 수 있는 회원제 도서관의 모태가 바로 우리가 설립한 도서관이다.

도서관의 규모는 점점 커졌고, 다른 도서관들도 곳곳에 늘어났다. 회원제 도서관 덕분에 미국인들의 내화의 수준이 높아졌고, 평범한 상인이나 농부들도 다른 나라의 지식인들과 대화를 나눌 수 있을 정도로 지적인 능력을 쌓을 수 있게 되었다. 또한 식민지 전역에서 자신들의 권리를 되찾기 위한 독립 운동이 불처럼 일어날 수 있었던 것도 바로 이러한 도서관이 있었기 때문이다.

내가 받은 몇 통의 편지와
그에 대한 답변

(메모: 이상은 처음 밝혔던 의도에 따라 글을 썼기 때문에 다른 사람들이 보면 별로 궁금해하지 않을 사사로운 가족 이야기들이 들어 있다. 다음 부분부터는 여러 해 뒤에 쓴 것으로, 여러 통의 편지를 받고 그에 대한 답변으로 일반 독자들을 염두에 두고 쓴 글이다. 중간중간 글이 이어지지 않는 부분은 독립전쟁이 벌어졌기 때문이다.)

다음은 에이블 제임스 씨가 보낸 편지 전문과 내 자서전의 비망록이다.

존경하는 나의 친구에게

지금까지 몇 번이나 편지를 쓰려고 했지만 선뜻 펜을 들지 못했습니다. 혹여 내 편지가 영국인의 손에 들어간다면 인쇄업자들이나 남의 말을 떠들어대기 좋아하는 자들이 당신을 깎아내릴지도 모르고, 그로 인해 나까지 책망을 받을까 두려웠기 때문이지요.

얼마 전, 정말 기쁘게도 당신이 자필로 쓴 23장가량의 원고를 우연히 읽게 되었습니다. 아드님을 위해서 쓴 당신 가문의 이야기와 1730년대까지의 인생사가 고스란히 담겨 있었습니다. 자필로 쓴 비망록도 있어 사본을 동봉합니다. 만약 1730년대 이후의 이야기도 계속 쓰실 계획이라면 앞부분의 내용이 도움이 될 테니까요. 아직 뒷부분을 쓰기 전이라면 얼른 작업에 착수하시길 바랍니다. 종교인들이 말하듯 인생이란 덧없는 것입니다. 자애롭고 인정 많은 벤저민 프랭클린이 이렇게 재미있고 유익한 이야기들을 그의 친구들과 세상 사람들에게 남기지 않고 그만둔다면 사람들이 뭐라고 할까요? 당신이 남긴 글이 젊은이들에게 미치는 영향은 그야말로 대단한 것이며 당신의 글만큼 믿을 만한 글도 없을 겁니다. 당신의 글을 읽은 젊은이들은 자기도 모르게 당신처럼 훌륭한 사람이 되고자 결심하게 될 거라 확신합니다. 만약 이 자서전이 세상에 나온다면(틀림없이 그럴 거라고 믿습니다만) 젊은 친구들은 당신이 청년이었을 때처럼 성실하고 근면한 생활을 본받게 될 것입니다. 정말 그렇게 된다면 얼마나 큰 축복일까요? 현 시대의 그 누구도, 여러 사람들을 통틀어도 당신만큼 미국의 젊은이들에게 근면과 절제, 그리고 검소함의 위대한 정신을 고양시키고 열심히 일할 수 있도록 큰 힘을 발휘할 수 있는 사람은 없습니다. 그렇다고 해서 당신의 자서전이 다른 쓸모가 없다는 것은 아닙니다. 그저 젊은이들에게 목적의식을 불어넣어 주는 것이 다른 어떤 것보다도 중요하다는 점을 말씀드리고 싶을 따름입니다.

이 편지와 동봉된 나의 비망록을 본 친구 벤저민 보건은 나에게 다음과 같은 내용의 편지를 보냈다. 1783년 1월 31일 파리에서의 편지다.

친애하는 프랭클린 선생님께

퀘이커교도인 친구 분께서 선생님께 되찾아준 인생의 중요한 이야기를 엮은 내용을 보고 제 생각을 서신으로 전하겠노라고 약속했던 것을 기억하실 겁니다. 어떠한 이유로 선생님의 자서전이 완성되고, 또 세상에 널리 알려져야 하는지 말이지요. 얼마 동안 바쁘게 지내느라 편지가 늦었습니다. 제 글이 얼마나 도움이 될지는 모르겠습니다. 하지만 시간적인 여유도 생긴 만큼 선생님께 편지를 쓰면서 제 자신도 즐거운 마음으로 공부한다 생각하려고 합니다. 앞으로 제가 사용할 표현들이 혹시 선생님처럼 훌륭하신 분의 기분을 상하게 할까 싶어 그저 아무개 선생님께 보내는 편지라고 생각하며 펜을 들고자 합니다.

저는 아무개 선생님에게 이렇게 말하고 싶습니다. 아무개 선생님, 선생님이 자서전을 끝까지 쓰셔야 하는 이유는 다음과 같습니다. 일단 지금까지 선생님이 살아온 인생은 그야말로 놀라운 것이라 본인이 쓰지 않는다면 다른 누군가가 반드시 쓰려고 할 것입니다. 하지만 본인이 쓴 것보다는 못하겠지요. 직접 자서전을 집필하셔야만 현재 미국의 상황을 정확히 알릴 수 있고, 그래야만 고결하고 용기 있는 사람들이 미국 땅으로 이주할 마음을 먹을 수 있을 것입니다. 지금도 많은 사람들이 미국이라는 땅에 대해서 알고 싶어합니다. 선생님처럼 명성이 높은 분이 미국이라는 땅에 대해서, 그리고 그 삶에 대해 자서전을 써준다면 그만큼 효과적인 광고는 없을 겁니다. 지금까지 선생님이 겪어 왔던 많은 일들은 새로운 땅에 사는 미국인들의 풍습과 사고방식을 여실히 보여주는 것입니다. 그런 관점에서 보자면 선생님의 자서전이 시저나 타키투스의 글보다 더욱 흥미진진하겠지요.

하지만 선생님의 인생이 먼 훗날 위대한 인물을 기르는 데 영향을 미칠 것을 생각하면 이러한 것들은 그저 소소한 이유에 불과합니다. 앞으로 선생님이 출간하려고 계획중인 『덕에 이르는 길』과 함께 선생님의 자서전은 인간의 인격을 고취시키고, 이를 통해 가족과 사회의 행복을 높이는 데 기여하게 될 것입니다. 특히 독학을 하려는 사람들에게 아주 좋은 본보기와 지침서가 될 거라고 확신합니다. 학교나 여타 다른 교육 기관에서는 여전히 잘못된 원칙을 고집하면서 우리 아이들을 엉뚱한 목표를 향해 교육시켜왔습니다. 하지만 선생님이 실천해온 방식은 간단명료하고 목표도 정확합니다. 모든 일의 열쇠는 다른 누구도 아닌 각자의 노력 여하에 달려 있다는 선생님의 말씀은 인생의 올바른 길을 찾지 못하고 방황하는 부모와 젊은이들에게 더없이 귀한 가르침이 될 겁니다.

사실 어느 정도 나이가 들고 나면 변하기가 어려운 법입니다. 만약 그렇다고 해도 그 변화는 매우 미미한 것이고요. 인간의 기본적인 습관과 판단력은 대부분 젊은 시절에 형성되는 법이니까요. 직업과 목표, 또 결혼

등을 결정하는 것 또한 젊은 시절에 이루어집니다. 결국 인생의 전환기는 바로 젊은 시절인 셈이지요. 제대로 교육을 받을 수 있는 것도 바로 젊은 시절이고, 그 효과는 다음 세대까지 이어지게 마련입니다. 개인적인 성격과 대외적인 성품이 형성되는 것도 바로 그때입니다. 이처럼 한 사람의 인생은 젊은 시기부터 시작되는 것이니 중요한 목표를 잡기 전에 그 시작부터 올바로 되어야만 합니다.

선생님의 자서전은 독학할 수 있는 방법만 알려주는 것이 아니라 현명한 사람이 되는 법까지 알려주고 있습니다. 제아무리 최고의 현인이라고 해도 다른 현인의 지혜로운 처신을 보고 또 다른 깨우침을 얻는 것처럼 말입니다. 아주 오랜 세월 동안 제대로 된 길잡이도 없이 어둠 속을 헤매고 있는 사람들에게 도움을 주지 않아야 할 이유가 있을까요?

아무개 선생님, 젊은이들과 그 부모들에게 보여주십시오. 지혜로운 자들에게는 더 큰 지혜로움을, 어리석은 자들에게는 지혜가 어떤 것인지 깨닫게 해주십시오. 우리는 정치가들이나 군인들이 인류에게 얼마나 잔인한 짓을 할 수 있는지, 또한 유명인사라는 자들이 주위 사람들에게 얼마나 멍청한 짓을 하는지 똑똑히 보았습니다. 그런 일을 겪더라도 훨씬 더 평화적이고 합리적으로 대응할 수 있는 방법이 있다는 것을 알게 된다면 굉장히 큰 교훈이 될 것입니다. 또한 위대한 일을 하면서도 가정적일 수 있고, 남들의 존경을 받는 위치에서도 타인에게 친절할 수 있다는 점을 몸소 보여주는 것도 커다란 교훈이 될 거라고 생각합니다.

선생님이 겪어온 소소한 개인사들을 널리 알리는 것도 도움이 되겠지요. 아무리 작은 일이라도 선생님이 어떻게 대처하셨는지를 보면 굉장히 흥미로울 것입니다. 누구나 한 번쯤 겪을 수 있는 일들을 미리 생각해볼 수 있도록 인생의 길잡이가 되는 열쇠를 제공해서 앞으로 지혜롭게 대처해 나갈 수 있도록 해줄 테니까요. 누군가의 삶을 흥미진진하게 눈앞에서 지켜보는 것은 직접 경험하는 것만큼 큰 도움이 됩니다. 이는 선생님의 필력만이 해낼 수 있는 일이기도 합니다. 어쩌면 선생님이 겪었던 여러 가지 사건이나 그 해결 방법이 단순해보이거나 때로는 중요해보일 수도 있겠지요. 어느 쪽이건 사람들에게 커다란 감명을 준다는 점에 있어서는 똑같습니다. 평소 정치나 철학을 논하실 때처럼 선생님 특유의 독창적인 방식으로 온갖 문제들을 처리해오셨을 거라고 믿습니다. 우리네 인생사만큼 중요하고 또 실험해볼만하며 제대로 된 체계를 세워야 할 가치가 있는 것이 또 어디 있겠습니까?

예로부터 강직하지만 무모하고, 생각은 깊지만 삐뚤어져 있으며, 영리하지만 사악한 심성을 가진 자들이 많습니다. 선생님은 현명하면서도 현실적이고 선한 이야기들을 그들에게 전해주실 거라고 믿습니다. 또한 선생님 자신에 대한 이야기는 출생 신분에 대해 전혀 부끄러움이 없음을 보여주고 계십니다. 이 부분이 가장 중요합니다. 행복과 미덕, 그리고 명성을 얻는 데 출신 성분 같은 것은 아무 상관이 없다는 점을 몸소 증명하고 계신 셈이니까요. 목적을 이루기 위해서는 수단이 필요한 법이기 때문에 선생님 같은 분도 계획을 세워 열심히 노력한 끝에 훌륭한 명성을 얻게 되었다는 점을 다들 느끼게 될 겁니다. 또한 제아무리 위대한 결과물이라도 지혜만 있다면 누구든 이룰 수 있을 정도로 단순하다는 것도 깨닫게 될 것입니다. 모든 것은 성품과 미덕, 그리고 올바른 사고와 습관에 달려있다는 것을 말입니다.

세상이라는 무대에 서기 위해서는 적당한 때가 오기를 기다려야 한다는 점도 깨닫게 될 겁니다. 사실 인간은 지금 이 순간만 중요하게 생각합니다. 그래서 앞으로 많은 순간들이 계속된다는 것, 인생 전체를 보고 행동 하나하나를 조심해야 한다는 점을 잊고 삽니다. 선생님은 어리석게 초조해하거나 후회로 괴로워하지 않고 주어진 순간순간에 만족하며 즐겁게 살아오신 것 같습니다. 이는 인내심이 많은 위인들을 본받아 미덕을 쌓고 자신을 다듬어 가는 사람들에게는 쉬운 일일 겁니다.

퀘이커교도 친구 분께서는 선생님의 검소함과 근면, 그리고 절제력을 매우 높이 평가하셨고 많은 젊은이들의 귀감이 될 거라고 하셨습니다. 그런데 선생님의 겸손함과 인내심은 잊으신 모양입니다. 만약 그러한 미덕이 없었더라면 선생님은 편안한 마음으로 입신양명의 기회가 올 때까지 기다리지 못하셨을 겁니다. 이는 명예란 그저 허울일 뿐이며 가장 중요한 것은 마음을 다스리는 것이라는 점을 여실히 보여주는 부분입니다.

만약 이 편지를 받는 분께서 프랭클린 박사님의 명성을 저만큼 잘 알고 계시다면 "당신이 과거에 쓴 글과 행적을 익히 아는 사람들은 『자서전』과 『덕에 이르는 길』을 읽어보고 싶어할 것이며, 반대로 이 책을 읽어본 사람들은 과거 당신이 쓴 글과 행적에 대해 궁금해할 것입니다."라고 말씀 하셨을 겁니다. 이는 다양한 성품을 두루 갖춘 사람들의 장점입니다. 그 다양한 성품을 더해서 더욱 위대한 일을 해낼 수 있지요. 세상에는 의지가 없어서가 아니라 방법을 몰라서 자신의 인격과 의지를 고쳐시키지 못하는 사람들이 많습니다.

마지막으로 한 말씀만 더 드리겠습니다. 선생님이 지금까지 살아온 인생 자체가 바로 한 권의 자서전입니다. 자서전이 다소 시대에 뒤떨어진 것처럼 느껴지실지 모르지만, 굉장히 유용합니다. 선생님의 자서전이라면 악명 높은 흉악범, 음모가, 부조리하고 자학적인 수도승, 자만심에 찌든 삼류 작가들의 인생과 대조를 이루게 될 테니 더욱 유익할 거라고 믿습니다. 만약 선생님의 자서전에 영향을 받아 더 많은 자서전들이 봇물처럼 쏟아지고, 그래서 많은 사람들이 자서전을 써도 될 만큼 값진 인생을 살고자 한다면 어떨까요? 그것은 『플루타르크 영웅전』에 나오는 모든 전기를 합친 것만큼 위대한 값어치가 있을 것입니다.

이 세상에서 단 하나뿐인 분이 가진 모든 특징을 가지고 있는 가상의 인물, 아무개 씨를 상상하며 글을 쓰는 것도 슬슬 지겨워지는군요. 그렇다고 그분을 칭찬할 수도 없는 노릇이고요. 이쯤에서 아무개 씨에 대한 편지는 끝을 맺고, 프랭클린 박사님께 직접 편지를 쓰도록 하겠습니다.

프랭클린 선생님, 부디 선생님의 귀하신 인품을 스스로 세상에 알려주시기 바랍니다. 그렇지 않으면 전쟁으로 세상이 소란스러워진 틈을 타 누군가 선생님을 중상모략할 수도 있습니다. 연세도 있을 뿐더러 신중한 인품과 그 독특한 사고방식을 생각했을 때, 선생님 자신 말고는 그 누구도 선생님이 겪었던 인생사나 마음속에 품었던 원대한 뜻을 충분히 이해하지 못할 것 같습니다. 우리 모두 거대한 변화의 시기를 살아가고 있기에 그 변화의 중심에 서 있는 인물에 주목하게 될 겁니다. 변화 속에서도 도덕적인 원칙을 지켜야 한다고 주장하셨던 만큼 그러한 도덕적인 원칙이 얼마나 큰 영향력을 가지고 있는지 깨닫게 해주는 것도 중요합니다. 여기서 가장 중요한 것은 선생님이 지닌 인품으로, 이는 오래도록 존경받아야 마땅합니다(영국과 유럽뿐만 아니라 광대한 신대륙인 선생님의 조국 미국에 미칠 영향력을 생각해봐도 그렇지요).

인류의 행복을 오랫동안 지속시키기 위해서는 이러한 변혁의 시대에도 인간은 사악하고 역겨운 동물이 아니라는 점을 입증해야만 합니다. 또 아무리 사악한 인간이라도 적절히 교육시키면 충분히 변화할 수 있다는 점도 말입니다. 이와 같은 이유로 선생님처럼 훌륭한 인간도 분명히 존재한다는 점을 널리 알려야만 합니다. 세상 사람들이 전부 부도덕하다고 믿게 된다면 아무리 선한 사람들도 어차피 실패할 거라 생각하며 희망의 끈을 놓아버릴 것입니다. 결국 자기만 생각하고 자기 몫만 챙기려는 이기적인 사람들로 가득 차 각박한 세상이 되겠지요.

선생님, 그러니 하루라도 빨리 자서전 집필을 위해 펜을 드십시오. 선생님이 지닌 미덕을 있는 그대로 보여주시고, 절제하는 모습도 그대로 보여주십시오. 무엇보다도 어려서부터 정의와 자유, 그리고 화합을 사랑하셨던 태도가 지난 17년간 선생님의 모든 행동을 이끌어왔다는 점을 명확하게 보여주십시오.

영국인들이 선생님을 존경하는 것에서 그치지 않고 사랑하도록 해주십시오. 그렇다면 영국인들은 선생님을 존경할 뿐만 아니라 선생님의 조국까지도 친근하고 가깝게 느끼게 될 겁니다. 영국인들에게 좋은 인상을 주고 있다는 사실을 알게 된다면 미국인들도 영국을 친근하고 가깝게 여기게 될 겁니다.

비단 영어권 사람들에게만 그칠 것이 아니라 더욱 크게 생각해보십시오.

자연과 정치에 대한 생각이 어느 정도 정리된 후, 인류 전체의 발전을 위해 애써주십시오. 선생님의 자서전을 제대로 읽은 것도 아니고, 그저 평소 선생님의 인품만 알고 있는 처지라 이런 글을 쓰는 것이 조심스럽기만 합니다. 하지만 선생님의 『자서전』과 『덕에 이르는 길』은 분명 저의 기대에 어긋나지 않을 것이라고 확신합니다. 제가 설명 드린 다양한 관점에 대해 고민해보신다면, 더욱 만족할 만한 결과가 있을 거라고 믿습니다. 물론 선생님께 커다란 기대를 걸고 있는 사람들을 모두 만족시킬 수는 없겠지요. 하지만 인류에게 도움이 되는 글이 탄생할 수는 있을 것입니다. 타인에게 순수한 즐거움을 전할 수 있는 사람이라면 근심과 걱정으로 가득 찬 삶에 환한 빛을 비출 수 있습니다. 부디 저의 바람에 귀를 기울여주시기 바라며 다시 한 번 간곡히 부탁드립니다.

도서관이 생긴 덕분에
나도 계속 발전하다

앞서 소개한 2통의 편지를 받은 지는 꽤 오래되었지만 너무 바빠서 엄두도 내지 못하고 있었다. 그나마 집에 있었더라면 자료도 있어서 기억이 나지 않는 것들을 확인하고 날짜도 정확히 알 수 있었을 텐데 말이다. 아직도 언제 집으로 돌아갈지 확실치 않아서 며칠 여유가 생긴 사이 기억을 되살려 할 수 있는 데까지 써보려고 한다. 만약 살아서 귀국하게 된다면 그때 다시 다듬고 교정해볼 작정이다.

그전에 쓴 내용의 사본을 가지고 있지 않아서 정확히 어디까지 이야기했는지는 알 수 없다. 시작은 미미했으나 이제는 꽤 규모가 커진 필라델피아 공립도서관을 설립하기까지의 배경을 이야기했던 것도 같다. 아무튼 1730년대 무렵의 이야기까지 썼던 것으로 기억하니 그때 이야기부터 다시 써볼까 한다. 만약 중복되는 부분이 있다면 나중에 삭제하면 될 일이다.

내가 펜실베이니아에 자리를 잡을 당시만 해도 보스턴 남부에 있는 식민지에는 괜찮은 서점이 하나도 없었다. 뉴욕이나 필라델피아의 인쇄소들이 문방구를 겸업하고 있었는데 종이나 달력, 민요집과 교과서 몇 종류만 구비하고 있는 것이 고작이었다. 그래서 읽고 싶은 책이 생기면 영국에 주문을 넣어야 했지만 우리 전토 클럽의 회원들은 각자 구비하고 있는 책들이 꽤 되는 편이었다. 처음에는 술집에서 모임을 가지다가 나중에는 작은 방 하나를 마련했다. 우리는 그 방에 각자 가지고 있는 책을 모아두기로 했다. 매주 토론 주제에 따라서 책을 참고할 수도 있고, 집에서 읽고 싶으면 빌려갈 수 있어서 서로에게 이점이 많았다. 그렇게 얼마간 공동 서재를 마음껏 이용했다.

그 작은 공동 서재의 유용함을 깨닫고 난 후, 나는 더 많은 사람들이 독서의 이점을 이용할 수 있도록 회원제 도서관을 만들자고 제안했다. 나는 회원제 도서관 설립을 위한 계획을 짜고, 규칙의 초안을 잡았고, 유명한 공증인 찰스 브록덴이 회원 가입을 위한 동의서를 작성했다. 도서관 회원으로 가입하고자 하는 사람은 최초의 도서 구입비 명목으로 일정한 액수의 돈을 내고, 매년 도서를 추가 구입하는 데 필요한 비용을 연회비 명목으로 내야 했다. 당시 필라델피아는 독서 인구도 적었고 대부분 가난했다. 사정이 그렇다 보니, 아무리 찾아봐도 회원 가입비로 40실링을 내고 매년 10실링씩을 납부할 수 있는 사람들은 고작 50명에 불과했다. 그것도 대부분은 젊은 장사꾼들이었다. 그렇게 소액의 자본금으로 도서관이 설립되었다.

일주일에 한 번씩 도서관을 개방하고 회원들이 원하는 책을 대여했다. 또한 정해진 규칙에 따라서 기한 내에 책을 반납하지 않으면 책값의 2배를 벌금으로 지불하겠다는 내용의 각서를 썼다. 이러한 회원제 도서관의 이점이 널리 알려지면서 다른 도시와 식민지에서도 우리를 모방한 움직임이 일어났다. 점차 도서관에 기증 도서가 늘어났고 때 아닌 독서열풍이 불었다. 달리 대중적인 놀이 문화가 없던 때라 사람들은 쉽게 독서에 빠져들었다. 몇 년 후, 미국 사람들은 다른 나라의 비슷한 계층 사람들보다 훨씬 더 지적이고 교양 수준이 높다는 평가를 받게 되었다.

맨 처음 우리가 회원제 도서관 회칙에 서명을 할 때의 일이다. 초기 회원인 50명과 그들의 후계자들이 앞으로 50년을 지켜야 하는 조항이었다. 그러자 공증인 브록덴이 이렇게 말했다.

"지금은 다들 젊지만 50년이라는 기간이 만료될 즈음이면 살아 있는 사람이 별로 없을 것 같군요."

천만에! 아직 초기 회원들이 여럿 살아남았다. 어쨌거나 설립 후 몇 해 지나지 않아서 도서관은 법인체제로 바뀌었고 영구히 존속하게 되었으므로 초창기 회칙은 무효가 되었다.

그 당시 회원제 도서관을 세우기 위해서 참 많이도 돌아다녔다. 대부분의 사람들은 아예 내 이야기를 들은 척도 하지 않았고, 대놓고 싫은 표정을 짓기도 했다. 온갖 수모를 겪으면서 느낀 점은 아무리 유익한 제안이라고 해도 나 자신을 주인공으로 부각시켜서는 안 된다는 점이다. 계획을 성사시키기 위해서는 다른 사람들의 도움을 받아야 하는데, 인간은 나보다 다른 사람이 더 유명해지는 것을 눈뜨고 보지 못하는 본성을 가졌다. 그래서 나는 방법을 바꾸어서 되도록 나 자신을 감췄다. 다른 친구들이 세운 계획이며 당신도 독서를 좋아한다고 소문이 났기에 이렇게 찾아오게 된 거라고 말했다.

다행히도 일은 수월하게 풀렸다. 그 후로 후원금이 필요한 때마다 이 방법을 썼다. 이 방법을 써서 실패한 경우는 거의 없기 때문에 강력히 추천하고 싶다. 나를 내세우려고 하지 않고 조금만 참으면 나중에는 더욱 큰 보상을 받을 수 있는 법이다. 물론 그런 좋은 계획을 만든 장본인이 얼마 동안 알려지지 않는다면 허영심에 가득 찬 사람이 나설 수도 있다. 하지만 그것으로 끝나지 않는 법이다. 평소 당신을 시기하던 사람이라도 거짓된 명예를 얻은 사람을 폭로하고 정당한 주인을 되찾아주려고 발 벗고 나설 것이다.

아무튼 그 도서관이 생긴 덕분에 나도 계속 발전할 수 있었다. 매일 한두 시간씩은 책을 읽은 덕분에 과거 아버지로부터 제공받지 못했던 고등교육을 어느 정도 보충했다. 나는 술도 마시지 않고 도박도 하지 않아서 독서만이 유일한 취미생활이나 다름없었다. 그런 와중에도 부지런히 인쇄소 일을 꾸려나갔다. 그럴 수밖에 없었다. 남의 돈을 빌려서 시작한 일이었고, 얼마 후면 아이들을 학교에 보내야 했으며, 나보다 먼저 자리를 잡은 인쇄소들과 경쟁을 해야만 했기 때문이다. 다행히 사업은 점차 자리를 잡아갔다.

어릴 때부터 아버지가 귀에 못이 박히도록 해준 말씀 덕분에 나는 검소한 생활이 몸에 배어 있었다. 그것은 바로 "자기 일에 근면성실한 자를 보았느냐. 그 사람은 왕 앞에 설 것이요, 미천한 자 앞에 서지 않으리라."라는 솔로몬의 잠언 22장 29절의 말씀이었다. 때문에 나는 어릴 때부터 부지런해야만 부와 명예를 얻을 수 있다는 신념을 가지고 있었다. 물론 "왕 앞에 설 것이요."라는 말은 그대로 실현되지 않았지만 그 말은 언제나 내게 큰 힘이 되었다. 그런데 놀랍게도 실제로 그 일이 벌어졌다. 나는 다섯 왕의 앞에 섰고, 덴마크 왕과 저녁 만찬을 함께하는 영광까지 누렸다.

영국 속담에 "성공하고 싶다면 안사람을 잘 얻어야 한다."라는 말이 있다. 나만큼 부지런하고 검소한 아내를 얻은 것은 가장 큰 행운이었다. 아내는 인쇄소에 나와서 팸플릿을 접고, 제본을 하고, 가게를 지키고, 종이 재료로 사용할 천을 사들이며 닥치는 대로 일을 도왔다. 집에는 꼭 필요한 하인만 고용했고, 검소함을 실천했으며, 간단하게 식사를 했고, 가구도 실용적인 것만 들였다. 예를 들면 나는 오랫동안 아침으로 빵과 우유만 먹었고 차는 마시지 않았다. 그리고 음식은 2펜스짜리 죽그릇에 담아서 백랍 수저를 사용했다. 그럼에도 불구하고 나의 원칙과는 달리 어느새 사치가 우리 식탁에 스며들었다. 어느 날 아침, 식탁 위에 도자기 그릇과 은수저가 놓여 있는 것이었다. 내게 상의도 없이 아내가 23실링이라는 거금을 주고 산 것이다. 물론 아내는 변명도, 사과의 말도 하지 않았다. 그저 자기 남편도 이웃 사람들처럼 좋은 그릇에 은수저를 쓸 만한 자격이 있다고 생각했을 뿐이다. 바로 그 도자기 그릇을 시작으로 해마다 식기와 가구가 늘어나 어느새 수백 파운드에 달하는 재산으로 불어났다.

나만의 기도서를
사용하기로 결심하다

나는 장로교파 교육을 받았다. 하지만 장로교 교리 중에서 하나님의 영원한 의지, 선민사상, 그리고 영벌 같은 것들은 도저히 이해할 수 없었으며, 그 외에도 의심스러운 점들이 있었다. 매주 일요일은 공부하는 날로 정했기 때문에 처음부터 예배도 빠졌다.

그렇다고 종교를 아예 등한시한 것은 아니었다. 가령 신의 존재, 신이 세상을 창조하고 그분의 섭리에 따라 주관하신다는 점, 신께 가장 큰 봉사는 바로 타인에게 선을 행하는 것이라는 점과 우리의 영혼은 불멸하고, 악행은 반드시 벌을 받으며, 미덕은 언제든 보답을 받는다는 점에 대해서는 한 번도 의심한 적이 없다. 이 모든 것들은 모든 종교의 본질이라고 생각한다.

우리 종교들은 저마다 그런 본질적인 요소를 가지고 있기 때문에 모든 종파를 존중했다. 하지만 전부 좋기만 한 것은 아니었다. 어떤 종교는 도덕심을 고취시키고 확고히 만들기보다 오히려 분열과 적대심을 조장하기도 했다. 하지만 아무리 나쁜 종교라도 장점은 있다고 생각했기 때문에 타인의 종교에 대한 경외심을 건드리는 논쟁은 되도록 피했다. 우리 주도 차츰 인구가 늘어서 새로운 예배당이 필요하게 되었다. 대부분 자발적으로 기부금을 내서 예배당을 세웠고, 예배당을 설립할 목적이라면 나는 종파를 가리지 않고 적은 금액이라도 반드시 기부를 했다.

비록 규칙적으로 예배에 참석하지는 않았지만 올바르게 행해진다면 예배 자체도 유용하고 이로운 것이라고 생각했다. 그래서 해마다 필라델피아의 유일한 장로파 목사와 그 집회를 후원하는 기부금을 보냈다. 목사는 이따금 나를 찾아와서 예배에 나오라고 설득했고, 가끔 마음이 움직여 예배에 참석한 적도 있다. 어떤 때는 5주간 연속으로 예배에 나간 적도 있었다.

만약 그 목사의 설교가 마음에 들었다면 일요일 공부 시간을 빼서라도 참석했을 것이다. 하지만 그분의 설교는 주로 신학적인 논쟁이나 교리에 대한 설명들뿐이었다. 그래서 매우 지루하고 재미도 없을뿐더러 별로 배울 만한 점도 찾지 못했다. 도덕적인 원칙에 대한 내용은 전혀 없었다. 마치 예배에 참석하는 사람들 전부를 장로교 신자로 만들기 위한 시간 같았다.

언젠가 목사는 빌립보서 4장의 한 구절을 낭독했다.

"마지막으로 형제들에게 말하노니 모든 것에 있어 참되며 경건하고 모든 것에 있어 옳고 정결하며 사랑할 만하고 칭찬할 만하며 무슨 덕이 있든지 항상 생각할지어다."

이쯤 되면 뭔가 도덕적인 내용이 나오겠거니 생각하고 기다렸다. 하지만 목사는 사도 바울이 말하고자 한 5가지만 짚고 넘어갔다. 첫째, 안식일을 경건히 지킬 것, 둘째, 성경 공부를 할 것, 셋째, 반드시 예배에 참석할 것, 넷째, 성찬식에 참석할 것, 다섯째, 하나님의 사절인 성직자에게 예를 갖출 것.

물론 진부 좋은 말이지만 내가 그 성경 구절에서 기대했던 것은 아니었다. 아무리 해도 내가 원하는 바를 듣지 못할 거라는 생각에 실망한 나는 다시는 설교를 들으러 가지 않았다. 그리고 몇 해 전인 1728년인가부터 나만의 작은 기도서를 만들어 사용했다. 제목은 '신앙 조항과 종교적 의식'이었다. 나는 나만의 기도서를 사용하기로 결심했고, 다시는 예배에 참석하지 않았다. 물론 나의 행위를 비난할 수도 있겠지만 더는 변명하지 않겠다. 나는 솔직한 심정을 고백하려는 것이지, 이제와 뉘우치겠다는 것은 아니다.

09

인격체가 되기 위한
계획을 세우다

내가 정한 덕목들과 그에 따른 규율

일주일에 한 가지 덕목씩 실천하기로 마음먹다

하루 24시간에 대한 계획을 세우다

규율을 지키려 시도하며 더 나은 인간이 되다

성실하고 정직하게 사는 방법밖에는 없다

내게는 거창하고 위대한 계획이 있다

Benj. Franklin

벤저민 프랭클린 자서전

내가 정한 덕목들과
그에 따른 규율

그즈음 나는 도덕적으로 완벽해지겠다는 무모하고도 대담한 계획을 마음에 품었다. 정말이지 완전무결한 삶을 살고 싶었다. 타고난 성격뿐만 아니라 주위 사람들의 영향으로 형성될 수 있는 나쁜 성향과 습관들까지 모두 극복하고 싶었다. 나는 옳고 그름을 정확히 판단할 수 있었다. 아니, 그렇다고 생각했다. 때문에 옳지 못한 것을 피하고 옳은 길로 가는 것이 쉽게만 보였다. 하지만 생각했던 것보다 훨씬 녹록지 않았다. 한 가지 잘못을 피하려고 집중하다 보면 어느새 다른 잘못을 저지르게 되는 것이었다. 잠시 마음을 놓고 있는 순간마다 나쁜 습관이 나타났고,

타고난 성향은 이성보다 더욱 강력했다. 마침내 나는 그저 신념만으로 인간의 실수를 막기에는 역부족이라는 결론에 도달했다. 항상 확고하고 일관성 있는 행동을 하기 위해서는 잘못된 습관을 고치고 바른 습관을 익혀야 했다. 그래서 나는 다음과 같은 구체적인 방법을 고안했다.

먼저 지금까지 읽은 책에서 보았던 여러 가지 덕목들을 나열해보았다. 덕목에 따라서 그 내용이 적기도 하고 많기도 했다. 가령 '절제'의 경우에 어떤 사람은 먹고 마시는 것만 한정해두었다면, 다른 사람은 더욱 의미를 확장해서 식욕과 성향, 육체적 욕구와 정신적 욕구, 심지어 탐욕과 같은 인간의 야망까지도 포함한 인간의 다양한 쾌락을 조절하는 선까지 나아갔다. 나는 명확성을 위해서 덕목의 숫자를 줄이고, 그에 따른 규율을 길게 나열하기보다는 여러 가지 덕목에 따른 세부적인 규율을 정해놓기로 했다.

내가 정한 덕목들과 그에 따른 규율은 다음과 같다.

---

1. 절제(Temperance): 배가 부를 정도로 먹지 말라. 정신을 잃을 만큼 마시지 말라.

2. 침묵(Silence): 서로에게 유익하지 않은 말은 피하라. 쓸데없는 말은 하지 말라.

3. 규율(Order): 모든 물건은 제자리에 두어라. 모든 일은 시간에 맞추어 하라.

---

4. 결단(Resolution): 반드시 해야 하는 일은 실행에 옮겨라. 일단 결심한 것은 반드시 이행하라.

5. 절약(Frugality): 서로에게 유익하지 않은 일에 돈을 쓰지 말라. 즉 낭비하지 말라.

6. 근면(Industry): 시간을 허비하지 말라. 항상 유익한 일을 하라. 불필요한 행동은 하지도 말라.

7. 정직(Sincerity): 다른 사람을 기만하지 말라. 악의 없이 공정하게 생각하라. 말과 행동이 일치되도록 하라.

8. 정의(Justice): 남에게 피해를 주지 말고, 정당한 대가를 치러야 할 때를 잊어서는 안 된다.

9. 중용(Moderation): 극단적으로 행동하지 말라. 상대가 나쁘게 행동하더라도 홧김에 후회할 일을 하지 말라.

10. 청결(Cleanliness): 몸을 청결히 하고, 옷매무새를 단정히 하고, 주변을 깨끗이 하라.

11. 평정(Tranquility): 사소한 일이나 흔히 일어날 수 있는 일, 혹은 불가피한 상황에도 평정심을 잃지 말라.

12. 순결(Chastity): 건강과 자손을 위한 성관계가 아닌 경우는 자제하라. 정신이 멍해지거나 건강을 잃을 정도가 되어서는 안 된다. 자신과 타인의 안녕과 평판에 해를 끼칠 정도로 성관계에 집착해서는 안 된다.

13. 겸손(Humility): 예수와 소크라테스를 본받으라.

일주일에 한 가지 덕목씩
실천하기로 마음먹다

나는 앞의 13가지 덕목들을 자연스러운 습관처럼 몸에 익히고 싶었다. 한 번에 전부를 얻으려고 하기보다는 하나씩 완성해나가는 편이 나을 것 같았다. 그렇게 하나를 완벽히 습득하면 또 다음 덕목으로, 그렇게 13가지 덕목을 오롯이 나의 것으로 습득하기로 결심했다. 13가지 덕목의 순서는 한 가지 덕목을 습득하고 나서 다음 덕목을 익히는 데 도움이 되도록 배열한 것이다.

먼저 '절제'라는 덕목을 통해 냉철한 이성과 경각심을 익히고, 묵은 습관을 반복하는 실수를 저지르거나 주변의 유혹을 이겨내기 위해 첫 번째 순서로 두었다. 이를 완벽히 습득하고 나면 '침묵'의 단계는 한결 쉬워진다. 나는 덕을 쌓음과 동시에 지식도 얻고 싶었다. 지식을 얻기 위해서는 다른 사람과 대화를 나눌 때 듣는 법을 배워야 한다. 그리고 쓸데없는 말장난을 하거나 농담을 하는 버릇을 고치려고 노력했다. 그런 습관을 가지면 시시껄렁한 친구들만 꼬이게 마련이다. 그래서 '침묵'을 두 번째 순서로 두었다. 그다음 덕목인 '규율'을 통해 일과 공부에 열중할 수 있는 시간을 더욱 많이 만들 수 있을 것이다. '결단'의 덕목을 익히고 나면 나머지 덕목들을 체득하기 위한 강한 의지를 가질 수 있다. '절약'과 '근면'은 아직 해결하지 못한 빚을 갚는 데 도움이 될 것이고, 독립적이고 윤택한 삶을 보장해줄 것이다. 그렇게만 된다면 '정직'과 '정의'를 익히는 것은 훨씬 쉬워진다. 이런 식으로 나머지 덕목들도

164

차근차근 익혀나갈 수 있을 것이다.

또한 피타고라스의 금언집에 나오는 충고에 따라서 하루하루를 돌이켜보는 시간이 필요하다고 생각했다(그날 하루의 행동을 돌이켜보기 전에는 잠들지 말라. 규칙에 어긋나는 일을 했는가? 오늘 내가 한 일은 무엇인가? 혹시 할 일을 빠트리지는 않았는가?).

그래서 나는 나름대로 하루 일과를 점검할 수 있는 방법을 만들었다. 먼저 작은 수첩을 하나 준비해서 한 페이지당 하나의 덕목을 적어

	일	월	화	수	목	금	토
절제							
침묵	●			●		●	
규율		●			●	●	●
결단		●				●	
절약		●				●	
근면		●	●				
정직							
정의							
중용							
청결							
평정							
순결							
겸손							

넣고, 붉은 잉크로 가로 7칸, 세로 13칸을 만들어서 요일과 덕목을 나란히 나열했다. 그리고 하루 단위로 13가지 덕목을 제대로 지켰는지를 돌이켜보고, 잘못한 것이 있을 때마다 해당되는 칸에 검은색으로 표시를 해두기로 했다.

이런 식으로 일주일에 한 가지 덕목씩 실천하기로 마음먹었다. 그래서 처음 일주일 동안은 '절제'에 어긋나는 행동을 하지 않도록 애쓰고 나머지 항목들은 크게 신경 쓰지 않았다. 그리고 매일 밤 그날 내가 잘못한 부분은 반드시 검은 점으로 표시를 했다. 이런 식으로 '절제' 칸에 일주일 동안 검은 점이 한 개도 찍히지 않았다면 올바른 습관을 익히고 잘못된 습관은 약화된 것으로 판단했다. 그런 식으로 두 번째 주부터는 다음 덕목을 시작하고 '절제'와 '침묵'의 두 가지 칸에 검은 점이 찍히지 않도록 주의를 기울였다. 그런 식으로 13주가 지나면 내가 정해놓은 13가지 덕목을 한 번 정리할 수 있고, 일 년이면 이를 4번 반복할 수 있었다.

하물며 잡초를 뽑을 때도 한 번에 끝내려고 덤비기보다 일정한 양을 정해놓고 다음으로 넘어가야 수월한 법이다. 덕목이 하나씩 하나씩 완성되어가는 것을 눈으로 보면서 더욱 큰 용기와 즐거움을 느낄 수 있을 것이다. 그렇게 여러 차례 반복하다 보면, 13주차부터는 검은 점이 하나도 찍히지 않은 페이지를 볼 수 있을 것이다.

166

하루 24시간에 대한
계획을 세우다

　또한 수첩에는 애디슨_{Joseph Addison}의 〈카토〉에 나오는 대사 일부를 적어두었다.

> 나는 이를 지키려고 합니다.
> 하늘에 계신 신이시여,
> (세상 만물은 신께서 모든 것을 이루셨노라고 외친다.)
> 신께서는 덕을 아끼시니
> 신이 기뻐하시는 일이라면 이 또한 행복하지 않겠는가.

키케로_{Marcus cicero}의 글도 일부 인용해두었다.

> 오, 인간 삶의 길잡이 되어주는 철학이여! 덕을 구하고 악을 쫓아내는 학문이로다! 그대의 교훈에 따라 덕을 베풀며 사는 하루가 악덕의 늪에 빠져 영생을 사는 것보다 나을 것이다.

솔로몬_{Solomon}의 『잠언』에서 지혜와 덕에 대해 논한 바도 적어두었다.

> 그의 오른쪽 손에는 장수가 있고 왼쪽 손에는 부귀영화가 있으니
> 그 길은 즐겁기 여한이 없으며 첩경은 모두 평강이로다.

(잠언 3장 16절~17절)

지혜의 원천인 하나님께 도움을 구하는 것도 마땅히 해야 할 일이며 반드시 그래야 할 것 같았다. 나는 짧은 기도문을 만들어 표 바로 옆에 붙여놓았다.

전지전능하신 하나님, 아버지! 자비로운 인도자시여! 제 지혜를 충만하게 하시어 제가 바라는 바를 얻을 수 있도록 도와주소서. 지혜가 이끄는 대로 행동하려는 저의 결심에 강한 힘을 주소서. 당신의 자녀들로 하여금 나의 호의를 받아들이게 해주시고, 이를 통해 하나님의 은혜에 보답할 수 있게 하소서.

가끔은 톰슨의 시에 나오는 기도문도 인용했다.

빛과 생명의 아버지, 높은 곳에 계신 하나님!
제게 신이 무엇이고 당신이 어떤 분인지 가르쳐주소서.
어리석음과 허영, 그리고 악에서 저를 구하소서.
온갖 비천한 곳에서 벗어날 수 있도록 도와주시고
지혜와 깨달음, 그리고 평강과 믿음으로 제 영혼을 채우소서.
거룩하고 풍요로우며 영원히 사라지지 않는 축복을 내려주소서.

'규율'의 세부 내용은 '모든 일은 정해진 시간에 한다.'였기 때문에 이를 지키기 위해서 하루 24시간을 어떻게 보낼 것인지 구체적인 일과 계획을 세웠다.

일과표

아침 : 오늘은 어떤 선행을 할 것인가?	5 6 7	기상, 세수, 하나님께 기도, 하루 계획을 세우고 결의를 다짐, 현재 공부중인 책을 봄, 아침 식사
	8 9 10 11	작업
낮	12 1	독서를 하거나 장부를 확인 점심식사
	2 3 4 5	작업
저녁 : 오늘은 어떤 선행을 했는가?	6 7 8 9	주변 정리정돈, 저녁 식사, 음악 감상, 대화, 하루의 반성
	10 11 12 1 2 3 4	수면

규율을 지키려 시도하며
더 나은 인간이 되다

나는 스스로 반성하는 시간을 갖기 위해서 나만의 계획을 세워 실천했다. 가끔 중단될 때도 있었지만 꾸준히 이어나갔다. 생각했던 것보다 나의 결점이 자주 드러나서 당황스럽기도 했지만 차츰 제자리를 찾아가는 것을 보며 만족했다. 정해진 시간이 끝나고 다시 계획을 시작할 때마다 그 전의 표시를 지워야 했기 때문에 군데군데 구멍이 나서 새로 만들어야 했다. 그래서 비망록으로 쓰던 커다란 상아판 위에 붉은색 잉크로 줄을 긋고 새로 계획표를 만들어 연필로 실수한 부분을 표시했다. 그러면 스펀지에 물을 묻혀 간단히 지우고 다시 사용할 수 있었다.

하지만 얼마 후부터는 일 년에 한 번꼴로 계획을 실행했고, 그 뒤로는 몇 년에 한 번씩 계획을 이어나갔다. 해외로 나가는 일도 잦았고 이런저런 일이 겹치는 바람에 도저히 시간을 낼 수가 없었다. 하지만 어디를 가든 항상 수첩은 가지고 다녔다.

그 중에서 가장 힘든 것은 바로 '규율'을 지키는 것이었다. 단순히 어디에 고용되어 있는 인쇄공이라면 모를까, 나처럼 인쇄소를 운영하는 입장에서는 여간 힘든 일이 아니었다. 주인은 사람들과 만날 일도 많고 손님들이 찾아올 때마다 대접을 해야만 하는 입장이었다. 게다가 인쇄지나 종이 등을 항상 제자리에 정돈하는 것도 힘에 부쳤다. 본래 정리정돈을 잘하는 편은 아니었지만 물건을 찾지 못해서 고생한 적은 별로 없었다. 그래서인지 규율을 지키는 것이 여간 힘든 일이 아니었다.

까맣게 찍힌 점들을 보면서 신경도 쓰이고 초조하기도 했다. 그 부분은 좀처럼 나아질 기미가 보이지 않아서 실패하고 다시 시도하기를 여러 번 반복했다.

그러다가 다음 이야기에 등장하는 사람처럼 결점 하나쯤은 누구에게나 있는 거라고 자위하며 포기할까도 생각했었다. 한 남자가 대장간에서 도끼를 산 후, 도끼 날처럼 표면 진체를 번쩍거리게 만들어달라고 했다. 대장장이는 숫돌바퀴만 열심히 돌려주면 번쩍거리게 만들어주겠다고 대답했다. 하지만 대장장이가 숫돌 위로 도끼를 힘껏 누르고 있어서 바퀴가 제대로 돌아가지 않았다. 그 사람은 바퀴를 돌리다 말고 와서 얼마나 광이 나는지 살폈고, 그러기를 여러 번 반복하다가 결국 그냥 가지고 가겠다고 말했다. 대장장이는 아직 제대로 번쩍거리지 않는다며 조금만 돌리면 광이 날 거라고 했지만, 남자는 "아니에요. 지금처럼 도끼 끝만 번쩍거려도 괜찮습니다."라고 대답했다. 보통의 경우에도 이런 일이 많다. 나쁜 습관을 버리고 좋은 습관을 가지려고 할 때, 그 과정이 힘에 부치면 쉽게 단념하고 "지금처럼 도끼 끝만 번쩍거려도 괜찮다."라며 결론을 내버린다.

때로는 나 스스로에게 극단적인 완벽함을 강요하는 것이 어쩌면 도덕적 허영은 아닐까 생각한다. 남들이 안다면 비웃을 수도 있다. 사람이 너무 완벽하면 다른 사람들의 질투와 시기심을 사게 마련이다. 아무리 선한 사람이라도 빈틈이 있어야 남들이 무안하지 않은 법이다. 하지만 이 모든 것들은 핑계에 불과하다.

솔직히 말하면 규율을 지키는 것에 있어서만큼은 나도 구제불능이었다. 하지만 나이가 들어 기억력마저 흐려진 지금, 규율이 더욱 필요하다고 느낀다. 물론 내가 바라던 완벽한 경지에까지 이르지는 못했지만 열심히 노력한 보람은 있었다. 규율을 지키려고 하는 시도를 통해 더 나은 인간이 되었고, 행복할 수 있었다. 완벽한 글씨체를 갖고 싶은 사람이라면 정확한 글씨체가 인쇄된 종이를 놓고 그대로 따라하다 보면 어느 정도 깨끗하게 글씨를 쓸 수 있게 된다.

앞으로 나의 후손들이 이 점을 반드시 기억하기를 바란다. 내가 79세라는 나이까지 행복하게 살 수 있었던 이유는 바로 하나님의 은총과 더불어 작은 일을 실천하려고 애썼기 때문이다. 앞으로 내게 남은 인생에 어떠한 불행이 닥칠지 모른다. 그것은 오직 하나님만이 알고 계실 것이다. 하지만 어떠한 불행이 닥치더라도 지금까지 내가 누렸던 행복을 생각하면, 어떤 고난이라도 견뎌낼 수 있을 것이다. '절제'라는 규율 덕분에 나는 평생 건강하게 살았고, 지금까지도 건강을 유지하고 있다. 또한 '근면'과 '절약'이라는 규율 덕분에 젊은 시절의 가난에서 벗어나 어느 정도 재산도 쌓았다. 그리고 독서를 통해 많은 지식을 겸비해 쓸모 있는 인간이 되었고, 학식 있는 사람들에게 좋은 평판도 얻었다. '정직'과 '정의'라는 규율 덕분에 조국의 신뢰를 얻어 영광스러운 자리에 오르기도 했다. 또한 여러 가지 정해진 규율을 지키려고 노력한 덕분에 평정심을 유지하고 사람들과 즐겁게 대화를 나눌 수 있었다. 지금도 나와 대화를 나누고 싶어하는 사람들이 많으며, 젊은 친구들도 나의 말에 귀를 기울인다. 부디 나의 후손들이 이를 본받아 좋은 점을 취할 수 있기를 바란다.

지금까지 나의 계획이 어느 정도는 종교에 의지하고 있지만 특정한 종교에 치우치지 않았다는 사실을 기억하기 바란다. 훗날 다른 종교를 가진 사람들도 나의 방법을 다양하게 활용해 커다란 성과를 올리기 바라는 마음에서 일부러 의도했던 것이다. 또한 책으로 출간했을 때를 대비해서 괜히 다른 종파의 사람들에게 흠집을 잡히고 싶지 않다는 생각도 있었다. 처음에는 13가지 덕목에 저마다 나의 의견을 붙이고, 그 덕목을 취하는 것이 성공했을 때의 좋은 점과 나쁜 점을 세세히 설명하려고 했다. 그리고 책 제목은 '덕에 이르는 길'로 붙일 생각이었다. 사람들에게 덕을 행동에 옮길 수 있는 방법을 제시하고 싶었기 때문이다. 방법도 알려주지 않고 무조건 착한 일을 하라고 채근하는 것과는 다르다. 이는 "만일 형제자매가 헐벗고 일용할 양식도 없는데, 그 길을 알려주지 않고 누구든지 그에게 평화롭게 살라, 더웁게 살라, 배불리 먹어라 이른다면 무슨 소용이 있으리오."라는 야고보서 2장 15~16절의 말과 같다.

성실하고 정직하게 사는
방법밖에는 없다

아직까지 나의 계획은 실행에 옮겨지지 않았다. 나중에 책에 덧붙이기 위해서 나의 생각이나 추론 등을 짧게 메모해놓은 것을 아직도 보관하고 있다. 하지만 젊을 때는 사업에 매진하느라, 그리고 나이가 들어서는 공익사업을 위해 바쁘게 뛰어다니느라 좀처럼 시간을 낼 수가 없었다. 게다가 그런 책을 낸다는 것은 매우 위대하고 엄청난 계획이기에 만사를 제치고 매달려야만 했다. 그런데 예상치 못했던 일들이 속속 생기는 바람에 지금까지도 실행에 옮기지 못했다.

내가 강조하고 싶은 점은 바로 이것이다. 옳지 못한 행동들은 그것이 금지되어서 해로운 것이 아니라 그 행동 자체가 해를 가져오기 때문에 금지되었다는 점이다. 이는 인간의 본성을 고려한 것이다. 그러므로 내세와 현세에서도 행복하기를 원한다면 덕을 쌓아야 한다. 세상에는 부유한 상인들과 귀족들, 고위 관직에 있는 사람들, 왕족들이 있다. 그들은 누구보다 정직하게 살아야 하지만 사실 그런 인물은 매우 드물다. 이러한 현실 속에서 가진 것 없는 젊은이들이 성공하기 위해서는 성실하고 정직하게 사는 방법밖에는 없다는 점을 널리 알리고 싶었다.

처음에는 나도 12가지 덕목으로 시작했다. 그런데 친하게 지내던 퀘이커교도 친구가 이런 조언을 해주었다. 가끔 나와 대화를 나누다 보면 내가 오만한 태도를 보일 때가 있다는 것이었다. 한 가지 주제를 놓고 토론을 할 때, 내 의견이 옳다는 것에서 그치지 않고 남의 의견을 무조건 압도하려는 경향이 있다고 했다. 그러면서 내가 인정할 수밖에 없는 몇 가지 예를 들어주었다. 그래서 나는 그러한 어리석은 태도를 고치기 위해서 '겸손'이라는 덕목을 추가하고, 그 규율에 넓은 의미를 부여했다.

실제로 내가 '겸손'이라는 덕목을 완전히 내 것으로 만들었다고 자부할 수는 없다. 하지만 표면적으로는 꽤 성공했다고 생각한다. 나는 타인의 의견에 무조건 반기를 든다거나 나의 생각을 독단적으로 주장하는 일을 삼가기로 원칙을 세웠다. 또한 전토 클럽의 규칙에서도 언급했던 것처럼 '분명' '의심할 나위 없이' 같은 표현 대신 '이러저러한 이유 때문에 내 생각은 이러하다.' '제 짐작으로는 그렇습니다.' '내 생각이 틀리지 않다면'이라고 말하는 편이었다. 상대가 아무리 말도 안 되는 주장을 해도 곧바로 반박하지 않았고, 상대의 부조리한 부분을 지적하지도 않았다. 대신 "당신이 주장하는 부분은 다른 상황에서는 맞는지 몰라도 지금 상황에서는 다소 어울리지 않는 것 같습니다."라고 말했다. 효과는 곧바로 나타났다. 전보다 훨씬 기분 좋게 대화를 이어나갈 수 있었기 때문이다. 또한 겸손한 태도로 의견을 주장하다 보니 사람들이 더욱 쉽게 나의 말에 고개를 끄덕여주었다. 혹여 내 의견이 틀렸을 때도 창피함이 덜했고, 내 의견이 옳다고 판단이 되었을 때는 다른 사람들도 쉽게 잘못을 인정하고 나의 편이 되었다.

처음에는 타고난 성격과 잘 맞지 않아서 고생도 많이 했다. 하지만 점차 자연스러워졌고 어느새 몸에 배어 버렸다. 지난 50년 동안 우연히라도 내가 독단적으로 이야기하는 것을 들은 사람은 없을 것이다. 새로운 제도를 제안하고 과거의 묵은 제도를 개혁할 때 많은 시민들이 나를 지지해 준 것도, 또한 의원의 자리에 올라 엄청난 힘을 발휘할 수 있었던 것도 바로 이러한 습관(성실함 다음으로) 덕분이었다. 사실 나는 말을 조리 있게 하는 편도 아니었고, 달변가라는 소리를 들어본 적도 없으며, 어휘력이 뛰어나지도 않았다. 문법도 겨우 알 정도여서 그저 말하고자 하는 바를 간신히 전달할 수 있었다.

실제로 인간이 가진 여러 가지 감정 중에서 '자만심'만큼 극복하기 힘든 것도 없다. 아무리 숨기려고 해도, 숨통을 막고 억눌러도 자만심은 끝까지 살아남아서 사방으로 고개를 들이밀게 마련이다. 내 글을 읽으면서도 곳곳에서 자만심이 엿보였을 것이다. 아무리 '자만심'을 극복한 것이 사실이라고 해도 결국에는 '겸손'이라는 미덕을 가졌다고 자랑하는 것일 테니 말이다.

내게는 거창하고 위대한 계획이 있다

앞의 부분까지는 파시에서 쓴 것이다(1784년). 1788년 8월, 다시 집에 돌아와서 집필을 시작하려고 한다. 전쟁중에 대부분의 자료를 잃어버려서 남은 것이 거의 없다. 하지만 새로운 것을 발견했다.

언젠가 내게 거창하고 위대한 계획이 있노라고 말한 적이 있다. 이제는 그 계획이 무엇이고 목표는 어떤 것인지 밝힐 때가 온 것 같다. 맨처음 계획이 떠올랐던 순간에 적어둔 글이 우연치 않게 남아 있었다. '1731년 5월 9일 역사에 관한 책을 읽고 느낀 점'을 적은 것이다.

- 전쟁과 혁명 같은 거사는 당파에 영향을 받고 수행된다.
- 이러한 당파들의 목표는 현재 당면한 일반적 이익이나 그들이 옳다고 여기는 것들이다.
- 당파마다 서로 다른 목표를 가지면서 모든 혼란이 야기된다.

- 하나의 당파가 특정한 계획을 수행하는 동안에도 당원들은 제각기 자신의 개인적 이익을 추구한다.

- 당파가 특정한 목표를 달성하고 나면 당원들은 자신의 이익을 찾기 위해 혈안이 된다. 또한 다른 당원들을 배격하고 결국 당을 분열시켜서 엄청난 혼란이 야기된다.

- 겉으로 보기에는 잘 모르지만 공사에 임하는 사람 중에서 순수하게 국익만을 위하는 사람은 거의 없다. 만약 그 행동이 국가에 이익을 주었다고 해도 자신의 이익과 국가의 이익이 일치했기 때문이지 박애주의 원칙에 따라서 행동한 것은 아니다.

- 인류의 안녕을 위해서 공무를 수행하는 사람은 그보다 적다.

- 이제 전 세계의 선량하고 덕망 있는 사람들을 중심으로 덕을 수행하는 단체를 만들 때가 되었다. 지혜롭고 적절한 규칙을 만든다면 그들은 보통 사람들이 보통의 법을 따르는 것 이상으로 철저하게 규칙을 준수할 것이다.

- 이러한 계획을 올바르게 세우고 노력할 자격을 갖춘 자는 하나님을 기쁘게 만들 것이며 반드시 성공할 것이다.

혹시 나중에라도 시간적 여유가 생기면 반드시 계획에 착수할 생각으로 틈이 날 때마다 머릿속에 떠오르는 생각들을 메모해두었다. 대부분이 유실되었지만 전체적인 요점을 정리해둔 메모는 아직까지 남아 있다. 모든 종파들의 본질을 담고 있으며, 행여 특정 종파의 신도들이 꺼릴 것 같은 내용은 완전히 배제했다.

- 하나님은 유일하며 만물을 창조하셨다.
- 이 세상은 그분의 섭리에 따라서 돌아간다.
- 우리는 마땅히 그분에 대한 기도와 감사, 그리고 존경을 담아 예배를 드려야 한다.
- 그분께서 가장 좋아하시는 것은 바로 사람들에게 덕을 베풀고 봉사하는 것이다.
- 영혼은 절대 사라지지 않는다.
- 하나님은 이승에서든 저승에서든 덕을 베푼 사람에게는 은혜를 베풀고, 악을 행한 자에게는 벌을 내릴 것이다.

당시 나의 생각은 이랬다. 첫째, 이 단체는 젊은 독신의 남성들 사이에서 시작되고 보급해나가야 한다. 둘째, 입회를 위해서는 위의 행동강령에 동의한다고 선서하고, 앞서 언급했던 덕목들을 13주 동안 실천하며 자신을 점검해보아야 한다. 셋째, 혹시 자격 미달인 사람들이 입회를 하겠다며 소란을 피울 수도 있기에 어느 정도 규모가 될 때까지는 이를 비밀에 부쳐야 한다. 다만 주변 사람들 중에서 마음씨 좋고 영리한 젊은이들을 물색해 우리 계획을 점진적으로 알린다. 넷째, 회원들은 다른 회원의 일과 삶, 그리고 취미를 더욱 증진하기 위해서 충고와 후원, 협조를 아끼지 말아야 한다. 다섯째, 이러한 의미에서 이 단체의 명칭을 '자유인 협회'라고 칭한다. 여기서 말하는 '자유'는 스스로 덕을 실천하고 습관화해서 악덕에서 완전히 벗어난 상태를 뜻한다. 특히 근면과 절약을 몸소 실천함으로써 스스로를 옭아매고 채권자의 노예가 되도록 하는 빚에서 완전히 벗어나는 것을 의미한다.

당시 계획에 대해서 기억하고 있는 것은 이 정도이다. 언젠가 두 청년에게 나의 계획을 이야기했더니 열렬한 반응을 보였다. 하지만 일도 바쁘고 먹고 사는 일이 급해서 더는 계획을 진전시킬 수 없었다. 그 뒤로도 공적인 업무와 사적인 일 때문에 계속 연기하다 보니 이제는 이 계획을 실행에 옮기는 데 필요한 기력이나 체력도 방전되고 말았다. 하지만 당시에 이 계획이 실행되었더라면 매우 유용하고 실용적이었을 거라고 생각한다. 결과적으로 선량한 시민들을 많이 배출해냈을 테니 말이다. 어느 정도 실력을 갖춘 사람이 쓸데없는 잡무에 휘둘리지 않고 자신이 생각한 계획만을 연구하고 전념한다면 반드시 엄청난 변화를 이끌어내고 이를 완벽히 수행할 수 있을 것이다.

10

'가난한 리처드의
달력'을 만들다

다양한 금언들을 담은 획기적인 달력

당시에 기억나는 몇몇 사람들

여러 외국어 공부를 본격적으로 시작하다

더욱 발전적으로 전토 클럽을 변화시키다

주 의회 서기로 공직 생활을 시작하다

Benj

벤저민 프랭클린 자서전

다양한 금언들을 담은
획기적인 달력

　1732년, 나는 리처드 손더스라는 이름으로 처음 달력을 발행했다. 그 후로 25년 동안 계속 발행된 이 달력을 사람들은 '가난한 리처드의 달력'이라고 불렀다. 나는 재미있고 유용한 달력을 만들려고 애썼고, 덕분에 판매 부수도 엄청나게 늘어 1만 부 정도를 찍어서 상당한 수입을 올렸다. 이 달력이 없는 집을 찾아보기가 힘들 정도가 되자 책을 거의 사보지 않는 사람들에게 달력을 이용해서 교훈을 줄 수 있겠다는 생각이 들었다. 그래서 특정한 날을 표시해둔 곳 사이에 다양한 격언들을 집어넣었다. 대부분 근면과 절약이 부에 이르는 길이며 미덕을 얻게 해준다는 내용이었다. 가령 "속이 빈 자루는 똑바로 세울 수 없다."와 같은 금언을 통해 궁핍한 삶을 살다 보면 정직하게 사는 것이 힘들다는 의미를 전달하고자 했다.

달력에 새겨진 금언들은 국가와 세대를 초월하는 다양한 지혜를 담고 있었다. 나는 다양한 금언들을 하나로 엮어 어느 지혜로운 노인이 경매장에 모인 사람들에게 설교를 하는 방식으로 만들었다. 그리고 1757년 달력 맨 앞에 이를 실었다. 사방에 흩어져 있던 교훈들을 한데 모아놓고 보니, 더 강한 인상을 느낄 수 있었다. 마침내 '가난한 리처드의 달력'은 전 세계적인 인기를 끌게 되었다. 미 대륙의 신문사마다 그 달력이 복사되어 실렸을 뿐 아니라 영국에서는 커다란 종이에 달력을 인쇄해 집집마다 벽에 붙였다. 뿐만 아니라 프랑스에서는 2가지 번역본을 만들어 상류사회 인사들과 종교인들이 이를 대량으로 구입해서 교구민이나 소작농들에게 무료로 나누어주기도 했다. 펜실베이니아 주에서는 달력이 출간된 이후로 수년 동안 화폐량이 눈에 띄게 증가했고, 사람들은 그 현상을 달력의 영향이라고 생각했다. 달력에 외국의 사치품을 사기 위해서 불필요한 지출을 하지 말아야 한다는 내용이 실려 있었기 때문이다.

나는 신문을 통해서도 다양한 교훈을 전달할 수 있을 거라고 생각했다. 그래서 〈스펙테이터〉나 혹은 여러 금언들을 담고 있는 작가들의 글을 발췌해서 간간이 신문에 실었다. 때로는 내가 전토 클럽 회원들에게 알리려고 준비해두었던 짤막한 글도 실었다. 그 중에는 소크라테스식 문답법 형식의 글도 있었다. 아무리 능력이 좋다고 해도 덕을 실천하지 않으면 분별 있는 사람이 아니라는 것을 증명하는 글이었다. 또한 자기를 극복하는 것에 대한 글도 하나 있었다. 이는 미덕을 완전히 내 것으로 만들어서 그와 반대되는 성향에 완전히 영향을 받지 않을 정도가 되어야만 덕을 확신할 수 있다는 글이었다. 당시 글들을 1735년 초기에 발행된 신문에서 찾아볼 수 있을 것이다.

나는 가능한 남을 모략하거나 인신공격하는 글을 신문에 싣지 않으려고 주의를 기울였다. 참으로 안타깝게도 요즘 들어 비방과 인신공격을 퍼붓는 글들을 자주 볼 수 있는데 이는 국가적인 수치라고 생각한다. 나 역시 그런 글들을 신문에 게재해달라는 요청을 수차례 받은 적이 있었다. 그 사람들은 표현의 자유를 앞세우며 신문은 돈만 내면 탈 수 있는 마차와 같은 것이라고 주장했다. 하지만 내 대답은 언제나 똑같았다.

"본인이 원하신다면 따로 인쇄해 드리겠습니다. 하지만 직접 인쇄본을 배부하시지요. 저는 남을 헐뜯는 일에는 끼어들고 싶지 않습니다. 우리 신문을 구독하는 분들에게 즐겁고 유용한 기사를 제공하겠다고 약속했기 때문에 독자와 무관한 내용의 사사로운 논쟁을 신문에 담을 수는 없습니다."

요즘 인쇄업자들은 고결한 인격 따위는 어디 던져버린 듯하다. 사적인 원한을 해소하기 위해서 고결한 인격을 가진 자들을 헐뜯는가 하면 괜한 적개심을 불러일으켜 치열한 결투를 야기하기도 한다. 그보다 더 심각한 것은 우리 주와 가까이 있는 정부를 향한 독설까지 겁 없이 찍어댄다는 것이다. 심지어 우리와 둘도 없이 가까운 동맹국까지 공격한다. 그들의 경솔한 행동은 자칫 치명적인 결과를 불러올 수도 있다. 내가 이런 점을 꼬집어 말하는 것은 인쇄업에 종사하는 젊은 친구들에게 경각심을 불러일으키기 위해서다. 부디 수치스러운 일을 감행해 신문을 더럽히지 말라. 자신의 업을 욕되게 하지 말고, 정도에 어긋나는 글을 실어달라는 제안은 단호히 거부하기를 바란다.

당시에 기억나는 몇몇 사람들

1733년, 우리 인쇄소에서 일하던 직공 한 명을 사우스캐롤라이나의 찰스턴으로 보냈다. 그 지역은 인쇄 기술자가 현저히 부족한 형편이었기 때문이다. 나는 그 인쇄공과 동업을 한다는 조건하에 인쇄기와 활자판을 공급했고, 총 경비의 1/3을 대는 조건으로 수익의 1/3을 받기로 했다. 그는 지식도 풍부하고 정직한 편이었지만 셈이 흐린 편이었다. 가끔씩 수익금을 송금해오기는 했지만 그가 세상을 떠날 때까지 단 한 번도 결산 보고서를 받아보지 못했다.

그가 죽은 후에는 미망인이 된 아내가 인쇄소를 맡았다. 그녀는 네덜란드에서 태어나고 자란 사람이었다. 네덜란드에서는 여성들에게도 회계 교육을 철저히 가르친다고 한다. 그 부인은 예전의 거래내역을 찾아내서 정확한 보고서를 만들어 보냈고, 분기별로 착실하고 정확한 회계보고서를 작성했다. 덕분에 사업은 크게 성공했고 자녀들도 훌륭히 교육시켰을 뿐만 아니라 동업계약이 만료되자 인쇄소의 소유권을 넘겨받아 아들에게 물려주기까지 했다.

군이 이런 이야기를 꺼낸 것은 우리나라의 젊은 여성들도 회계 교육을 받아야 한다는 점을 피력하기 위해서다. 만약 남편이 먼저 세상을 떠나더라도 음악이나 무용을 잘하는 것보다 회계를 공부한 것이 본인과 자녀들에게 큰 도움이 될 것이다. 그러면 간교한 사기꾼의 먹잇감이 될 일도 없을 테고, 어느 정도 이익을 얻을 수 있는 장사를 꾸리고 기존의 거래처를 유지하는 데도 도움이 될 것이다. 자녀들이 성장하고 난 후에 이를 물려주어도 될 일이다. 결국에는 한 가족이 대대로 번창할 수 있는 기반을 만들 수 있다.

1734년 아일랜드에서 헴필이라는 젊은 장로교파 목사가 이주해왔다. 매우 듣기 좋은 목소리를 가진 이로 즉석연설도 멋들어지게 해서 다른 종파의 신도들까지 모여들 만큼 큰 인기를 끌었다. 나 역시 그의 설교에 매료되어 자주 교회를 찾았다. 그는 종교 교리를 주장하기보다는 덕의 실천과 종교적인 범주 안에서 선행으로 간주되는 것들을 강조했기 때문에 아주 마음에 들었다.

그런데 정통 장로교를 주창하는 이들이 그의 논리를 반박하고 나섰고, 나이 든 목사들도 이에 동조하기 시작했다. 결국 젊은 목사를 종교 회의에 회부해 이단자로 고발하기에 이르렀다. 나는 그의 열렬한 지지자로서 그를 위해 싸웠고, 온 힘을 다해서 옹호파를 만들었다. 얼마 동안 싸움이 이어졌고 어느 정도 승산이 있었다. 그렇게 찬반론이 극에 달했지만, 안타깝게도 젊은 목사는 설교에 비해 글 솜씨가 형편없었다. 그래서 그를 위해 소논문을 2~3개 정도 써서 1735년 4월호 〈가제트〉

에 게재했다.

그러던 중에 젊은 목사를 불리하게 만드는 커다란 사건이 일어났다. 목사를 반대하는 무리 중 하나가 그의 설교를 어디에선가 들었다고 주장한 것이다. 조사를 해보니, 설교의 일부분이 영국의 평론지 〈브리티시 리뷰스〉에 실린 포스터 박사의 글에서 인용되었다는 사실이 밝혀졌다. 이 일로 목사를 옹호하던 무리 대부분이 실망해 떠나버렸고, 우리는 종교회의에서 무참히 패배했다. 하지만 나는 끝까지 목사를 지지했다. 다른 목사들처럼 형편없는 설교문을 쓰기보다는 남의 설교를 베끼더라도 신도들에게 좋은 글을 들려주는 편이 낫다고 생각했기 때문이다.

젊은 목사는 지금까지의 설교는 전부 남의 것을 베낀 것이라고 털어놓았다. 워낙 기억력이 좋아서 어떤 글이든 한 번만 읽으면 토씨 하나 틀리지 않고 그대로 외울 수 있다는 것이었다. 어쨌거나 이단자로 몰린 이상, 그 목사는 더 나은 운을 찾기 위해 떠날 수밖에 없었다. 나는 그 뒤로 교회에 나가지 않았다. 하지만 목사들을 후원하기 위해서 여러 해 동안 헌금은 빠트리지 않았다.

여러 외국어 공부를
본격적으로 시작하다

1733년부터 본격적으로 외국어 공부를 시작했다. 독학으로 프랑스어를 익혀서 책도 마음대로 읽을 수 있게 되었다. 그리고 이탈리아어에

도전했는데 함께 공부를 하던 친구 하나가 체스를 배워보는 것이 어떻겠느냐고 자꾸 권하는 것이었다. 하지만 체스를 배우는 데 워낙 시간을 많이 빼앗겨서 공부할 시간이 없어지자 나는 한 가지 조건을 제시했다. 체스를 둬서 이기는 사람이 지는 쪽에 하나씩 과제를 부과하자는 것이었다. 가령 문법을 하나 완전히 익히거나 번역해오도록 하고, 다음 번 이탈리어 공부를 하기 전까지 자기 이름을 걸고 반드시 약속을 지키기로 했다. 이 조건에 찬성하지 않으면 체스를 두지 않겠다고 선언했다. 사실 둘 다 체스 실력이 비슷했기 때문에 게임도 즐기고 공부도 하는 일석이조의 효과인 셈이었다. 그다음으로 나는 다소 고전한 끝에 스페인어까지 공부를 마쳤고, 자유롭게 책을 읽을 정도까지 실력을 쌓았다.

전에도 말했다시피, 나는 어릴 적에 라틴어 학교를 1년 정도밖에 다니지 않았기 때문에 라틴어를 거의 잊어버렸다. 그런데 프랑스어와 이탈리아어, 그리고 스페인어 공부를 마치고 우연히 라틴어로 된 성경을 다시 들쳐보니 놀랍게도 술술 글이 읽히는 것이었다. 나는 다시 용기를 얻어 라틴어 공부를 시작했고, 다른 언어들처럼 별 무리 없이 라틴어를 독학으로 마칠 수 있었다.

여러 가지 외국어를 독학하면서 우리가 배우는 언어 교육에 모순이 있다는 생각이 들었다. 흔히 라틴어를 제일 먼저 배우고, 그다음 라틴어에서 파생된 다른 언어들을 배우는 것이 규칙처럼 되어 있다. 하지만 라틴어를 쉽게 익히기 위해서 그리스어를 배울 생각은 하지 않는다. 제대로 계단을 오르지 않고 꼭대기까지 엉금엉금 기어갈 수 있다면 훨씬 수월하게 내려올 수 있다. 하지만 제일 밑에 있는 계단부터 천천히 올라간다면 그보다 더 쉽게 꼭대기까지 오를 수 있을 것이다.

나는 우리 학생들의 교육을 맡고 있는 분들에게 이런 제안을 하고 싶다. 제일 먼저 라틴어를 배우기 시작한 학생들은 몇 년 동안 고전하다가 결국 제대로 익히지도 못한 상태로 포기해버리기 십상이다. 결국 그동안 배운 것도 써먹지 못하고 시간만 허비한 셈이 되는 것이다. 그렇게 실패하느니 프랑스어부터 시작해서 이탈리아어, 라틴어로 이어나가는 것이 어떨까 싶다. 그렇게 하면 라틴어를 완벽하게 익히지는 못하더라도 현대에 자주 사용되고 실생활에 보다 도움이 되는 언어를 한두 가지 정도는 익힐 수 있을 것이다.

더욱 발전적으로
전토 클럽을 변화시키다

보스턴을 떠난 지도 어느덧 십년 가까이 되었고 이제는 먹고사는 걱정도 없어졌다. 이참에 보스턴에 가서 가족들을 만나고 오기로 결심했다. 그전까지는 시간적인 여유가 없었다. 돌아오는 길에 뉴포트에 사는 형의 집에도 들렀다. 형은 그곳에서 인쇄소를 경영하고 있었는데 예전의 묵은 감정은 눈 녹듯 사라져버렸고 우리는 형제 간의 우애를 다시금 확인하며 따뜻하게 재회했다.

형은 하루가 다르게 건강이 쇠약해지고 있었다. 내게 부탁하기를 자신이 죽고 나면 이제 10살이 된 조카를 데려다가 인쇄업을 가르쳐달라고 했다. 나는 형의 부탁대로 조카를 데려다가 몇 년 동안 학교에 보낸 후 인쇄 기술을 가르쳤다. 그리고 조카가 어느 정도 나이가 찬 후에는 새 활자판을 마련해주고 독립할 수 있도록 도왔다. 형이 쓰던 활자판이 너무 낡기도 했지만, 예전에 형에게 갚지 못했던 빚을 조카에게 대신 갚은 셈이었다.

1736년 나는 4살 된 아들을 천연두로 잃었다. 미리 예방접종을 해주지 않았던 것이 오래도록 가슴에 한으로 남았다. 지금도 그때 생각을 하면 가슴이 아프다. 예방접종 때문에 혹시 아이가 잘못되면 어쩌나 걱정하는 부모들에게 나는 "어느 쪽이든 후회가 남는다면 조금이라도 안전한 쪽을 택하는 편이 낫다."라고 말해주고 싶다.

우리 전토 클럽은 대단히 유익한 모임으로 회원들 모두가 만족했다. 그 중에는 주변 친구들을 클럽에 가입시키고 싶다는 사람도 있었다. 하지만 그렇게 되면 가장 적절한 인원으로 생각했던 12명을 초과하게 될 것이다. 애초에 우리는 비밀 모임으로 전토 클럽을 만들었는데, 이를 비밀로 한 가장 큰 이유는 거절하기 곤란한 사람이 입회를 청하는 일이 생기지 않을까 싶은 걱정 때문이었다.

나는 더이상의 회원을 받는 것에 반대하는 쪽이었다. 대신 다음과 같은 제안을 했다. 전토 클럽과 동일한 회칙을 적용해 새로운 클럽들을 따로 만들되 새로운 회원에게는 전토 클럽의 존재를 비밀에 부치자는 것이었다. 그로 인해 우리가 얻을 수 있는 이점은 다음과 같다. 일단 새로운 모임들을 만들어 많은 청년들의 자질을 향상시킬 수 있고, 어떤 문제에 대한 다양한 시각을 접할 수 있으며, 전토 클럽의 기존 회원들은 새로운 모임에서 통과된 안건들을 기존 회원들에게 공지하는 방식으로 진행한다면 훨씬 발전할 수 있을 거라는 점이었다. 이로써 회원들이 서로를 이끌어주면서 각자 종사하는 분야에서도 커다란 이익을 취할 수 있을 것이며, 다양한 모임을 통해 전토 클럽의 취지를 널리 알릴 수도 있을 터였다. 결과적으로 공적인 업무를 진행하는 데 있어 우리 전토 클럽 회원들의 영향력이 극대화될 것이고, 좋은 일을 실천하는 데 있어서도 대단한 힘을 발휘할 수 있을 것이다.

마침내 나의 제안은 회원들의 동의를 얻어 통과되었다. 기존의 전토 클럽 회원들은 각자 필요한 모임을 만드는 일에 착수했다. 물론 전부 성공한 것은 아니다. 그 중에서 5~6가지 모임만이 성공적으로 창설되었으며 '바인' '유니언' '밴드' 등의 이름으로 불렸다. 새로운 모임들은 나름 유익했고 큰 즐거움과 유용한 정보, 그리고 교훈을 얻을 수 있게 해주었다. 어떠한 시사적 문제에 대해서 국민들의 여론을 모아야 할 때도 커다란 영향력을 발휘했다. 구체적인 예에 대해서는 천천히 설명하도록 하겠다.

주 의회의 서기로
공직 생활을 시작하다

내가 처음 공직 생활을 시작한 것은 1736년에 주 의회의 서기로 선출되면서였다. 첫해만 해도 나를 반대하는 사람은 하나도 없었다. 임기가 1년이라 다음 해에 서기 후보로 선출되었을 때는 새로 선출된 의원 하나가 다른 후보를 옹호하기 위해서 나를 반대하는 긴 연설을 했다. 하지만 나는 다시 한 번 서기관의 자리에 올랐다. 주 의회 서기관으로 재직하면서 의원들과 친분도 쌓을 수 있었고 투표용지와 법조문, 지폐와 공문서 등의 인쇄 일도 끊이지 않았으니 나로서는 기분 좋은 일이었고 무엇하나 해로울 것이 없었다.

물론 신참 의원의 반대 연설이 내내 마음에 걸렸던 것은 사실이다. 그는 재산도 많고, 교양도 갖췄으며, 재능까지 뛰어나서 얼마 후면 주 의회에서 엄청난 영향력을 행사할 만한 인재였다. 나의 예상은 그대로 적중했지만 아첨이나 하면서 비위를 맞추고 싶지는 않았다. 나는 조금 다른 방법으로 그에게 접근해보기로 했다. 그 신참 의원의 서재에 아주 희귀한 책이 있다는 소문을 듣고, 며칠만 빌려줄 수 없겠느냐고 편지를 보낸 것이다. 그는 곧바로 책을 빌려주었고, 그로부터 일주일 후 나는 책을 빌려준 것에 감사하는 편지를 써서 함께 보냈다. 다음 의회가 열리자 그는 먼저 나에게 다가와 정중하게 인사를 건넸다.

그 후로는 모든 면에서 나를 기꺼이 지지해주는 후원자가 되었고, 우리 두 사람의 우정은 그가 먼저 세상을 떠날 때까지 계속되었다. 이는 "내가 친절하게 대해준 사람보다 나에게 한 번이라도 친절을 베풀었던 사람이 또다시 친절을 베풀게 마련이다."라는 옛말이 그르지 않다는 사실을 보여주는 사례이다. 누군가 나에게 적대적으로 굴었다고 해서 어떻게 보복할까 생각하기보다는 오히려 갈등을 풀어나가기 위해 고민하는 편이 내게 이로운 법이다.

1737년, 버지니아 주지사로 세상을 떠난 스포츠우드 대령은 당시 체신장관으로 재직하고 있었다. 그는 필라델피아 우체국장을 맡고 있던 브래드퍼드가 평소 근무를 태만히 하고 회계보고를 정확히 하지 못한 점을 이유로 그를 해고했고 나를 대신 그 자리에 앉혔다. 나는 기꺼이 그분의 제안에 응했고 덕분에 큰 이익을 보았다. 보수는 얼마 되지 않았지만 우체국장으로 있으면서 통신이 수월해졌고, 신문의 내용이 훨씬 발전해서 구독자 수도 대폭 늘어났기 때문이다.

구독자 수가 늘자 광고 문의도 부쩍 늘어서 높은 수익을 올릴 수 있었다. 우리와 경쟁하던 신문사는 점차 쇠퇴해갔다. 브래드퍼드가 우체국장으로 재임하던 시절에는 우리 신문을 배달하지 못하도록 방해공작을 피웠지만 나는 아무런 제지도 하지 않았다. 결국 브래드퍼드는 제대로 회계 관리를 하지 못한 대가를 톡톡히 치른 셈이다.

혹시 고용주 밑에서 일을 하게 될 젊은이들이 있다면 반드시 내 말을 새겨듣기 바란다. 항상 회계보고와 송금을 철저히 하고, 정해진 기한을 지켜야 한다. 계산이 정확하다는 평판은 나중에 새로운 일자리를 얻거나 사업을 확장하는 경우에 가장 강력한 추천장의 역할을 할 것이다.

11

공적인 업무를
시작하다

협력 체제를 갖춘 소방대를 조직하다

화이트필드 목사와의 특별했던 관계

누구와 동업을 해도 언제나 원만히 경영되다

협력 체제를 갖춘
소방대를 조직하다

　1737년 무렵부터 나는 조금씩 공적인 문제에 눈을 돌리기 시작했다. 내가 처음 고민했던 것은 바로 우리 시의 야경(야간경비) 문제였다. 각 구역의 경관들이 교대로 야경을 돌았는데 그날 당번을 맡은 경관이 자신과 함께 야경을 돌 세대주를 지목하는 식이었다.

　야경을 돌기 싫은 사람들은 일 년에 6실링만 내면 면제를 받을 수 있었다. 원칙상으로는 그 돈으로 야경을 설 사람들을 고용하기로 되어 있었다. 하지만 그 돈은 사람을 쓰고도 남을 정도로 많아서 남은 돈이 경관들의 뒷주머니로 들어가고 있는 형편이었다. 경관들은 그 돈으로 동네 불량배들에게 술값을 주고 대신 야경을 시켰다. 하지만 평범한 시민들 입장에서 불량배들과 야경을 도는 것이 내킬 리가 없었다. 더구나 그런 사람들은 야경을 게을리하고 술을 퍼마시며 밤을 새우기 일쑤였다.

나는 전토 클럽에서 이 문제를 토론하기 위해 현재 야경 문제에 대해 글을 썼다. 특히 야경을 빠지는 대신 경관에게 내는 6실링이라는 액수가 형평성에 어긋난다는 점을 강조했다. 총 재산이 고작 50파운드밖에 되지 않는 가난한 미망인도, 수천 파운드의 물건을 쌓아놓고 사는 부유한 상인과 똑같은 액수를 납부하고 있는 실정이었기 때문이다. 그래서 이에 대한 효율적인 대안을 제시했다. 전문적으로 야경을 할 만한 사람들을 고용해서 그 임무를 맡기고, 비용을 충당하기 위해 재산에 비례해서 세금을 부과하는 방안을 제안했다.

그 제안은 전토 클럽에서 찬성표를 얻었고 여타 부속 모임에까지 알려졌지만 소모임에서 발의한 의견으로 했다. 물론 나의 제안이 즉각적으로 시행되지는 않았지만 야경에 관련된 문제가 시정되어야 한다는 의식을 널리 알리는 데는 도움이 되었다. 그리고 이를 발판으로 몇 년이 지나서 전토 클럽의 회원들이 더욱 큰 영향력을 얻은 후에 정식 법안으로 발의되고 통과되었다.

그즈음 나는 논문 한 편을 썼다. 내용은 주택 화재의 원인이 되는 갖가지 요인과 부주의한 태도, 그리고 화재에 대한 경각심을 일으키고 이를 사전에 방지하기 위한 여러 가지 방안들에 대한 것이었다. 논문은 유익하다는 평가를 받았고 이를 구체화하기 위한 계획이 세워졌다. 화재가 발생할 경우 즉시 화재를 진화하기 위해 출동하고, 위험한 상황에서 주택 내부의 물건들을 안전하게 운반할 수 있는 협력 체제를 갖춘 소방대를 조직하는 것이었다.

소방대원을 모집하는 광고가 나가자 30명에 가까운 지원자들이 모여들었다. 정해진 규칙에 따라서 소방대원들은 화재가 발생할 경우 언제라도 사용할 수 있도록 일정한 개수의 물통과 튼튼한 자루, 그리고 물건을 실어 나를 수 있는 바구니를 항상 상비하도록 했다. 또한 한 달에 한 번씩 저녁 모임을 갖고, 화재가 발생할 경우 효과적인 대처법에 대해서 각자 의견을 교환하기로 했다.

소방대의 효용성은 곧바로 빛을 발했고 가입을 원하는 수가 점차 불어났다. 소방대 하나로는 부족했기 때문에 새로운 소방대를 구성하기로 했다. 그런 식으로 소방대가 하나둘 늘어났고, 재산이 꽤나 있는 주민들 대부분이 소방대원으로 가입했다. 가장 먼저 만든 유니언 소방대의 경우 벌써 50년이라는 세월이 흘렀지만 여전히 건재하게 활동을 계속하고 있다.

초기 회원들은 현재 대부분 세상을 떠났고, 나와 나보다 한 살 더 많은 회원 한 명만 남았다. 한 달에 한 번 모임에 불참하는 경우에는 일정 액수의 벌금을 냈고, 그 돈으로 소방펌프와 사다리, 소방 기구 등 각 소방대에 반드시 필요한 물품을 구입하는 데 사용했다. 전 세계를 통틀어 우리 도시보다 더 화재를 빠르게 진압하는 도시가 있을까? 실제로 소방대가 생긴 후, 필라델피아에서 화재로 인해 두 집 이상 전소되는 경우는 한 번도 없었다. 보통은 불길이 시작된 집이 반쯤 타기도 전에 완전히 진화될 정도로 철저한 소방 체계를 자랑했다.

화이트필드 목사와의
특별했던 관계

1739년 아일랜드에서 화이트필드라는 목사가 도착했다. 그는 아일랜드의 순회 목사로 명성이 높았다. 처음 필라델피아에 도착했을 때는 몇 군데의 교회를 돌면서 설교도 했는데, 나중에는 그를 싫어하는 목사들이 늘어나는 바람에 교회가 아닌 야외에서 설교를 해야만 했다. 그의 설교를 듣기 위해서 각 종파의 신도들이 모여들었고 나 역시 그 중 한 사람이었다. 화이트필드 목사는 군중을 향해 "당신들은 날 때부터 반은 짐승이고 반은 악마였다."라고 독설을 퍼부었지만, 어찌된 조화인지 모두들 그의 설교에 빠져들어 그를 칭송하고 찬양했다. 나 역시 놀라지 않을 수 없었다. 그전까지만 해도 종교에 대해 별 생각이 없거나 무관심했던 사람들조차 이제는 온 세상이 종교로 가득 찬 것처럼 변해가는 모습을 보면서 놀라움을 금치 못했다. 그도 그럴 것이 밤마다 시내를 걷다보면 집집마다 찬송가 소리가 들릴 정도로 열기가 뜨거웠던 것이다.

유일한 문제가 있다면 바로 짓궂은 날씨였다. 결국에는 예배당을 새로 짓자는 의견이 나왔고 기부금을 담당할 사람이 뽑혔다. 얼마 후 길이 100피트에 폭이 70피트가량 되는 부지를 매입하고 예배당을 건축할 만큼의 돈이 모였다. 웨스트민스터 사원의 강당만큼 커다란 건물을 짓고도 남을 금액이었다. 작업은 거침없이 진행되었고 예상보다 훨씬 짧은 시간 내에 예배당이 들어섰다. 필라델피아 시민들에게 하고 싶은 말이 있을 때, 그리고 어느 종파이건 어떤 사람이건 자유롭게 사용할 수 있도록 예배당과 부지의 소유권은 담당 관리 위원들에게 위탁되었다. 특정한 종파를 위해 건립된 곳이 아니라 필라델피아 시민 모두를 위해 세워진 것이기에 콘스탄티노플의 회교 법전학자가 이슬람교를 전파하기 위해서 설교를 한다고 해도 마음대로 강단에 설 수 있다는 뜻이었다.

화이트필드 목사는 우리 주를 떠난 후에도 식민지 곳곳을 누비며 설교를 했고 이윽고 조지아까지 도착했다. 조지아는 이제 막 정착이 시작된 곳으로 개척 사업을 위해 부지런하고 힘이 센 일꾼들이 필요했다. 그런데 정작 조지아를 찾은 사람들은 사업이 망했거나, 빚 때문에 도망쳤거나, 막 감옥에서 출소한 게으르기 짝이 없는 사람들이 태반이었다. 그런 사람들을 조지아의 숲 속에 던져놓았으니 결과야 불을 보듯 뻔한 일이었다. 새롭게 땅을 개척해야 하는 고된 작업을 견디지 못해 수많은 사람들이 목숨을 잃었고, 결국 아이들마저 부모를 잃고 방치되었다.

자애로운 화이트필드 목사는 조지아의 비참한 상황을 직접 눈으로 목격한 후, 그곳에 고아원을 세워서 홀로 남겨진 아이들을 책임지고 돌보며 공부시켜야겠다고 결심했다. 그는 다시 북부 지역으로 돌아왔고, 고아가 된 아이들을 구제해야 한다는 내용의 간절한 설교를 전파했다. 그의 감동적인 설교는 불가사의한 힘을 발휘하며 사람들의 가슴을 울렸고, 너나할 것 없이 마음과 지갑을 활짝 열었다. 나 역시 그 중 한 사람이었다.

나는 화이트필드 목사의 계획에는 찬성이었지만 조금 다른 계획을 가지고 있었다. 당시만 해도 조지아에는 건축 자재도 충분치 않았고 기술자도 부족했다. 때문에 비싼 경비를 들여 건축재와 인건비를 쓰는 대신 고아가 된 아이들을 필라델피아로 데려와서 이곳에 고아원을 짓는 것이 낫겠다고 생각했다. 나는 그러한 내용을 목사에게 전했지만 그는 끝까지 고집을 굽히지 않으며 자신의 계획을 밀고 나갔고, 결국 나는 기부금을 내지 않았다.

그 후에 우연히 화이트필드 목사의 설교를 들을 기회가 생겼다. 분명 설교가 끝나고 나면 기부금을 모을 거라는 것을 알고 있었지만 한 푼도 내지 않겠다고 다짐했다. 그때 내 주머니 속에는 동전 한 주먹과 스페인 달러 은화 몇 개, 그리고 금화 다섯 닢이 있었다. 하지만 그의 설교를 들으면서 어느새 마음이 누그러져 동전 몇 개는 내야지 싶은 생각이 드는 것이었다. 그러다 그의 설교를 듣다보니 조금 부끄러운 마음이 들어서 은화까지도 내놓겠노라 다짐했다. 그런데 설교가 어찌나 멋있게 마무리되었던지 결국에는 주머니를 탈탈 털어서 가진 돈을 전부 기부해버리고 말았다.

그 자리에는 전토 클럽의 회원 한 명도 있었다. 그 역시 조지아에 고아원을 짓는 계획에 반대했기 때문에 일부러 주머니를 비우고 설교를 들으러 왔다. 하지만 설교가 끝날 무렵이 되자 얼마라도 헌금을 해야겠다는 생각이 들어서 주변에 있던 지인에게 돈을 빌려달라고 부탁했다. 그런데 하필이면 그 상대가 수많은 군중 중에서 목사의 설교에 유일하게 흔들리지 않은 사람이었다. 그는 이렇게 말했다.

"이보게, 홉킨슨. 다른 때라면 언제라도, 얼마라도 빌려주겠네. 하지만 지금은 안 되겠어. 내가 보기에 자네 지금 제정신이 아닌 것 같아서 말이야."

화이트필드 목사를 적대시하는 무리 중에는 그가 기부금을 중간에서 가로채 개인적으로 유용할 거라고 떠들어 대는 사람들도 있었다. 하지만 화이트필드 목사가 설교집이나 잡지 같은 것을 개인적으로 인쇄소에 맡겼을 때 가까이서 지켜본 입장에서 그의 청렴결백함을 의심할 여지가 없었다. 지금도 나는 화이트필드 목사가 정직하게 행동했을 거라고 굳게 믿고 있다. 목사는 내가 진심으로 종교에 귀의할 수 있도록 몇 번이나 기도를 드렸지만 하나님이 그의 기도를 듣지 못한 것인지 별다른 변화는 일어나지 않았다. 우리는 그저 서로에 대해 호감을 가진 우호적 관계였을 뿐이다. 그렇게 우리의 우정은 죽을 때까지 계속 이어졌다.

나와 화이트필드 목사의 관계가 어땠는지 한 번에 설명할 수 있는 일화가 있다. 언젠가 영국에 갔다가 보스턴으로 돌아온 목사가 내게 편지 한 통을 보냈다. 얼마 후 필라델피아로 갈 계획인데 그의 오랜 벗인 베너젯 씨가 저먼타운으로 이사를 가는 바람에 딱히 묵을 곳이 없다는 내용이었다. 나는 이렇게 답장을 보냈다.

"저희 집이 어딘지 알고 계신가요? 비록 누추하지만 목사님이 오신다면 언제든 환영입니다."

화이트필드 목사의 대답은 이러했다.

"하나님을 위해 이렇게 훌륭한 봉사를 하시다니, 반드시 축복을 받으실 겁니다."

나는 이렇게 답했다.

"오해하지 마시길 바랍니다. 저는 하나님이 아니라 당신을 위해서 이러는 겁니다."

그리고 농담 삼아 이렇게 덧붙였다.

"보통 성직자들은 남들에게 도움을 받으면 그 마음의 짐을 벗으려고 하나님께 돌리는데, 제 덕에 목사님은 그 마음의 짐을 땅에 묶어두시게 되었군요."

마지막으로 화이트필드 목사를 본 것은 런던이었다. 목사는 나에게 고아원 설립과 이를 대학으로 전환하는 계획에 대한 조언을 구했다. 화이트필드 목사는 워낙 목소리가 낭랑하고 큰 데다 단어와 문장을 또박또박 발음하는 편이라 저만치 떨어진 곳에서도 그의 설교를 한마디도 놓치지 않고 들을 수 있을 정도였다. 물론 그의 설교를 들으러 온 구름 떼 같은 청중들이 숨소리도 내지 않고 그의 말에 귀를 기울이는 것도 한몫했다.

언젠가 화이트필드 목사가 시장 거리 한가운데 있는 법원의 계단 꼭대기에서 설교를 한 적이 있었다. 계단 오른쪽과 서쪽의 2번가가 직각으로 교차되는 위치였다. 그의 설교를 듣기 위해서 청중들이 모여들면서 양쪽 도로가 꽉 찼고, 청중들의 행렬이 끝도 없이 이어졌다. 나는 그의 목소리가 어디까지 들리는지 시험해보고 싶은 마음에 길을 따라서 강둑까지 내려가보기로 했다. 프론트 가 부근까지도 화이트필드 목사의 목소리가 똑똑히 들렸다.

내가 걸어온 거리를 반지름으로 삼아 커다랗게 반원을 그린 후, 그 원 안에 청중이 가득 들어차 있다고 가정하면 한 사람이 차지하는 면적을 2피트만 잡아도 3만 명은 그의 설교를 또렷하게 들을 수 있다는 계산이 나왔다. 언젠가 화이트필드 목사가 야외에서 2만 5천 명의 군중을 모아

놓고 설교를 했다는 신문 기사를 이제는 믿을 수 있을 것 같았다. 또한 과거 장군들이 엄청난 규모의 부대를 일사불란하게 호령했다는 옛 이야기도 충분히 수긍할 만했다.

화이트필드 목사의 설교를 워낙 자주 접하다 보니 자주 하는 설교와 그렇지 않은 것을 확실히 구분할 수 있을 정도가 되었다. 몇 번이고 되풀이했던 설교는 그만큼 매끄럽게 진행이 되있다. 억양이나 어조, 강조하는 부분과 목소리의 높낮이가 어디 한 군데 흠잡을 데 없을 정도로 완벽해서 누구라도 그의 설교에 빠져들 정도였다. 이는 훌륭한 연주를 들을 때 느껴지는 희열과도 같았다. 순회 목사가 교회에 상주하는 목사보다 설교에 능할 수밖에 없는 이유도 바로 이런 점이었다. 항상 교회 안에서 설교를 하는 목사들은 다양한 환경에서 연습을 할 기회가 부족하다보니 설교의 기술이 눈에 띄게 향상될 수가 없었다.

화이트필드 목사는 가끔 글을 써서 발표했는데, 그를 적대시하는 무리들의 먹잇감이 되기에 충분했다. 만약 설교중에 부주의한 표현을 사용하거나 잘못된 의견을 말했다고 해도 이는 그다지 큰 문제는 되지 않는다. 어떻게든 해명을 하거나 다른 말을 덧붙이고 부인해버리면 그만이니까. 하지만 활자로 인쇄된 글은 영원한 법이다. 비평가들은 목사의 글을 맹렬히 물어뜯었고, 누가 봐도 타당한 지적이었기에 목사를 지지하는 무리들이 점차 줄어들기 시작했다.

만약 화이트필드 목사가 자신의 글을 출간하지 않았더라면 그를 추종하는 세력이 어마어마하게 불어나서 사후에도 굉장한 명성을 떨칠 수 있었을 것이다. 본인이 남긴 글이 없다면 제아무리 날도 뛰어도 목사의 흠을 잡거나 비난할 수 없었을 테니 말이다. 그러면 목사를 추종하는 세력들은 광신적인 숭배를 할 테고 그와 관련된 온갖 미담을 만들어 이상적인 인물로 꾸며낼 수 있었을 것이다.

누구와 동업을 해도
언제나 원만히 경영되다

내 인쇄소는 점차 성장을 거듭했고 날이 갈수록 형편도 좋아졌다. 한동안 우리 신문이 근방에서 유일한 신문이었기 때문에 엄청난 수입을 올리고 있었다. "처음 100파운드만 잘 모으면, 두 번째 100파운드를 모으는 것은 식은 죽 먹기다."라는 말이 사실이라는 것을 몸소 체험한 것이다. 정말로 돈은 돈을 낳는다.

나는 캐롤라이나 주에 동업으로 인쇄소를 차려서 성공한 것에 용기를 얻어 다른 주에서도 인쇄소를 해보고 싶은 마음이 들었다. 그래서 평소 성실하고 근무 태도가 좋은 인쇄공을 몇 사람 골라서 각기 다른 주에 인쇄소를 차려주고 경영을 맡겼다. 대부분 좋은 성과를 거두었고, 처음 계약한 기간인 6년이 지나고 나서 나에게 활자판을 양도받아 독립할 수 있게 되었다. 그렇게 몇 가족이 새로운 사업으로 기반을 잡을 수 있었다.

보통은 동업을 하게 되면 분쟁으로 흐지부지 끝을 맺기 쉽다. 계약서를 쓸 때는 누구보다 믿고 존중하는 관계이겠지만 긴 시간 함께 일하다

보면 서로를 시기하거나 충돌하는 일이 벌어지게 마련이다. 또 사업을 하다가 번거로운 문제가 생기거나 책임을 져야 할 부분이 생기면 괜히 나만 손해 보는 게 아닌가 싶어 억울해질 수도 있다. 그런 경우 어쩔 수 없이 동업자와 나 사이의 우정은 산산조각이 나고, 송사에 휘말리거나 불미스러운 분쟁으로 끝을 맺기 십상이다.

나는 그 섬에 있어서는 굉장히 운이 좋은 편이었다. 누구와 동업을 해도 언제나 원만하게 경영이 되었고 서로 웃으며 끝을 맺을 수 있었다. 애초에 분쟁이 일어날 소지를 두지 않은 덕분이었다. 나는 동업자와 계약서를 쓸 때부터 각자 해야 할 부분과 서로에게 기대하는 점을 분명하게 명시해두었다. 그러면 소소한 부분에서도 다툴 일이 없어진다. 새롭게 사업을 시작하려는 사람들이 있다면 이 점을 다시 한 번 강조하고 싶다.

12

방위군을
조직하다

사람들의 지지를 받아 방위 단체 대표가 되다

퀘이커교도들의 의견이 어떤지 깨닫다

퀘이커교도들과 관련된 몇 가지 이야기

방 안을 덥혀주는 난로를 발명하다

벤저민 프랭클린 자서전

사람들의 지지를 받아
방위 단체 대표가 되다

　나는 여러모로 펜실베이니아 주에 터를 잡은 것에 적잖이 만족하고 있었다. 하지만 2가지 아쉬운 점이 있었다. 하나는 방위 제도가 없어졌다는 것이고, 또 하나는 시민병이나 대학 같은 젊은이들을 위한 교육이 제대로 이루어지지 않고 있다는 점이었다. 그러한 이유로 1743년에 대학 설립에 대한 제안서를 작성했다.

　대학을 맡아줄 책임자로는 피터스 목사를 염두에 두고 있었다. 마침 아무 일도 하고 있지 않는 것 같아 나의 계획을 넌지시 전했다. 하지만 그는 영주의 아이들을 돌보는 것이 더욱 이득일 거라 생각했는지 나의 제안을 단번에 거절했다. 다른 적임자를 찾지 못했기 때문에 그 계획은 일단 그대로 접어두기로 했다. 이듬해인 1744년 나는 철학협회를 설립하자는 제안서를 올렸고 통과했다. 당시 제안서는 그동안 썼던 글들 어딘가에서 찾을 수 있을 것이다.

그렇다면 이제 방위 문제에 대한 이야기가 남았다. 스페인은 영국과 몇 해에 거친 전쟁 끝에 마침내 프랑스와 동맹을 맺었다. 이는 우리에게 상당한 위협이었다. 우리 주의 지사를 맡고 있던 토머스 씨는 퀘이커교도들이 상당수를 차지하고 있던 의회를 설득해서 군사법을 통과시키려고 진땀을 빼고 있었다. 어떻게든 방위 대책을 마련하고 싶은 마음에서였다. 하지만 그의 노력은 결국 수포로 돌아갔다.

나는 시민들을 모아서 자원 방위 단체를 만들어보기로 했다. 먼저 '명백한 진실'이라는 논설문을 발표해 우리 주의 방위 체계가 무방비 상태라는 점을 명백히 밝히고, 확실한 방어 체계를 위해서는 모두가 화합하고 훈련을 해야 한다고 주장했다. 또한 우리 주를 지키기 위한 방위 단체를 설립할 것을 제안하고 이를 찬성하는 시민들의 서명을 받기로 했다. 내가 쓴 논문은 엄청난 파급 효과를 일으켰다.

나는 사람들의 지지를 받아 방위 단체의 대표가 되었고 주위 친구들과 초안을 작성했다. 그리고 앞서 언급했던 예배당에서 시민 집회를 열기로 했다. 드디어 집회가 열리던 날 건물 안은 발 디딜 틈도 없이 사람들로 가득 찼다. 곳곳에 인쇄용지들과 펜, 잉크가 준비되어 있었다. 나는 간략하게 연설을 한 뒤 방위 조직에 대한 초안을 발표하고 자세히 설명한 다음 서명 용지를 나누어주었다. 누구 하나 반대하는 사람 없이

다들 열심히 서명을 했다.

시민 집회가 끝난 후에 서명 용지를 전부 추려보니 총 1,200장이 넘었다. 남은 용지들은 지방으로 보내서 각자 서명을 받았는데 그것만 해도 1만 명이 넘었다. 시민들은 신속하게 무장을 하고 중대와 연대를 편성했으며 장교를 선출했다. 그리고 일주일에 한 번씩 총기 훈련과 군사 훈련에 열중했다 여성들도 모금을 벌여서 각 중대를 상징하는 깃발을 비단으로 만들고, 갖가지 도안과 구호를 새겨 넣었다.

필라델피아 연대를 대표하는 각 중대의 장교들은 나를 대령으로 추대했다. 하지만 나는 그 일에 적임자가 아니었기 때문에 대신 로렌스 씨를 추천했다. 그는 평소 인품이 출중하고 다방면에 영향력을 발휘하던 인물로 별 무리 없이 대령으로 선출되었다. 나는 외곽 지역에 포대를 구성하고 대포를 설치하는 데 필요한 비용을 충당하기 위해서 복권을 발행하자고 제안했다. 모금은 성공적으로 끝났고, 외곽 지역마다 대포가 설치되었다. 대포알이 발사되는 총부리 부분은 통나무를 쌓아서 흙으로 덮었다. 보스턴에 있던 구식 대포까지 몇 대 사들였지만 그것만으로는 한참 부족했다. 결국 영국에 도움을 요청하는 편지를 보냈고, 국내의 영주들에게도 도움을 청했지만 큰 기대는 하지 않았다.

그사이 로렌스 대령과 윌리엄 앨런, 에이브러엄 테일러 경과 함께 뉴욕으로 가서 클린턴 지사를 만나 대포 몇 대를 원조받아 오라는 중책을 맡게 되었다. 처음에는 클린턴 지사도 단호하게 우리의 요구를 거절했다. 하지만 의원들과 함께 마데이라주를 몇 잔 마시면서 단호한 태도가 수그러들었고 6대의 대포를 빌려주겠노라고 약속했다. 술잔이 몇 번이나 더 오간 후에 6대는 10대로 늘어났고, 어느새 기분이 좋아진 클린턴 지사는 18대의 대포를 빌려주겠노라고 흔쾌히 승낙했다. 그 대포들은 운반대까지 달린 18파운드짜리 신형 대포였다. 우리는 즉시 대포를 운반해서 각 포대에 설치했다. 마침내 전쟁이 계속되는 동안 의용군들이 밤마다 보초를 섰고, 나 역시 차례가 돌아올 때마다 보초를 섰다.

퀘이커교도들의 의견이
어떤지 깨닫다

이렇게 활동하는 모습이 지사와 의원들의 눈에 좋게 보였던 모양인지 어느새 나를 향한 무한한 신뢰를 보이기 시작했다. 방위군에게 이익이 될 만한 법안이 있으면 나를 불러 의견을 묻고 동의 여부를 결정했다. 나는 종교계에도 도움을 청했다. 종교계에서 솔선수범해 시민들의 동조를 촉진하고, 하나님의 축복을 구하기 위한 금식을 실행에 옮기자고 제안했다. 지사와 의원들은 나의 의견에 대찬성이었다. 하지만 대대적인 금식을 선포하는 것이 처음이었던 비서관은 선언문의 내용을 어떻게 써야 할지 몰라 난감한 눈치였다.

나는 매년 금식을 하는 뉴잉글랜드 주에서 자랐기 때문에 선언문을 작성하는 데 다소나마 도움을 줄 수 있었다. 먼저 일반적인 형식에 맞추어 선언문을 작성하고, 독일계가 많이 살던 지역임을 감안해 이를 독일어로도 번역했다. 그리고 영어와 독일어로 된 선언문을 인쇄해서 널리 배포했다. 이로써 여러 종파의 목회자들이 자신의 신도들을 설득해 방위군에 참여하도록 만드는 계기가 되었다. 전쟁이 그렇게 빨리 끝나지 않았다면, 퀘이커교도를 제외한 모든 종파의 신도들이 의용군에 가담하게 되었을 것이다.

주변 사람들은 행여 나의 활동들이 퀘이커교도들의 눈에 가시가 될까 불안해했다. 주 의회의 의원 대다수가 퀘이커교도들이어서 인심이라도 잃으면 어쩌나 걱정하는 눈치였다. 당시 의원 몇 사람과 친분이 돈독한 젊은 의원 하나가 내 임기가 끝나고 나면 차기 서기관이 될 기회를 호시탐탐 노리고 있었다. 급기야 어느 날에는 나를 찾아와서 다음 서기관 선거에서 내가 낙선할 거라고 호언장담하는 것이었다.

"조언 하나 해도 될까요? 부끄럽게 낙선하느니 차라리 스스로 물러나는 것이 좋을 것 같습니다. 그러면 완전히 체면을 구기는 일은 피할 수 있을 텐데요."

나는 이렇게 받아쳤다.

"언젠가 공직을 구걸하지도 않으며, 또 공직이 맡겨진다고 해도 거절하지 않겠다는 원칙을 가진 분의 이야기를 들은 적이 있습니다. 나 역시 그분 생각에 동의합니다. 거기다 한 가지 더 추가해야겠군요. 나는 절대로 공직을 구걸하지도 않고, 공직을 거절하지도 않을 것이며, 스스로 사임하지도 않을 겁니다. 만약 다른 사람에게 서기관 자리를 주고 싶다면 내게서 빼앗아보세요. 결과를 보기도 전에 미리 포기해서 반대하는 무리들에게 되갚아 줄 수 있는 권리를 빼앗기지는 않겠습니다."

젊은 의원은 아무 말도 하지 못했다. 시간이 흘러 차기 선거가 시작되었고, 나는 압도적인 차이로 서기관에 재선출되었다. 물론 군사 문제로 논쟁을 벌일 때마다 지사의 손을 들어주었던 의원들과 가까이 지내는 모습이 사람들에게 못마땅하게 보였을 수도 있다. 그만큼 주 의회는 군사 문제로 골치가 아팠기 때문에 내가 스스로 물러나기를 내심 바랐을 것이다. 하지만 달리 트집 잡을 만한 것도 없는 데다 방위군 문제에 앞장섰다는 이유만으로 나를 서기관에서 내칠 수는 없는 일이었다.

이러한 방위 문제에 대해서 사람들이 몸소 나서지는 않아도 굳이 반대할 이유가 없다고 내가 믿는 데는 여러 가지 이유가 있었다. 예상했던 것보다 많은 사람들이 침략 전쟁에는 반대하지만 국가 방위 문제에는 찬성하는 입장이었다. 이러한 국방 문제에 대한 찬성과 반대 의견들이 실제로도 많이 발표되었는데, 그 중에는 독실한 퀘이커교도들이 방위에 찬성하는 글을 쓰기도 했다. 덕분에 많은 퀘이커교도 젊은이들이 방위 문제에 대한 긍정적인 시각을 가지게 되었다.

나는 소방대에서 벌어진 다음과 같은 사건을 통해 일반적인 퀘이커교도들의 의견이 어떤 것인지 깨닫게 되었다. 당시 포대를 후원하는 의미에서 60파운드가량의 돈을 복권에 투자하자는 의견이 나왔다. 조합규칙에 따라서 새로운 제안이 나오는 다음 모임 전까지는 절대 조합 명의의 돈에 손을 댈 수 없었다. 소방대원은 총 30명으로 그 중 22명이 퀘이커교도였다. 나머지 8명은 정해진 시간에 모임에 출석했고, 대다수는 아니더라도 퀘이커교도 중 몇 명 정도는 우리의 의견에 찬성표를 던질 거라고 기대하고 있었다. 그런데 정작 모임 시간이 되었는데도 퀘이커교도인 회원은 제임스 모리스 씨 한 명만 나타났다. 그는 이런 안건 자체가 상정된 것이 유감이라고 했다. 그의 말에 따르면 자신의 친구들은 모두 이 안건에 반대하고 있으며, 이번 일로 엄청난 불화가 생겨서 소방대가 해체될 우려까지 있다는 것이었다.

우리는 그럴 리가 없다고 말했다. 어차피 퀘이커교도가 아닌 사람은 8명뿐이고, 제임스 모리스 씨의 친구들이 모두 반대표를 던져 투표에서 이긴다면 관례에 따라 우리도 결과에 승복할 수밖에 없다고 대답했다. 마침내 투표 시간이 임박했고, 막 투표를 시작하려는 찰나 모리스 씨가 한 가지 제안을 했다. 당장 투표를 시작해도 상관없지만 자기 말고도 반대하는 회원이 나올 수도 있으니 조금만 더 기다려보자는 것이었다.

우리가 그 문제로 고민하고 있을 때, 급사 하나가 찾아와 지금 아래층에 나를 만나러 온 두 분의 신사가 있다고 알렸다. 아래층에 내려가보니 퀘이커교도 소방대원 2명이 나를 기다리고 있었다. 그 중 한 사람이 먼저 입을 뗐다.

"근처 술집에서 8명의 회원들이 기다리고 있습니다. 그런 일이 없으면 더 좋겠지만, 혹시 필요하다면 저희를 부르세요. 그러면 와서 찬성표를 던지겠습니다. 하지만 굳이 필요하지 않다면 참석하지 않고 싶습니다. 만약 우리가 이번 안건에 찬성했다는 사실이 알려지면 나이 든 장로님들과 주변 사람들에게 추궁을 받을 수도 있으니까요."

예상치 못한 표를 확보한 나는 다시 위층으로 올라가 잠시 고민하는 척하다가 한 시간만 더 기다려보자고 말했다. 모리스 씨는 공정한 처사라고 좋아했지만 아무리 기다려도 기다리는 친구들은 모습을 드러내지 않았다. 모리스 씨는 무척 당황한 기색이었다. 그렇게 한 시간이 지나고 찬성 8표와 반대 한 표라는 결과가 나왔다. 결국 22명의 퀘이커교도 중에서 8명은 확실한 찬성 의사를 밝혔고, 나머지 13명은 투표에 참석하지 않는 것으로 굳이 반대하지는 않는다는 의사를 우회적으로 보여준 셈이었다.

그 일이 있고 난 후, 나는 22명의 퀘이커교도 중에서 방위 문제에 극도로 반대하는 숫자는 한 명밖에 되지 않는다고 확신하게 되었다. 22명은 모두 소방대의 정규 회원으로 퀘이커교도 사이에서도 평판이 좋았고, 그날 모임에서 어떤 안건으로 투표를 하게 될지도 정확히 알고 있었기 때문이다.

퀘이커교도들과 관련된
몇 가지 이야기

오랜 퀘이커교도로 박식하고 고상한 인품을 지닌 제임스 로건이라는 분이 있었다. 그는 퀘이커교도들에게 방어를 위한 전쟁에 찬성하는 내용의 연설문을 썼고 명확한 근거를 들어 자신의 의견을 뒷받침했다. 또 나에게 60파운드를 전하며 포대 건설을 위해 복권을 사고 얼마가 당첨되든 전부 사용해도 좋다고 말했다. 그러면서 방위 문제와 관련된 일화 하나를 들려주었다.

그는 젊은 나이에 자신의 옛 영주인 윌리엄 펜 경의 비서로 영국에서 건너왔다고 했다. 한참 전쟁이 벌어지던 때라 그들이 탄 배는 적군의 배로 보이는 무장선의 추격을 받았다. 급기야 선장은 적군에 대한 방어 태세를 지시했고, 윌리엄 펜 경과 퀘이커교도들에게 얼른 선실에 들어가 있으라고 지시했다. 하지만 제임스 로건은 자진해서 갑판에 남았고 급기야 총까지 손에 쥐었다. 마침내 그 배가 적군의 것이 아님이 밝혀지면서 실제로 전투가 벌어지지는 않았다. 그 사실을 윌리엄 펜 경에서 보고하기 위해서 신실에 들어간 제임스는 갑판에 남아서 전투태세를 취했던 점을 호되게 질책받았다. 선장이 부탁한 것도 아닌데 퀘이커교도의 원칙까지 어겨가면서 굳이 나섰다는 점이 더 나쁘다는 것이었다.

많은 사람들이 지켜보는 가운데서 호된 꾸지람을 당하자 화가 난 제임스가 이렇게 말했다.

"그렇다면 저의 주인님이시면서 왜 저에게 따라오라고 명령하지 않으셨습니까? 워낙 사태가 위급해서 제가 남아서 싸우기를 바라는 줄 알고 그렇게 행동한 겁니다."

나는 오랜 시간 주 의회에 몸담고 있으면서 다수의 세력을 차지하고 있는 퀘이커교도들 때문에 골치 아픈 일이 생기는 것을 수차례 목격한 바 있다. 국왕으로부터 군사적 목적을 위해 협조하라는 지시가 내려올 때마다 무조건적으로 전쟁을 반대하는 퀘이커교도의 원칙 때문에 난항을 겪어야만 했다. 대놓고 국왕의 지시를 거역할 수도 없고, 퀘이커교도들의 원칙을 거스르자니 대대적인 반발이 생길 것 같아 난감하기 짝이 없었다. 때문에 최대한 요리조리 피해 다니다가 어쩔 수 없이 응하는 모습으로 대응하는 수밖에 없었다. 가장 흔한 수법은 '국왕의 개인적 용도'로 필요한 자금이라는 명목하에 돈을 지원하고 절대 그 돈이 어디 사용되었는지 묻지 않는 것이었다.

하지만 영국의 국왕이 직접 지시를 내리지 않은 경우에는 그마저도 무용지물이었기에 갖가지 묘안들을 짜내야 했다. 언젠가 한번은(루이스버그의 요새에서 있었던 일로 기억한다) 뉴잉글랜드 정부에서 화약이 떨어졌다며 펜실베이니아 정부에 원조를 요청한 적이 있었다. 토머스 지사는 당장 원조를 해야 한다고 강력하게 요청했지만 의회는 꿈쩍도 하지 않았다. 화약은 결국 전쟁을 목적으로 하는 것이기 때문이다. 마침내 주 의회는 3천 파운드의 원조금을 뉴잉글랜드에 내어주었고, 지사로 하여금 그 돈을 빵과 밀가루, 통밀 등의 '곡물 구입비'로 사용하도록 지시했다. 몇몇 의원들은 그러한 주 의회의 처사에 기가 막혀 하며 뉴잉글랜드에서 필요로 하는 품목이 아니니 이를 수락해서는 안 된다고 반대했다. 하지만 주지사는 이렇게 말했다.

"돈은 받아야겠습니다. 나는 주 의회 의원들이 말하는 '곡물 구입비'가 무엇을 뜻하는지 잘 알고 있기 때문입니다. 바로 화약을 뜻하는 겁니다."

결국 주지사는 그 돈으로 화약을 사들였고 그 누구도 이의를 제기하지 않았다.

나 역시 소방대의 조합금으로 복권을 사자는 제안이 수포로 돌아갈까 걱정하던 터라 같은 소방대원인 싱 씨에게 이렇게 말했다.

"만약 투표가 부결된다면 복권이 아니라 소방펌프를 산다고 해야겠어요. 그러면 퀘이커교도들도 잠잠할 겁니다. 당신은 나를 조합금 집행위원으로 추천하고 나 역시 당신을 추천해서 우리가 그 돈으로 대포를 삽시다. 대포도 일종의 불을 뿜어내는 펌프가 아니겠소?"

그러자 싱 씨가 이렇게 답했다.

"맞는 말씀입니다. 주 의회에서 오랫동안 일하다보니 수를 쓰는 법도 많이 배우셨군요. 당신이 제안한 그 계획은 '곡물 구입비'만큼이나 기발한 수 같습니다."

퀘이커교도들은 '어떤 전쟁이건 절대로 참여해서는 안 된다.'라는 원칙을 세우고 널리 공표한 터라 쉽사리 이를 바꾸지 못해 수차례 곤경을 치렀다. 그 모습을 보자 던커 파의 일화가 떠올랐다.

던커 종파가 처음 생겼을 무렵 나는 그 종파의 창시자 중 하나인 마이클 웰페어와 가까이 알고 지내는 사이였다. 그는 다른 종파로부터 던커 파의 교리와 원칙이 역겹고 이치에 맞지 않는다고 공격을 받고 있다며 불평했다. 나는 새로운 교파가 생길 때마다 그런 일은 일어나게 마련이라며 새로운 교리와 실천규범을 만들어 글로 공표하는 것이 어떻겠느냐고 조언했다. 마이클 씨는 그와 같은 의견이 내부에서 발의되기는 했지만 여러 가지 이유로 기각되었다고 말했다.

"처음 던커 파를 조직했을 때 우리는 하나님으로부터 새로운 깨달음을 얻었습니다. 과거에 우리가 진리라고 굳게 믿어왔던 것들이 사실은 잘못된 것일 수 있고, 반대로 우리가 잘못이라고 믿었던 것들이 사실은 올바른 진리일 수도 있다는 점이었죠. 하나님은 매번 새로운 빛을 비추어 우리를 옳은 길로 인도해주고 계십니다. 덕분에 처음의 교리도 많이 수정되었고 실수를 범하는 일도 줄어들었죠. 아직은 하나님의 가르침이 영적으로, 또 신학적으로 완성 단계에 이르렀는지 확신할 수 없습니다. 만약 우리가 지금의 교리를 세상에 공표해버린다면 앞으로 개선해야 할 부분이 생겨도 섣불리 건드리지 못할 테고 더이상 발전할 수도 없겠지요. 우리 종파의 후계자들 역시 창시자 격인 우리가 공표한 교리를 절대 어길 수 없을 테니까 더더욱 개선의 여지가 없어지는 셈이 될 겁니다."

이처럼 겸손한 태도를 가진 종파는 인류 역사상 아마도 유일무이할 것이다. 각 종파들은 자신의 믿음과 교리만이 옳고 다른 것들은 틀렸다고 배격한다. 마치 뿌연 안개 속을 걷는 사람처럼, 자기 앞이나 뒤, 들판 좌우에 서 있는 사람들이 모두 안개에 쌓여 있는 것처럼 느끼는 것과 다를 바 없다. 오직 나만 주변을 정확하게 보고 있다고 착각하는 것이다. 하지만 실상을 들여다보면 나 역시도 남들 눈에는 뿌연 안개에 쌓인 것처럼 보이게 마련이다. 이와 같은 난감함을 피하기 위해서 퀘이커교도들은 점차적으로 의회와 공직에서 스스로 물러나는 양상을 보이고 있다. 자신이 믿는 원칙을 어기느니 차라리 권력을 포기하고 말겠다는 것이다.

방 안을 덥혀주는
난로를 발명하다

앞뒤가 조금 뒤바뀐 것 같지만 1742년 나는 방안을 따뜻하게 덥혀주는 난로를 발명했다. 찬 공기가 유입되면 뜨거운 공기로 바뀌기 때문에 기존의 것보다 연료를 절약할 수 있다는 장점이 있었다. 나는 가까이 지내던 친구 로버트 그레이스에게 새로운 난로의 모형을 보여주었다. 로버트는 용광로를 가지고 있었기 때문에 새로운 난로를 찍어낼 철판을 주조하면 엄청난 돈을 벌 수 있을 거라고 확신했다. 나는 새로운 난로를 널리 선전하기 위해서 광고용 책자를 찍어냈다.

'새로 개발된 펜실베이니아 벽난로의 구조와 사용설명서. 기존 난방장치의 모든 결점을 보완해 최고의 난방 효과를 가져온다!'

광고용 책자는 선풍적인 인기를 끌었다. 토머스 지사 역시 광고용 책자를 읽고 난 후 상당히 만족해했고, 몇 년 동안 난로를 독점 판매할 수 있도록 특허를 내주겠다고 말했다. 하지만 나는 지금까지 고수해온 원칙에 따라서 이를 거절했다. 나만의 원칙이란 바로 이것이다.

'우리도 누군가의 발명품 덕분에 많은 이익을 누리고 있다. 우리 역시도 나의 발명품으로 인해 남들에게 도움을 줄 수 있다는 것에 행복해 해야 한다. 또한 그것은 아무런 대가를 바라지 않는 것이어야만 한다.'

하지만 런던의 한 철물상이 내가 배포한 광고용 책자를 그대로 베껴서 난로를 만들고 군데군데 개조를 해서 판매에 나섰다. 섣불리 손을 보는 바람에 오히려 효율성까지 떨어졌다. 아무튼 그 사람은 런던에서 특허를 받았고 덕분에 엄청난 돈을 긁어모았다고 한다. 그 후로도 내가 만든 발명품으로 다른 사람들이 특허를 내는 일이 여러 번 있었지만 언제나 성공적이었던 것은 아니었다.

나는 특허를 내서 돈을 벌고 싶지도 않았고, 괜한 법적 분쟁을 일으키는 것도 원치 않았기 때문에 아무런 조치도 취하지 않았다. 당시 내가 만든 난로는 필라델피아 주와 인접한 여러 주의 대다수 가정에 보급되었고 지금까지도 인기를 끌고 있다. 덕분에 많은 양의 땔감을 절약할 수 있게 되었다.

13
공익을 위한
여러 가지 계획들

기부금을 모금해 대학을 설립하다

의회 의원이 되어 공익을 위해 활동하다

자선적인 성격이 강한 병원을 설립하다

도로를 포장하고 가로등을 세우다

도로를 청결하게 유지할 방법을 제안하다

소소한 편리함에서 행복이 찾아온다

대학에 다니지 않고도 학위를 2개나 받다

벤저민 프랭클린 자서전

Benj. Franklin

기부금을 모금해
대학을 설립하다

　마침내 전쟁이 끝났고 더이상 의용군을 운영하지 않아도 될 정도가 되었다. 나는 다시 대학을 설립하는 일에 관심을 돌렸다. 우선 전토 클럽의 회원 중에서 활동력이 뛰어난 사람들을 모으기 시작했다. 다음으로 '펜실베이니아 주 청소년 교육에 대한 제안'이라는 팸플릿을 발간했다. 그리고 그 팸플릿을 부유한 계층의 시민들에게 무료로 나누어 주었다.

　팸플릿을 읽고 사람들이 어느 정도 마음의 준비가 되었을 무렵, 대학 설립과 유지를 위한 기부금 모금에 발 벗고 나섰다. 기부금은 5년 동안 나누어서 낼 수 있도록 했다. 몇 년에 나누어서 기부금을 내도록 하면 그만큼 전체 기부금 액수가 높아질 거라는 기대감 때문이었다. 나의 예상은 적중했다. 내 기억이 틀리지 않다면 당시 최소 5천 파운드 이상의 기부금이 걷혔다.

나는 대학을 설립하자는 의견을 발의한 것이 개인이 아니라 '공공복지를 위해 애쓰는 여러 인사들'로 발표할 것을 제안했다. 나만의 원칙에 따라서 나 자신을 주인공으로 삼기보다 여러 사람을 표면에 내세우기로 한 것이다. 대학 설립을 위해 기부금을 낸 사람들은 이를 즉시 실행에 옮기기 위해서 24명의 재단 이사를 자체적으로 선출했다. 또한 당시 법무부 장관이었던 프랜시스 씨와 나에게 대학 운영에 관한 법규를 작성하도록 했다. 이윽고 대학 운영에 관한 법규가 승인된 후, 여러 학교에 있던 교사들을 모아 교수로 채용했다. 마침내 1749년 대학교가 문을 열었다.

학생 수는 급속도로 불어났고, 마침내 건물이 비좁아지자 우리는 새로운 교사를 설립하기 위해 적당한 부지를 물색했다. 그러다 운 좋게 조금만 손을 보면 당장 강의실로 써도 될 법한 커다란 건물을 찾게 되었다. 앞서 언급했던 화이트필드 목사의 추종자들이 세운 건물이었다. 그 건물이 대학 강의실로 사용될 수 있었던 경위는 다음과 같다.

본래 그 건물은 여러 종파의 기부금을 바탕으로 지어진 것으로 당시 이를 관리·감독할 위원회가 지정된 바 있었다. 당초 건물을 세운 취지에 따라서 특정 종파가 이를 주도적으로 사용하거나 점거하지 못하도록 엄격히 금지하고 있었다. 그래서 각 종파에서 한 사람씩 지정해서 관리 위원회에 참여토록 했다. 성공회에서 한 사람, 장로교에서 한 사람, 침례교에서 한 사람, 모라비아교에서 한 사람, 이런 식으로 지명이 되었던 것이다. 혹시 사망으로 공석이 생길 경우 기부금을 낸 사람들의 표결을 통해 새로운 관리 위원을 위촉하도록 했다. 헌데 모라비아교의 대표가 다른 종파의 대표들과 사이가 나빴던 탓에 그가 세상을 떠난 후 그 종파의 대표를 뽑지 않기로 내부에서 담합을 하는 일이 벌어졌다. 결국 하나의 종파에서 2명의 대표가 나오지 않도록 하는 난제가 남게 된 것이다.

공석을 채울 만한 적임자들 몇 사람이 거론되었지만 번번이 합의에 이르지 못했다. 그러다가 누군가 나를 추천하기에 이르렀다. 평소 정직하다고 평판이 자자한 데다 특정 종파에 소속되어 있지 않았기 때문이다. 나는 전원의 찬성을 받아 새로운 위원으로 선임되었다. 하지만 처음 건물을 세울 당시의 열정은 이미 사라진지 오래였고, 위원회에서도 다시 기부금을 모아 토지세와 건물 유지비용을 충당하지 못해서 골머리를 썩고 있는 상태였다. 나는 대학교와 건물 운영감독 위원으로서 양쪽을 대표하는 관계자들과 합의점을 찾기에 이르렀다. 마침내 양쪽 모두 만족할 만한 조건으로 합의를 이끌어내는 데 성공했다. 합의 조건은 다음과 같았다. 먼저 건물 관리 위원회는 건물을 대학 측에 양도하고, 대학 측에서는 그동안 밀린 부채를 탕감하고, 본래 건물의 설립 의도대로 특별한 설교가 있을 때마다 대강당을 개방하기로 합의했다. 더불어 가난한 학생들을 위해서 무료로 학교를 운영하기로 했다.

곧바로 양도에 필요한 서류가 작성되었고, 대학의 이사들은 쌓인 부채를 탕감하고 건물의 실소유주가 되었다. 천장이 높은 방들은 위아래 두 층으로 나누어서 여러 학부에서 사용할 수 있도록 강의실로 만들었다. 근처에 있는 부지도 더 매입해서 대학생들을 위한 공간으로 꾸몄다. 곧바로 교수진과 학생들이 새로운 건물로 옮겨왔다. 공사에 필요한 인부를 꾸리고, 건축 자재를 매입하고, 공사 전체를 감독하는 소소한 일은 내게 일임되었다. 당시에는 인쇄소 일에 크게 신경을 쓰지 않아도 되는 상태라서 즐거운 마음으로 주어진 일에 열중할 수 있었다. 일 년 전부터 데이비드 홀과 손을 잡고 인쇄소를 운영하고 있었기 때문이다.

데이비드는 4년이나 내 밑에서 일했기 때문에 그의 인품이 어떤지는 누구보다 잘 알고 있었다. 워낙 유능하고 성실하며 정직한 성품을 지닌 사람이었다. 그는 나 대신 인쇄소의 온갖 잡다한 일을 처리하면서도 언제나 정확히 수익금의 절반을 계산해서 송금해왔다. 우리의 동업 관계는 18년간 이어졌으며 서로 완벽하게 만족했다.

그로부터 얼마 후, 대학 재단 이사회는 지사의 승인을 받아 법인으로 발족되었다. 영국 정부의 후원금과 영주들의 토지 기증, 그리고 의회에서 지원해준 돈으로 대학 기금은 눈처럼 불어났다. 그렇게 현재의 펜실베이니아대학교가 설립되었다. 나는 창립부터 지금까지 약 40년간 대학 이사의 자리를 지켜왔다. 우리 대학에서 교육을 받은 수많은 젊은이들이 공공기관 등 각자의 자리를 찾아서 자신의 실력을 발휘하며 국가 발전에 이바지하는 모습을 볼 때마다 말로 표현할 수 없을 정도로 무한한 기쁨을 느낀다.

의회 의원이 되어
공익을 위해 활동하다

먼저도 언급했듯이 인쇄업 경영에서 한발 물러선 나는 평생 모아둔 돈으로 열심히 공부를 하며 남은 생을 즐기기로 마음먹었다. 그리고 영국에서 필라델피아로 강의를 하러 온 스펜서 박사의 실험용 도구들을 전부 사들여서 전기에 대한 다양한 실험을 실행에 옮겼다. 사람들은 그런 내가 무척 한가하게 보였는지 온갖 일에 나를 끌어들이려 했고, 급기야 시정 업무의 대부분을 떠안겨서 무척 당황스럽기도 했다.

지사는 나를 치안 판사로 임명했고, 시 의회에서는 의원으로 위촉했으며, 얼마 후에는 시 참사 의원으로, 시민들은 나를 시민 대표로 주 의회에 내보냈다. 의회 의원이라는 직함은 매우 마음에 들었다. 사실 서기관으로 일하면서 의원들의 논쟁이나 들으며 의회에 출석하는 데 이력이 나 있었기 때문이다. 한낱 서기관이 논쟁에 끼어들 수도 없는 일이라 이런저런 낙서나 하면서 시간을 보내기 일쑤였다. 정식으로 의원이 된다면 공익을 위해 힘쓰는 것도 한결 수월해질 터였다.

물론 다양한 자리에 추대된 것은 굉장히 기분 좋은 일이었다. 어린 시절 힘들게 시작한 것에 비하면 정말 대단한 일이었다. 게다가 내가 청탁을 한 것도 아니고 사람들이 나를 좋게 봐주어서 좋은 자리를 맡겨주었다는 점은 자랑스러운 일이기도 했다.

먼저 치안 판사 자리를 맡은 후로 2~3번 재판정에 앉아 사건을 심리해보았다. 하지만 판사직을 수행하기에는 내 법률적인 지식이 턱없이 모자랐다. 그래서 주 의회에서 입법 업무를 수행하는 것이 더욱 중요하다는 핑계를 대고 물러났다. 나는 10년 가까이 주 의회 의원으로 선출되었지만 단 한 번도 직접적 혹은 간접적으로 표를 부탁하거나 의원으로 선출해달라는 뜻을 비친 적이 없었다.

이듬해에 칼라일의 인디언들과 협상을 앞두고 주지사는 의회 측에 청원서를 보내왔다. 주 의회 의원들 중 몇 명을 뽑아서 자문 위원회와 함께 인디언들과의 협상 자리에 참석해달라는 내용이었다. 의회는 의장 노리스 씨와 나를 지명했고, 우리는 위임장을 받들고 칼라일로 가서 인디언들과 협상에 나섰다.

인디언들은 술고래로 소문이 나 있었고, 일단 술에 취하면 난폭해져서 싸움을 벌이고 소란을 피우기 일쑤라 우리는 인디언들에게 술을 파는 것을 엄금했다. 협상 자리에 나온 인디언들은 이 점에 대한 불만을 내비쳤고, 우리는 협상이 끝나면 럼주를 마음껏 마실 수 있도록 해주겠노라고 구슬렸다. 협상은 원활하게 진행되었고 쌍방이 모두 만족할 만한 결과가 나왔다. 마침내 인디언들이 약속한 럼주를 달라고 요구했고, 오후 무렵이 되어서야 그들에게 럼주를 건넸다.

남녀노소를 합쳐서 약 100명가량의 인디언들은 마을 외곽에서 움막을 짓고 살고 있었다. 저녁 무렵이 되자 인디언들 거주지 쪽에서 요란스러운 소리가 들렸다. 어찌된 일인가 싶어 밖으로 나가보니 넓은 마당 한가운데 커다란 모닥불을 피워놓고 남녀 가릴 것 없이 만취한 상태에서 서로 주먹다짐을 하며 한바탕 싸움판이 벌어진 것이었다. 뜨거운 모닥불이 타오르는 가운데 반쯤 벌거벗은 상태로 반쯤 전라의 몸으로 서로를 쫓으며 치고 박는 모습이 흡사 지옥을 방불케 했다. 우리는 소동을 잠재울 방도가 떠오르지 않아서 그냥 숙소로 돌아왔다. 자정 무렵 한 무리의 인디언들이 찾아와 문을 두드리며 술을 더 달라고 난동을 부렸지만 애써 모른 척했다.

다음 날이 되자, 밤새 소란을 피웠던 것이 미안했는지 나이가 지긋한 인디언 3명이 찾아와 사과의 뜻을 전했다. 그런데 잘못을 인정하면서도 전부 술 때문이라며 말도 안 되는 변명을 늘어놓는 것이었다.

"세상 만물을 창조하신 하나님께서는 세상 모든 것들을 어디든 쓸모가 있도록 만드셨습니다. 그게 무엇이건 우리는 그분의 뜻에 따라야 합니다. 하나님이 럼주를 만드실 때에는 우리 인디언들이 실컷 마시고 취하도록 하신 것이니 그 뜻에 따를 수밖에요."

새로운 땅을 개척하러 온 사람들에게 살 곳을 마련해주기 위해서 이런 야만스러운 인디언들을 멸망시키는 것이 하나님의 뜻이었다면 럼주는 그 뜻을 실천하기 위한 도구일 것이다. 예전에 연안 지역에 살고 있던 인디언들도 술 때문에 모조리 멸망했기 때문이다.

자선적인 성격이 강한
병원을 설립하다

1751년 나와 절친한 사이였던 토머스 본드 박사는 필라델피아에 병원을 건립할 계획을 세웠다. 상업적이기보다는 자선적인 성격이 강한 병원으로, 내 계획인 것처럼 알려졌지만 사실은 박사의 발상이었다. 그는 지역 주민이건 아니건 가난하고 병든 환자들을 정성껏 돌봐주는 병원을 설립하기 위한 기부금 모금을 위해 열정적으로 움직였다. 하지만 미국에서는 처음 시도하는 일이라 그런지 모금 활동이 수월하지 않았다.

마침내 토머스 본드 박사는 나를 찾아와, 역시 나를 빼고 공공사업을 진행하려니 아무 진전이 없다며 나를 추켜세웠다.

"기부금을 청하러 찾아가면 하나같이 이렇게 말을 하더군. '프랭클린 씨와 충분히 상의가 된 건가요? 그분 생각은 어떻습니까?' 그래서 자네와 무관한 일이라고 대답하면 다들 기부를 고사하고 생각 좀 해봐야겠다고 하는 거야."

나는 박사의 계획에 대해 자세히 물었고, 그 효용성이 납득할 만하다고 판단해 나부터 기부금을 내기로 했다. 그리고 다른 사람들로부터 기부금을 모으기 위한 방법에 대해 생각했다. 이런 일이 있을 때마다 나는 사람들을 직접 만나서 설득하기보다는 먼저 신문을 통해 그 문제를 충분히 다루어서 사람들의 마음을 미리 움직이려고 애썼다. 박사는 그런 점까지는 생각하지 못한 것 같아서 조금 늦은 감이 있지만 내 방식대로 해보기로 했다.

얼마 후 기부금이 조금씩 모이는가 싶더니 다시 원상태로 돌아갔다. 나는 의회의 보조금 없이는 계획을 실행에 옮기기 힘들 것 같아 안건을 상정했고 의회의 승인을 받았다. 그 와중에도 지방 의원들은 별로 달갑지 않은 눈치였다. 도시에 사는 사람들 위주로 혜택을 누릴 것 같으니 자신들은 기금을 낼 이유가 없다는 것이었다. 게다가 시민들이 우리 계획에 전부 찬성표를 보낼지도 미지수라며 버티는 것이었다.

나는 적극적으로 반박했고, 시민들이 자발적으로 내는 후원금이 약 2천 파운드 정도는 될 것이라고 주장했다. 그러나 그들은 내 주장이 말도 안 된다며 한마디로 일축해버렸다. 결국 나는 새롭게 계획안을 구성했다. 먼저 기부금을 낸 사람들을 중심으로 법인을 구성하고, 의회도 어느 정도의 보조금을 지급한다는 내용의 법안을 제출하기 위한 허가를 신청한 것이다. 마침내 의회는 이를 승인했다. 만약 계획이 어긋난다 해도 그때 철회해버리면 그만이기 때문이다. 나는 법안을 작성하고, 중요한 조항들은 조건부 형식으로 첨부했다.

'상기 권한에 의거, 다음과 같이 정함. 기부금을 낸 자는 모임을 통해 이사와 회계를 선임한다. 기부금이 2천 파운드에 달할 경우(여기서 발생하는 이자는 가난한 환자들의 식사와 진료, 의약품 보급과 의료 상담의 비용으로 사용한다), 의회의 승인을 받아서 의장은 병원의 설립과 건조·설비비용으로 사용할 2천 파운드를 연간 1천 파운드씩 회계에게 지불하기로 약속하고 이를 회계 처리 보고서에 서명할 권한을 가진다.'

마침내 병원 설립을 위한 법안이 주 의회를 통과했다. 보조금 지급에 반대하던 의원들도 실제로 돈을 내지 않고도 자선가처럼 보일 수 있다는 계산 끝에 법안에 찬성했다. 우리는 사람들을 찾아다니면서 기부금을 부탁했다. 특히 조건부로 붙은 조항을 설명하면서 기부를 하면 그 돈이 2배로 늘어나게 된다고 강조했다. 어느덧 기부금은 2천 파운드를 넘어섰고, 우리는 의회의 보조금을 받아서 병원 설립 계획을 실행에 옮겼다. 얼마 지나지 않아서 편리하고 훌륭한 병원이 설립되었다.

그 병원은 많은 환자들에게 유용하게 사용되었고 지금까지도 잘 운영되고 있다. 그동안 내가 발 벗고 나섰던 공공사업 중에서 가장 만족스러운 결과를 냈던 경우이다. 다소 교활한 수를 쓴 것 같은 기분도 들었지만 돌이켜봐도 크게 후회가 되지는 않았다.

그 무렵 길버트 테넌트라는 목사가 나를 찾아왔다. 그는 새 예배당을 짓기 위해서 모금을 하고 싶다며 도움을 청했다. 기존에 화이트필드 목사의 가르침을 받은 장로교인들을 한데 모아서 그들을 위한 예배당을 짓겠다는 것이다.

나는 지나칠 정도로 기부금 모금에 앞장서서 괜한 반감을 사고 싶지 않은 마음에 대번에 그의 청을 거절했다. 그러자 그는 주변에 돈이 많고 기부금을 잘 내놓는 사람들의 이름이라도 알려달라고 말했다. 하지만 어렵게 나의 부탁에 응해준 사람들에게 다른 골칫거리를 안겨주는 것이 양심에 걸려서 그마저도 거절했다. 그러자 목사는 몇 마디 조언이라도 해달라고 매달렸다. 그래서 나는 이렇게 대답했다.

"조언이라면 얼마든지 해드리지요. 먼저 목사님이 보기에 기부금을 낼 것 같은 사람들을 찾아가세요. 그리고 기부를 할지, 하지 않을지 확신이 서지 않는 사람들을 찾아가서 먼저 기부금을 낸 사람들의 명단을 보여주세요. 마지막으로 절대로 기부를 하지 않을 것 같은 사람들을 찾아가는 겁니다. 어쩌면 목사님의 생각이 틀렸을 수도 있으니까요."

그는 큰소리로 웃으며 고마워했고 나의 조언을 깊이 새기겠노라고 말했다. 그는 내가 시키는 대로 모든 사람들을 찾아가서 기부를 청했고 예상보다 많은 기부금을 모았다. 그리고 마침내 아치 가에 넓고 우아하며 품위 있는 예배당을 지었다.

도로를 포장하고
가로등을 세우다

　필라델피아의 도시는 질서정연하고 보기 좋은 모습을 하고 있었다. 도로도 넓고 직각으로 서로 교차하는 형태였다. 딱 하나 아쉬운 점이 있다면 바로 도로 포장이 제대로 되어 있지 않다는 것이었다. 그래서 비가 오는 날이면 커다란 마차의 바퀴가 도로 군데군데를 깊숙이 헤집어놓아 사방이 진흙탕으로 변해 횡단하기가 힘들었다. 반면 날씨가 좋고 건조한 날에는 뿌연 먼지 때문에 골치였다.

　나는 시장 근처에 살았는데 시민들이 시장을 오가며 진흙을 뒤집어쓰는 모습을 보니 안쓰러운 생각이 들었다. 일단 시장 한가운데까지만 도착하면 포장도로가 나와서 별문제가 없었지만, 시장에 가려면 신발이 온통 진흙투성이가 되었다. 나는 이를 공론화해서 일반 도로를 포장하는 데 일조했다. 하지만 도로 전체가 포장이 된 것은 아니었기 때문에 중간에 신발에 묻은 진흙으로 인해 포장도로까지 엉망이 되기 일쑤였다. 게다가 당시만 해도 청소부가 없던 때라 그 흙을 따로 치울 만한 사람도 없었다.

　결국 수소문을 거쳐 일주일에 2번씩 도로를 청소하고 집 앞에 쌓인

흙을 치워주는 일을 할, 가난하지만 부지런한 사람을 찾았다. 집집마다 한 달에 6펜스씩 거두어서 주는 조건이었다. 나는 적은 비용을 들여서 시민들이 얻을 수 있는 이점을 상세히 적어 이를 인쇄했다. 먼저 진흙탕에 발을 담근 상태로 집에 들어가지 않으니 건물이 말끔해지고, 건물이 깨끗하면 손님들이 많이 찾아와서 수입이 늘어나며, 바람이 부는 날에도 흙먼지가 날려 물건 위에 쌓일 걱정이 없다는 내용이었다.

나는 인쇄물을 집집마다 배부하고, 이틀이 지난 후 한 집씩 찾아다니면서 6펜스를 낼 의향이 있는지 물었다. 다행히 한 사람도 빠짐없이 동의했고, 한동안 거리가 깨끗하게 유지되었다. 시민들도 시장 주변의 도로가 말끔하게 정리된 것을 보며 기뻐했다. 마침내 시민들 사이에서 모든 도로를 포장해 말끔하고 편리하게 이용하고 싶다는 여론이 일었고, 이를 위해서라면 기꺼이 세금을 내겠다고 나섰다.

1757년, 영국으로 가기 얼마 전 나는 시의 모든 도로를 포장하자는 안건을 의회에 제출했다. 영국으로 떠날 때만 해도 의회를 통과하지 못했는데, 결국 세부적인 사항을 수정한 다음에야 통과되었다. 과세 방식에 다소 변화를 준 것으로 기존의 안건보다 더 나을 것도 없어보였다. 하지만 도로 포장과 더불어 가로등을 세우자는 새로운 계획이 추가된 점은 괄목할 만한 성과였다.

그 기발한 생각을 더한 것은 지금은 고인이 된 존 클리프턴 씨 덕분이었다. 그는 자기 집 현관에 등을 달아 놓았는데 이를 본 시민들이 가로등이 있으면 편리하겠다는 생각을 했고 도시 전체에 가로등을 설치하게 된 것이다. 도로 포장 역시 나의 공으로 돌아왔지만 사실 그 공은 존 클리프턴 씨의 몫이나 다름없다. 나는 그저 그분을 본받은 것뿐이다.

내가 한 일이라고는 당시 런던에서 들여온 둥근 램프를 조금 변형해서 만들었다는 것뿐이다. 둥근 램프는 아랫부분으로 공기가 들어가지 못해서 시커먼 그을음이 램프 안을 빙빙 돌다가 결국 램프를 시커멓게 만들었다. 빛이 흐릿해지지 않으려면 매일 램프를 닦아야 하는데 그러다가 잘못 건드리면 램프가 깨져버려서 이만저만 불편한 것이 아니었다. 그래서 나는 4개의 판유리로 램프를 감싸고 위쪽으로 통풍이 가능하도록 긴 깔대기를 붙였다. 그러면 아래쪽에 있는 틈새로 공기가 들어와 통풍구로 그을음이 빠져나가게 되는 원리였다. 덕분에 램프에 쉽게 검댕이가 붙지 않아서 런던에서처럼 몇 시간 만에 가로등이 어둡게 변하는 일이 없었다. 가로등은 아침까지 밝게 비추었고, 혹여 잘못 건드려서 깨지더라도 유리판만 교체하면 되므로 훨씬 편리했다.

그러한 부분은 런던의 복스홀 공원에 있는 둥근 램프를 볼 때마다 생각했던 것이다. 그 램프는 아래쪽에 구멍이 뚫려 있어서 항상 깨끗한 상태를 유지하고 있었다. 사실 그 구멍은 심지에 불을 붙이는 아마 끈을 길게 빼서 불을 붙일 때 편하게 사용하기 위한 것이지, 구멍으로 공기가 유입된다는 점까지 고려한 것은 아니었다. 그런데 정작 가로등에는 그러한 원리를 적용하지 않는다는 점이 나로서는 의아한 일이었다. 때문에 런던 시가를 비추는 가로등은 몇 시간만 지나면 어두컴컴해져 버리기 일쑤였다.

도로를 청결하게
유지할 방법을 제안하다

가로등 이야기를 하다 보니 문득 떠오르는 일이 하나 있다. 영국에서 지내는 동안 포더길 박사라는 분을 알게 되었다. 포더길 박사는 내가 아는 사람 중 가장 훌륭한 분으로, 공익을 증진시키기 위한 많은 업적을 세웠다.

런던에서 지내다 보면 맑은 날에도 길거리 청소를 하지 않아서 뿌연 먼지가 사방에 날렸다. 그러다 비라도 오는 날이면 그 먼지들은 모두 진흙으로 변했다. 그렇게 며칠이 지나면 포장도로 위로 진흙이 쌓여서 사람들의 통행이 불편할 지경이 되는 것이었다. 그나마 가난한 사람들이 빗자루로 깨끗이 청소를 한 길로만 다닐 수가 있었다.

사실 진흙을 치우는 것은 굉장한 수고를 요하는 일이었다. 진흙을 하나하나 긁어서 뚜껑이 없는 수레에 던져 넣어야만 했다. 하지만 수레를 끌고 가다 보면 수레가 덜컹거리며 흔들려서 자칫 진흙이 다시 도로 위로 떨어져 사람들에게 튀는 일도 종종 벌어졌다. 먼지가 많은 날에도 길거리 청소를 하지 못하는 이유는 열심히 빗질을 해도 그 먼지가 가게나 주택의 창문으로 들어가기 때문이라고 했다.

그러다 우연한 계기로 빠른 시간 내에 청소를 할 수 있는 방법을 발견했다. 어느 날 아침, 크레이븐 가에 있는 우리 집 앞에서 굉장히 초라한 행색의 한 여자가 자작나무로 만든 빗자루로 거리를 쓸고 있었다. 안색도 창백하고 몸도 약해 보여서 큰 병이라도 앓고 난 사람 같았다.

나는 누구의 부탁으로 청소를 하고 있는지 물었다. 그러자 그 여자가 이렇게 답했다.

"전 누구의 부탁으로 이렇게 청소를 하는 게 아닙니다. 저는 너무 가난해서 먹고 살기도 힘든 형편이랍니다. 이렇게 부유한 저택의 앞까지 청소를 하다 보면 몇 푼이라도 돈을 받을 수 있지 않을까 싶어 청소를 하는 거예요."

나는 거리를 말끔히 청소해주면 1실링을 주겠다고 말했다. 그때가 오전 9시였는데 오후 12시에 그녀가 다시 와서 돈을 달라고 했다. 정말 허약하고 힘이 없어 보여서 그렇게 빨리 청소를 끝낼 수 있다는 사실이 믿기지 않았다. 나는 사람을 시켜 길거리를 둘러보고 오라고 시켰다. 하인이 돌아와서 말하기를 도로 구석구석까지 말끔하게 빗질이 되어 있는 것은 물론이고 그 먼지는 도로 중앙에 있는 하수로 속에 전부 모아두었더라는 것이었다. 얼마 후 내린 비로 하수구에 쌓여 있던 흙먼지는 말끔히 씻겼고, 거리는 물론 하수구까지 깨끗해졌다.

그렇게 힘없고 허약한 여자가 3시간 만에 길거리를 말끔히 청소할 수 있다면 건장한 남자는 그 절반 정도의 시간이면 충분히 청소를 할 수 있겠다 싶었다. 무엇보다 좁은 도로에서는 길 양쪽에 하수로를 만들기보다는 중앙에 하수로를 만드는 편이 여러모로 편리했다. 하늘에서 떨어지는 빗방울이 도로 한가운데로 모이게 되면 물살이 세져서 쌓여 있던 먼지를 말끔히 쓸어내기 때문이다.

그런데 하수로를 양쪽에 만들어 놓으면 빗물이 사방으로 갈라지면서 물살이 약해져 오히려 진흙탕이 되어버린다. 그 상태에서 마차가 지나

가게 되면 바퀴가 돌아가면서 보도 위로 진흙을 뿌려 점점 더럽고 미끄러워지는 것이다. 행여나 길을 걷는 사람들에게 튈 우려도 있었다. 나는 포더길 박사에게 다음과 같이 제안했다.

"런던과 웨스트민스터 가의 도로를 더욱 청결하게 유지할 수 있는 효과적인 방법을 제안하고 싶습니다. 먼저 관리인 몇 사람을 고용해서 비가 적게 내릴 때는 먼지를 한쪽으로 쓸어내고, 비가 자주 올 때는 진흙을 한곳으로 긁어모으도록 하세요. 그리고 관리인 한 사람이 각자 도로 몇 군데와 골목길을 맡아서 관리하도록 지시하세요. 그리고 구역마다 빗자루 등 청소에 필요한 도구들을 나눠주고, 필요할 경우 관리자의 권한으로 가난한 사람들을 고용해서 청소업무를 분담할 수 있도록 하는 겁니다.

건조한 여름에는 가게나 주택에서 창문을 열기 전에 거리에 쌓인 먼지를 쓸어서 멀찌감치 쌓아두도록 합니다. 그러고 나면 청소부가 뚜껑이 달린 수레를 끌고 와서 다른 쓰레기와 함께 먼지를 실어가도록 하세요. 한쪽에 진흙을 쌓아둘 경우, 그대로 두었다가는 마차 바퀴나 말발굽에 눌려서 뭉개질 수 있으니 다른 방법을 고안해야 합니다. 청소부들에게 조금 낮은 수레를 만들어주고, 바닥은 격자로 만들어서 짚을 덮어둡니다. 그러면 진흙을 쌓아두었을 때 물기는 아래로 빠지고 물의 무게가 줄어들면서 수레도 훨씬 가벼워질 겁니다. 이렇게 수레를 군데군데 배치해두었다가 진흙의 물이 빠지고 나면 쓰레기를 전부 모아 마차에 실어서 운반하면 되는 겁니다."

소소한 편리함에서
행복이 찾아온다

하지만 나의 제안 중에서 마지막 부분이 제대로 실현될 것인가 하는 점에 대한 의구심이 들었다. 만약 좁은 도로에 진흙을 쌓아둔 수레를 세워두면 행인들이 오기는 데 불편함을 줄 것이다. 물론 가게가 문을 열기 전에 먼지를 쓸어내는 것은 특히나 낮이 긴 여름에는 무척 유용한 청소법이 될 것이다.

언젠가 아침 7시 무렵, 스트랜드 가와 플리트 가를 걸어가는데 문을 연 가게가 하나도 눈에 띄지 않았다. 런던에 사는 사람들은 저녁부터 촛불을 켜고 밤새 이런저런 일을 하다가 해가 뜨고 나서야 잠이 들었다. 그러면서 양초세가 너무 비싸다느니 초가 비싸다느니 하며 불평이 가득했다. 누가 시켜서 그렇게 사는 것도 아닌데 불평을 늘어놓는 걸 보니 나로서는 정말 이해가 되지 않았다.

길거리의 먼지까지 신경을 쓰는 것을 탐탁지 않게 여기는 사람들도 물론 있을 것이다. 바람이 강하게 부는 날에 사람 눈으로 먼지가 들어가거나 가게 안으로 먼지가 날아가는 것은 사실 그리 큰 문제는 아니다. 하지만 인구가 많은 도시에서 항상 같은 문제가 반복되고 이로 인해 불편을 겪는다면 이는 비중 있게 다뤄야 할 문제가 된다. 그러고 보면 하찮은 일에 신경을 쓴다고 무조건 비난할 일도 아니다. 행복이란 어쩌다 한 번 생기는 커다란 행운이 아니라 하루하루 살면서 느끼는 소소한 편리함에서 찾아오는 것이기 때문이다. 즉 가난한 젊은이에게 제대로 면도하는 법을 가르쳐주고 면도칼을 정리하는 법을 일러주는 것이 천만 금을 쥐어주는 것보다 더욱 큰 행복을 줄 수 있는 것이다.

돈이란 그저 써버리면 그만이며 나중에 이를 제대로 쓰지 못한 것에 대한 아쉬움이 남을 뿐이다. 하지만 면도하는 법을 제대로 익히고 나면 이발소에 가서 한없이 차례를 기다리지 않아도 되고 더러운 손과 이발사의 입 냄새, 그리고 무딘 면도날 때문에 고통을 받지 않아도 된다. 내가 원하는 시간에 잘 드는 면도칼로 깔끔하게 수염을 다듬는 기쁨을 맛볼 수 있게 되는 것이다.

긴 지면을 할애하면서 포장도로와 가로등에 대한 이야기를 한 것도 바로 이러한 이유에서이다. 내가 사랑하는 이 도시, 그리고 미국 전역에 있는 마을에 나의 이야기가 조금이라도 보탬이 되기를 바라는 마음이다.

대학에 다니지 않고도
학위를 2개나 받다

나는 잠시 동안 미국의 체신 장관 밑에서 회계 감사원으로 일했다. 여러 개의 우체국을 관리하고 책임자를 견책하는 역할이었다. 1753년에 장관이 작고하자 영국 체신 장관의 지시하에 나는 윌리엄 헌터 씨와 공동으로 후임 자리에 임명되었다. 그때까지만 해도 미국 체신청에서는 영국에 이익금을 한 번도 송금하지 못했다. 우리 두 사람이 노력한다면 일 년에 600파운드 정도의 이윤을 낼 수도 있었다. 그러자면 여러 가지 부분에서 개선책이 필요했고, 이를 위해서는 어쩔 수 없이 투자 명목의 돈이 들어가야만 했다.

처음 체신 장관으로 임명된 후 4년 동안 우리는 900파운드가량의 부채를 만들었다. 하지만 얼마 지나지 않아 원금을 회복했고, 아일랜드 체신청에 비해 3배 정도의 수익을 올렸다. 그런데 영국 정부에서 갑작스레 해임 지시를 내렸고, 그 후로 영국 정부는 미국 체신청으로부터 한 푼의 수익도 받지 못하게 되었다.

그해에 나는 우체국 업무 차 뉴잉글랜드에 방문할 기회가 있었다. 케임브리지대학교(현재의 하버드대학교-옮긴이)에서는 자진해서 내게 석사 학위를 수여했다. 예전에도 코네티컷에 있는 예일대학교로부터 학위를 받은 적이 있었다. 덕분에 나는 대학에 다니지 않고도 학위를 2개나 받게 되었다. 그동안 내가 자연 과학의 전기 분야에서 다양한 연구와 발명을 해왔기 때문이었다.

14

식민지 연합을
제안하다

식민지들이 하나의 정부를 구성하자고 제안하다

영국과 식민지 의회에서 내 제안을 반대하다

벤저민 프랭클린 자서전

식민지들이 하나의 정부를
구성하자고 제안하다

1754년 영국과 프랑스 사이에 다시 전쟁이 발발했다. 상무장관의 지시하에 각 식민지 대표들이 올버니 시에 모여 대책 회의를 열었다. 여섯 종족의 인디언 추장들도 회의에 참석해 각자 국토를 어떻게 수비할 것인지 대책을 논의하기로 했다.

해밀턴 지사는 이를 주 의회에 통보하고 회의 참석에 앞서 인디언들에게 줄 적당한 선물을 준비하라고 일렀다. 그리고 의장인 노리스 씨와 나, 토머스 펜과 비서실장 피터스 씨를 펜실베이니아 주 공동 대표로 지명했다. 주 의회에서도 이를 수락하고 인디언들에게 줄 선물도 준비했다. 물론 펜실베이니아가 아닌 다른 주에서 협의를 한다는 점은 내키지 않았지만 6월 중순 무렵, 우리 네 사람은 올버니 시에서 각 주의 대표들과 함께 회의를 가졌다.

올버니로 가는 길에 나는 여러 식민지들이 하나의 정부를 구성하고 연합 체제를 갖추어 국토 방위와 기타 중요한 사안을 위해서 하나로 움직이는 것이 어떨까 하는 계획을 구상했다. 나는 이를 구체적인 계획서로 작성했다. 그리고 뉴욕 시 근처에서 이러한 계획을 공공사업에 조예가 깊은 제임스 알렉산더 씨와 케네디 씨에게 설명했다. 두 사람의 찬성을 얻고 나서 용기를 얻은 나는 이를 대표 회담에서 발표하기로 했다. 나 말고도 비슷한 계획을 가진 대표들이 많은 것 같았다.

가장 큰 문제는 식민지 연합 체제를 갖추어야 하는가에 대한 것이었는데 만장일치로 가결되었다. 잠시 후 식민지마다 한 사람씩 의원을 선출해서 몇 개의 계획안을 심의·보고하기로 했다. 예상 밖으로 내 계획안이 최종 선출되었고, 한두 가지 수정을 거친 끝에 회의에 상정되었다.

영국과 식민지 의회에서
내 제안을 반대하다

식민지 연합 체제 계획안의 내용은 다음과 같다. '먼저 식민지 연방 정부는 국왕이 임명하고, 지지하는 총독을 총 책임자로 두며, 각 주에서 임명된 식민지 대표자들이 모여서 최고 위원회를 선출한다.' 이 문제는 인디언 문제와 함께 매일 의회의 토론 석상에 올랐고, 수많은 반대 의견과 난관을 이겨낸 끝에 만장일치로 통과되었다. 그리고 전체 계획안을 복사해서 상무부와 각 식민지 주 의회로 발송했다.

하지만 각 주 의회에서는 연방 정부의 권한이 지나치게 강하다는 이유로 이를 반대했고, 영국 정부는 지나치게 민주적이라는 이유로 반대하는 기이한 상황에 처했다. 결국 상무부는 이 안건을 찬성하지도, 국왕에게 보고하지도 않았다. 대신 이와 같은 목표를 수월하게 진행시켜 줄 새로운 대안을 제시했다. 즉 식민지의 지사들은 각 주 의회의 대표단과 함께 회의를 갖고 군대를 모집하거나 요새를 건설하는 등의 일을 결정하며, 그 비용은 영국 국고에서 집행하기로 하는 것이다. 이후 미국 식민지에 세금을 부과하는 안건을 국회에 제출해 기존에 지출되었던 비용을 상환받는다는 내용이었다. 당시 내가 제출했던 안건은 이를 지지하는 이유와 함께 나의 정치 논문 어딘가에 수록되어 있을 것이다.

나는 그해 겨울을 보스턴에서 지내면서 셜리 지사와 함께 그 2가지 안건에 대해 많은 이야기를 나누었다. 당시 우리가 나누었던 의견들도 역시 앞서 언급한 논문에서 확인할 수 있을 것이다. 영국과 식민지 의회에서는 서로 정반대의 이유를 들어 나의 안건에 반대했다. 그런 이유로 당시 내가 발의했던 안건이 어느 쪽에도 치우치지 않는 가장 중도의 노선을 걷고 있지 않았나 싶다. 내 안건이 채택되었더라면 양쪽 모두 만족했을 것이다. 미국 식민지들이 서로 연합 체제를 구축했다면 스스로를 지킬 수 있을 정도로 막강한 힘을 가지게 되었을 것이다. 그러면 영국에 군대를 보내지 않아도 되고, 그로 인해 미국 식민지에 지나친 세금을 물릴 수도 없었을 것이며, 선혈이 낭자하는 전쟁도 피해갈 수 있었을 것이다. 하지만 역사적으로 볼 때 이러한 고위 공직자들과 군주들의 실수는 끊임없이 있어 왔다.

국가를 다스리는 자들은 당장 눈앞에 해결해야 할 문제들 때문에 새로운 계획을 구상하고 이를 실행하는 것을 꺼려한다. 그래서 미래를 내다보고 계획을 채택하기보다는 당장 피치 못할 사정 때문에 계획을 수락하는 경우가 허다하다.

펜실베이니아 지사는 내가 제안한 안건을 의회에 상정하면서 다음과 같이 찬성의 뜻을 밝혔다.

"이 안건은 매우 명쾌하고 확고한 판단력을 바탕으로 구상되었습니다. 여러 의원들의 세심하고 주의 깊은 검토를 요하는 바입니다."

하지만 주 의회 의원 중 하나가 술수를 부렸던 것인지 비열하게도 일부러 내가 출석하지 못하는 날을 골라 이 안건을 의회에 상정했고, 결국 아무 검토도 없이 그대로 기각되어버렸다. 내 입장에서는 억울하기 짝이 없는 일이었다.

15

주지사와
의회의 갈등

논쟁을 즐겼던 주지사 모리스

주 의회에 먹칠을 하려고 안간힘을 쓴 주지사

지사의 동의 없이도 일을 성사시키다

벤저민 프랭클린 자서전

논쟁을 즐겼던
주지사 모리스

1754년, 보스턴으로 가는 도중에 뉴욕에서 새 주지사로 부임하게 된 모리스 씨를 만났다. 우리는 전부터 알고 지내던 사이였다. 전 주지사였던 해밀턴 씨는 영주의 훈령 때문에 주 의회와 갈등이 계속되자 끝내 버티지 못하고 사임했다. 모리스 씨는 이렇게 물었다.

"제가 맡은 일이 편치만은 않겠죠?"

나는 이렇게 답했다.

"아니요, 그렇지 않습니다. 오히려 쉽게 갈 수도 있겠죠. 주 의회와 논쟁을 벌이지만 않는다면 말입니다."

그러자 모리스 씨가 껄껄 웃으며 다시 말했다.

"어찌 나더러 논쟁을 피하라고 하십니까? 내가 토론하는 걸 얼마나 좋아하는지 잘 알면서 말이오. 하지만 친구의 조언을 귀담아듣도록 하지요. 최대한 논쟁을 피해보도록 노력하겠습니다."

모리스 씨가 논쟁을 즐기는 데는 그럴만한 이유가 있었다. 워낙 타고난 달변가인 데다 상대방의 말꼬리를 잡아서 궤변을 늘어놓는 데 능해 웬만한 논쟁에서는 지는 법이 없었기 때문이다. 하지만 논쟁을 즐기는 습관은 그리 추천할 만한 것은 아니다. 논쟁으로 상대의 기를 꺾는 것을 즐기는 사람은 일처리가 순탄하지 못하기 때문이다. 물론 논쟁에서야 이기겠지만 절대로 상대의 호감을 살 수는 없다. 사회생활을 하는 데 있어 타인의 호감을 사는 것은 논쟁에서 이기는 것보다 백번 유익한 일이다.

주 의회에 먹칠을 하려고
안간힘을 쓴 주지사

다시 집으로 돌아오는 길에 뉴욕에서 주 의회의 의사록을 살펴볼 기회가 있었다. 모리스 지사는 나와 약속을 해놓고도 벌써부터 의회와 심각한 갈등을 겪고 있는 모양이었다. 주지사와 의회의 싸움은 모리스 씨가 지사 직에서 물러날 때까지 계속되었다. 나 역시 그 틈에 끼었다.

주 의회에 돌아가자 곧바로 갖가지 위원회에 호출되어 연설이나 교서의 답변을 맡았고, 의원들은 초안을 작성하는 일까지 내게 일임했다. 주지사의 교서도 그렇지만 의원 측의 답변도 뾰족하게 날이 서 있었고 가끔은 욕설에 가까운 발언까지 오갔다. 내가 주 의회를 대신해서 글을 쓴다는 사실을 알고 있기 때문에 주지사와 마주치면 금방 격투라도 벌어지지 않을까 생각했겠지만 사실은 정반대였다. 모리스 씨는 굉장히 호탕한 사람이었고, 내가 반대편을 대변하는 입장에 있다고 해서 사적으로 악감정을 품지도 않았다. 우리는 가끔 식사도 함께하는 사이였다.

주지사와 의회의 싸움이 격렬하게 벌어지던 어느 날 오후, 우리는 우연히 길에서 마주쳤다.

"프랭클린, 오늘 우리 집에서 저녁 식사라도 함께합시다. 오늘 초대한 손님 중에 당신이 좋아할 만한 친구들이 있다오."

모리스 씨는 내 팔을 끌고 집으로 데려갔다. 식사를 마치고 와인을 마시며 유쾌한 시간을 보내던 중에 모리스 지사가 이런 말을 했다.

"나라를 하나 주겠다고 하자 산초 판자(소설 『돈키호테』에서 돈키호테의 충직한 부하로 나옴-옮긴이)는 흑인들의 나라를 달라고 했었지. 만약 국민들과 사이가 틀어진다면 나라를 통째로 팔아넘기면 해결될 일이니까."

그러자 바로 옆에 있던 지사의 친구가 입을 뗐다.

"프랭클린 씨, 대체 무슨 이유로 퀘이커교도들의 비위나 맞춰주는 거요? 그런 사람들은 팔아넘기는 편이 낫지 않겠소? 어차피 영주가 값을 후하게 쳐줄 텐데 말이오."

나는 이렇게 답했다.

"주지사님이 그 사람들을 충분히 검게 만들지 못했기 때문입니다."

사실 모리스 지사는 온갖 교서를 동원해가며 주 의회에 먹칠을 하려고 안간힘을 썼다. 하지만 주 의회에서는 곧바로 자기 몸의 먹칠을 지우고 모리스 지사의 온몸에 2배로 두꺼운 먹칠을 했다. 일이 이렇게 되자, 주지사는 이러다가 자기 얼굴에 먹칠을 하는 격이 될 거라 생각해 해밀턴 씨처럼 지사직에서 깨끗이 물러났다.

이렇게 정치적인 논쟁이 벌어지는 근본적인 원인은 바로 세습적으로 통치를 맡고 있는 영주들 때문이었다. 영주들은 자신이 사는 주의 방위를 위해 비용을 지불해야 하는 일이 생길 때마다 비열한 행동을 불사했다. 자기네들이 소유한 부동산의 세금을 면제해주는 조건이 아니면 어떤 조세 법안도 통과되지 못하도록 대리인을 시켜서 지사에게 훈령을 보낸 것이다. 게다가 지사로부터 그들의 훈령을 준수하겠다는 각서까지 받아냈다. 주 의회 측에서는 이러한 영주들의 야비한 행동에 맞서 3년간 고군분투했고 마침내 승리를 거뒀다. 모리스 씨의 후임인 데니 대위가 훈령을 거스르는 모험을 감행했기 때문이다. 그 일에 대해서는 나중에 자세히 거론하도록 하겠다.

지사의 동의 없이도
일을 성사시키다

이야기가 다소 빗나간 감이 있어서 모리스 씨가 지사로 재임하던 시절의 이야기를 몇 가지 덧붙이고자 한다.

258

마침내 영국과 프랑스 사이에 전쟁이 시작되었다. 메사추세츠 주 정부에서는 크라운 포인트(미국 뉴욕 에섹스 카운티에 있는 마을)를 공격하기로 했고, 퀸시 씨를 펜실베이니아로, 그리고 차기 지사가 된 포널 씨를 뉴욕으로 파견해 원조를 요청했다. 나는 주 의회의 의석을 차지하고 있어 의회 내부 사정에 정통했고 퀸시 씨와 같은 고향 출신이었기 때문에 그는 영향력을 발휘해서라도 원조를 받을 수 있도록 도와달라고 내게 부탁했다.

나는 곧바로 그의 청원을 의회에 전달했고 의회는 이를 흔쾌히 수락했다. 먼저 주 의회는 군대 식량을 조달할 비용으로 1만 파운드를 원조하는 데 동의했다. 그런데 주지사가 이를 거부하고 나선 것이다(물론 그 비용에는 국고로 헌납할 비용도 포함되어 있었다). 이번 원조로 세금을 걷어야 한다면 영주들의 토지세는 면제해준다는 특별 조항을 넣어야 한다는 것이었다. 주 의회는 뉴잉글랜드에 원조를 하려 했지만 주지사의 반발에 이러지도 저러지도 못하고 있었다. 퀸시 씨는 어떻게든 지사의 허가를 받으려고 애썼으나 지사의 태도는 완강했다.

그래서 나는 지사의 동의 없이도 일을 성사시킬 수 있는 방법을 찾아냈다. 바로 공채국의 보관위원 앞으로 어음을 발행하는 것이었다. 법률에 정한 바에 따라서 주 의회는 어음을 발행할 권리를 가지고 있었다. 하지만 당시만 해도 공채국의 현금이 고갈된 상태였기 때문에 어음의 기한을 일 년으로 잡고 5부의 이자를 붙여 어음을 발행하자고 제안했다. 그 정도 금액이면 군대를 위한 식량을 충분히 살 수 있을 거라고 생각했다.

주 의회는 곧바로 그 제안을 채택했다. 즉시 어음이 발행되었고, 나는 어음에 서명을 하고 이를 관리하는 위원회에 선출되었다. 이후 어음 지불에 필요한 자금은 다른 지역에 대출해주었던 유통 지폐에 대한 이자와 물품 소비세로 발생하는 세금이 전부였다. 하지만 그것만으로도 충분히 어음 지불이 가능하다고 알려지면서 여윳돈을 가진 부자들이 앞을 다투어 투자를 하겠다고 나섰다. 결국 그 어음으로 식량 조달도 하고 투자도 받게 되었다. 어음이란 그저 손에 쥐고만 있어도 이자가 붙고 언제든 필요할 때 현금화할 수 있어서 여러모로 유익한 수단이었다. 마침내 어음은 날개가 돋힌 듯 팔려나갔고 2~3주 만에 완전히 동이 났다.

또 한 번 중요한 사안이 나의 제안 덕분에 해결된 셈이었다. 퀸시 씨는 정중하게 친서를 보내 주 의회에 감사를 전했고, 임무를 달성한 것에 기뻐하며 고향으로 돌아갔다. 그 후로도 우리는 충실하고 두터운 우정을 꾸준히 이어나갔다.

16

브래드독 장군의
모험과 패전

체신 장관 자격으로 브래드독 장군을 만나다

장군의 요청으로 물품 구입에 나서다

미국군과 인디언군을 너무 얕본 장군의 패착

던바 대령의 약속 불이행으로 고초를 겪다

영주들의 특별 면세 조항에 집착했던 모리스 지사

벤저민 프랭클린 자서전

체신 장관 자격으로
브래드독 장군을 만나다

영국 정부는 올버니 회담에서 제출한 식민지 연합에 대한 안건을 끝
내 승인하지 않았다. 식민지 연합이 몸집을 불리면 군사력이 강해질 테
고, 스스로 방위 태세를 갖추고 나면 독립할 수도 있다는 불안감에서였
을 것이다. 급기야 영국 정부에서는 의구심과 불안감을 이기지 못하고
브래드독 장군의 지휘하에 영국군 2개 연대를 파견했다. 브래드독 장
군은 버지니아 주 알렉산드리아에 도착한 후 곧바로 메릴랜드의 프레
드릭타운까지 진군했고, 마차를 징발하기 위해 잠시 그곳에 머물렀다.

그런데 소식통에 따르면 브래드독 장군은 주 의회에 대한 반감이 대

단히 크다고 했다. 식민지 사람들을 지키러 온 영국군을 주 의회가 싫어한다는 것이 그 이유였다. 주 의회는 장군의 오해를 풀어주기 위해서 나를 의원대표가 아닌 체신 장관 자격으로 급파하기에 이르렀다. 표면적으로는 장군과 각 식민지 지사들과의 서한을 신속하게 전달하기 위한 방법을 의논하러 온 것처럼 가장하고 만나보라는 뜻이었다. 물론 통신에 필요한 비용은 주 의회가 전부 부담하기로 했다.

나는 아들과 함께 프레드릭타운으로 가서 장군을 만났다. 당시 브래드독 장군은 메릴랜드와 버지니아 오지로 마차를 징발하러 보낸 부하들의 소식을 초조하게 기다리는 중이었다. 우리는 며칠 동안 브래드독 장군과 머물면서 매일 함께 식사를 했다. 그동안 주 의회가 장군의 임무 수행을 돕기 위해서 그가 도착하기 전부터 처리해 놓은 일들과 지금도 진행중인 여러 가지 사항에 대해 자세히 전했다.

모든 임무를 마치고 돌아가려는 찰나, 마차를 징발하기 위해 떠났던 부하들로부터 소식이 도착했다. 보고에 의하면 징발된 마차는 겨우 25대뿐이며 그나마 몇 대는 사용하기 힘들 정도의 상태라는 내용이었다. 브래드독 장군과 장교들은 깜짝 놀라서 더이상의 진군은 불가능하다고 선언했다. 그들은 제대로 상황 파악도 하지 않고 군대를 보낸 영국 정부를 탓했다. 식량과 군용 물품을 운반할 마차 하나 제대로 없다면 더이상 임무 수행을 할 수 없으며 최소한 마차 150대는 필요하다고 말했다.

나는 버지니아가 아닌 펜실베이니아로 상륙하지 않은 것이 유감이라고 장군에게 아무 뜻 없이 말을 건넸다. 펜실베이니아에는 농가마다 마차가 적어도 한 대씩은 있었기 때문이다. 내 말이 끝나기가 무섭게 브래드독 장군이 이렇게 간청했다.

"그럼 당신이 펜실베이니아로 가서 우리가 사용할 마차와 말들을 구해주시오. 제발 부탁하겠소."

그래서 나는 마차를 소유한 이들에게 어떤 조건을 내놓겠느냐고 물었고, 장군은 필요한 조건들을 종이에 적어달라고 말했다. 브래드독 장군은 내가 제시한 조건에 동의했고 곧바로 위임장과 훈령이 작성되었다. 이는 랭카스터에 도착하자마자 공식적으로 발표했던 공고문에 그대로 남아있다. 당시 공고가 폭발적인 반응을 불러일으켰다는 점이 나로서도 신기할 따름이라 그 공고문 전문을 다음과 같이 소개하고자 한다.

공고문

1755년 4월 26일, 랭카스터에서

영국 정부에서 파견한 군대가 윌스 크릭에 집결하기로 예정되어 있다. 그에 따라서 군대가 사용할 사두마차 150대와 승용마, 수레용마 1,500필을 모으고자 한다.

나 벤저민 프랭클린은 브래드독 장군의 위임을 받아 위의 마차와 말을 임대하는 것에 따른 계약 조건을 다음과 같이 공고한다. 오늘부터 다음 주 수요일 저녁까지 랭카스터에서, 다음 주 목요일부터 금요일 저녁까지는 요크에서 마차와 말을 접수토록 한다. 자세한 조건은 다음과 같다.

1. 사두마차 한 대와 마부 한 명이 포함된 경우 하루 15실링, 짐을 싣는 안장 혹은 기타 안장, 그리고 마구가 포함된 말은 하루 12실링, 안장이 없는 말 한 마리는 하루 18센트를 지불한다.

2. 임대료의 지불은 윌스 크릭에 합류한 시점부터 계산한다. 합류 날짜는 5월 20일, 혹은 그전까지만 가능하다. 또한 윌스 크릭에 도착하기까지 소요된 경비와 이후 집으로 돌아갈 때까지 걸리는 기간에 소요되는 경비에 대해서도 별도의 비용을 지불한다.

3. 마차와 이에 부속되는 말 4마리와 승용마, 수레용마 등은 나와 소유자가 함께 선정하는 제3자에게 등급 평가를 의뢰하도록 한다. 작전중 마차와 말을 잃어버릴 경우에는 등급 평가에 따라서 이를 보상받는다.

4. 계약 체결시 별도 요구가 있을 경우, 일주일치 임금을 계약 장소에서 주인에게 직접 지불한다. 잔금은 브래드독 장군이나 영국군 당국이 모든 계약이 완료된 후 일정한 시기에 지불한다.

5. 말을 관리하는 자와 마부는 어떤 경우에도 군대에 필요한 업무를 강요당하지 않는다. 마차와 말을 관리하는 일 이외에 그 어떤 임무도 수행할 의무가 없다.

6. 말의 먹이로 실어온 귀리와 옥수수 등이 남을 경우, 군 식량으로 매입하고 그에 대한 적정한 금액을 지불한다.

* 주의사항

나의 아들 윌리엄 프랭클린도 컴벌랜드 지방에서 나와 같은 권한으로 위의 계약을 체결할 권리를 가진다.

랭카스터와 요크, 그리고 컴벌랜드 주민들에게 알립니다.

동포 여러분!

얼마 전 저는 프레드릭 진지에서 브래드독 장군과 함께 지내면서 군대에서 쓸 마차를 구하지 못해 장군과 장교들이 초조해하는 모습을 보았습니다. 필요한 마차와 말을 구할 수 있을 거라 생각하고 이곳에 왔지만 우리 주지사와 주 의회의 의견 차이 때문에 필요한 자금도 받지 못했고 다른 수단도 강구되지 못했습니다.

사실 군대를 식민지 곳곳으로 보내서 좋은 말과 마차를 징발하고 그에 필요한 인원을 징용하자는 의견도 있었습니다. 하지만 현재 영국 군대의 분노와 우리 식민지에 대한 반감을 고려해볼 때, 혹시 그 일로 여러분에게 좋지 않은 영향을 끼칠까 걱정이 앞섭니다. 때문에 저는 다소 귀찮더라도 공평하게 이번 문제를 해결하기 위해 이렇게 나섰습니다.

최근까지도 변두리 지역에 사는 주민들이 화폐가 부족하다고 주 의회에 호소한 바 있습니다. 이번 일로 여러분은 막대한 현금을 공평하게 나눌 수 있는 기회를 얻었습니다. 이번 군대의 원정은 120일 이상 계속될 예정이기에 여러분들이 마차와 말을 임대할 경우 3만 파운드 이상의 수익이 발생할 것입니다. 추후 임대비용은 영국 금화와 은화로 지불받게 될 것입니다.

이번 원정은 고되거나 힘들지도 않습니다. 군대는 하루 12마일 이상 행군하지 않을 것이며, 마차와 말은 군용 물품을 운반하기 때문에 행군 속도에 맞추어 이동하게 됩니다. 그리고 행군과 야영시에도 군대의 안전을 위해 가장 안전한 지역에서 보호를 받게 됩니다.

제가 굳게 믿는 바와 같이 여러분이 선량하고 충성스러운 시민들이라면 지금이야말로 여러분이 나서야 할 때입니다. 물론 여러분 모두 베푼 만큼 보상을 받을 수 있습니다. 농사일 때문에 마차와 말, 그리고 마부를 제공할 수 없는 경우, 여러 가구가 함께 협력해서 참여해도 무방합니다. 한 집에서는 마차를, 또 다른 집에서는 말 한두 마리를, 나머지 집에서는 마부를 제공해 임대로 발생하는 수익을 나누어 가져도 됩니다.

위와 같은 후한 금액과 조건이 제시되었는데도 여러분의 자발적인 참여가 미비하다면, 국왕과 국가를 위한 충성심을 의심받을 것입니다. 이번 국왕의 업무는 반드시 성공적으로 마무리되어야 합니다. 용감무쌍한 영국 군대가 이렇게 먼 곳까지 우리를 지켜주기 위해서 나섰는데 우리 시민들이 솔선수범하지 않으면 안 됩니다.

지금 우리는 마차와 말이 필요합니다. 만약 자진해서 돕지 않으면 강제로 징발하는 절차가 시작될 것이고, 제대로 배상을 받지 못해 헤매야 할 수도 있습니다. 그때가 되면 아무도 여러분에게 관심을 주지도, 여러분을 동정하지도 않을 것입니다.

저는 이번 일로 개인적인 이익을 취하지 않을 것입니다. 다만 좋은 일을 한다는 만족감을 느낄 뿐이며 오히려 바쁘게 움직여야 하니 고단함만 남겠지요. 만약 공고문이 나간 후에도 마차와 말이 모이지 않는다면, 14일 내로 그 결과를 브래드독 장군에게 보고해야 합니다. 그러면 경기병인 존 세인트 클레어 경이 군대를 이끌고 와서 여러분을 찾아가 마차와 말을 강제로 징발할 것입니다. 여러분의 진실하고 충실한 벗이자 여러분의 행복을 바라는 바, 그러한 불미스러운 사태가 벌어지지 않기만을 바랄 따름입니다.

벤저민 프랭클린

장군의 요청으로
물품 구입에 나서다

　나는 브래드독 장군으로부터 마차 소유주에게 지불할 선불금으로 사용할 800파운드를 받았다. 하지만 그것도 부족해서 자비로 200파운드를 보태야 했다. 14일 후, 총 150대의 마차와 수레용마 259필이 부대 주둔지로 출발했다. 마차나 말을 잃을 경우 등급에 따라 돈으로 보상해 준다는 내용도 공고문에 제시되어 있었다. 하지만 마차와 말의 소유주들은 브래드독 장군을 얼마나 신뢰할 수 있는지 알 수 없다며 내게 지불 보증을 부탁했고, 나는 흔쾌히 수락했다.

　어느 날, 진지에서 던바 대령 연대의 장교들과 함께 저녁을 먹은 적이 있었다. 대령은 하급 장교들 때문에 걱정이 이만저만이 아니었다. 하급 장교들은 대부분 가난한 데다가 군대에서 받는 보수도 많지 않다고 했다. 오랫동안 황야를 진군하기 위해 필요한 여러 가지 물품을 구입해야 하는데 이곳 물가가 워낙 비싸서 그럴 형편이 안 된다는 것이었다. 그 말을 들은 나는 형편이 딱하다 싶은 생각이 들어 위문품을 모아주기로 결심했다. 물론 대령에게는 아무 말도 하지 않고 다음 날 주 의회에 편지를 보냈다. 그리고 장교들의 딱한 사정을 자세히 설명하고 의회에서 장교들이 사용할 개인용품과 음식을 제공해주자고 제안했다.

실제로 주 의회에서 자유롭게 사용할 수 있는 공금이 조금 남아 있었다. 나는 복역한 경험이 있는 아들에게 부탁해서 장교들이 필요로 할 만한 물품의 목록을 적어 편지에 동봉했다. 주 의회는 그 제안을 수락했고 물품 마련을 위해 열심히 움직였다. 마침내 내 아들의 지휘하에 주 의회가 보낸 위문품이 공고로 모집한 마차들과 거의 동시에 도착했다. 총 20자루나 되는 위문품에는 다음과 같은 것들이 들어 있었다.

각설탕 6파운드

고급 흑설탕 6파운드

고급 녹차 1파운드

중국산 홍차 1파운드

고급 커피 6파운드

초콜릿 6파운드

최고급 화이트 비스킷 50파운드

후추 1/2 파운드

최고급 식초 1쿼트

글로스터 치즈 한 덩어리

항아리 버터 20파운드

숙성된 마데이라주 24병

자마이카주 2갤런

겨잣가루 1병

훈제 햄 2개

말린 소의 혀 반 다스

쌀 6파운드

건포도 6파운느

우리는 20자루에 달하는 위문품을 잘 포장해서 20필의 말에 하나씩 실었다. 그리고 장교 한 사람당 한 자루씩 이를 선물로 전했다. 그들은 무척 기뻐하며 위문품을 받았고, 연대장 2명은 매우 정중한 감사의 편지를 보내왔다. 브래드독 장군도 필요한 마차와 말을 구해준 것에 대한 감사의 표현을 전해왔다. 개인 경비로 지출했던 돈을 즉시 지불하면서 감사의 말을 되풀이했고, 앞으로도 필요한 물자를 보급하는 데 도움을 달라고 부탁했다.

이후로도 나는 브래드독 장군의 요청이 있을 때마다 물품 구입에 나섰다. 사적인 자금을 동원해 1천 파운드 이상을 지출했으며, 그 계산서를 장군에게 보냈다. 다행히 전쟁이 시작되기 며칠 전에 계산서가 장군에게 도착했고, 그는 은화 1천 파운드를 지불하라는 명령서를 회계담당자에게 보냈다. 나머지 돈은 다음에 지불하기로 약속한 것이다. 그나마 1천 파운드라도 돌려받은 것이 천만다행이었다. 나머지 돈은 끝내 돌려받지 못했기 때문이다.

미국군과 인디언군을
너무 얕본 장군의 패착

브래드독 장군은 매우 용기 있는 사람이었다. 만약 이 전쟁이 유럽에서 일어났다면 그는 훌륭한 군인으로 이름을 날렸을 것이다. 하지만 브래드독 장군은 지나치게 자신감이 넘쳤고, 정규군을 과소평가했으며, 미국군과 인디언군을 너무 얕보고 있었다. 우리의 인디언 통역사 조지 크로건은 100명의 인디언을 데리고 그의 부대에 합류해서 함께 진군했다. 장군이 조금만 더 이들을 친절히 대했더라면 길 안내나 정찰 같은 여러 가지 면에서 큰 도움을 받았을 것이다. 그러나 장군은 이들을 얕잡아보고 무시했으며 결국 인디언군은 하나둘 부대에서 떨어져나갔다.

어느 날 장군과 앞으로의 계획에 대해 대화를 나누게 되었다.

"먼저 듀케인 요새를 점령하고 나서 나이아가라로 진군할 겁니다. 나이아가라를 점령한 후 기상 상황이 좋다면 프런트넥까지 진군해도 괜찮겠죠. 듀케인에서 3~4일 정도면 당도할 테니 그런대로 가능할 것 같습니다. 거기서부터 나이아가라까지는 별 방해가 될 게 없을 겁니다."

그의 이야기를 듣고 나는 왠지 모를 의구심이 생겼다. 협소한 길을 따라 행군할 때는 길게 행렬을 만들고 주변의 나무와 덤불을 일일이 쳐내야 한다. 과거 1,500명의 프랑스군이 이로쿼이 인디언족의 거주지를 공격했다가 패배했던 일화를 떠올려보면 그의 말처럼 쉬워보이지는 않았다.

"장군님 말씀이 맞습니다. 들리는 바에 따르면 듀케인은 방비도 허술

하고 전투력도 강하지 않다고 하더군요. 장군님이 무사히 듀케인에 도착할 수만 있다면 정예 부대와 대포까지 갖추고 계셔서 충분히 승산이 있을 것 같습니다. 한 가지 걱정되는 점은 바로 인디언들의 매복입니다. 인디언들은 항상 매복을 하고 있다가 갑자기 급습을 하거든요. 민첩하다고 소문이 자자합니다. 4마일이나 되는 협소한 길을 길게 행렬을 지어 진군하다가 갑자기 공격을 당하면 가느다란 실이 군데군데 잘리듯 맥이 끊길 위험이 있습니다. 그러다 아군들끼리 멀리 떨어지게 되면 적시에 서로를 지원할 수도 없을 테고요."

장군은 나의 무지함을 비웃으며 대꾸했다.

"맞는 말씀이오. 당신의 군대는 워낙 경험이 없어서 그 야만인들이 무서울 수도 있지요. 하지만 국왕 폐하의 정규군인 우리 영국 군대와는 비할 것이 아니라오."

나는 평생을 군인으로 살아온 사람과 전쟁 문제로 논쟁한다는 것 자체가 무리인 것 같아 거기서 멈추었다. 물론 내가 우려했던 상황은 벌어지지 않았다. 적군은 브래드독 장군이 이끄는 부대가 긴 행렬을 이루며 진군할 때는 그대로 내버려두었다. 그러다 요새에서 9마일 정도 떨어진 지점, 즉 협소한 길을 벗어나 넓게 트인 숲 속의 공터에 이르는 순간 적군이 급습을 감행했다. 선발 부대가 먼저 강을 건넌 후, 후발 부대를 기다리며 잠시 멈춰 있을 때였다.

적군은 나무숲과 덤불 뒤에 매복해 있다가 갑자기 전위를 향해 맹렬히 총을 쏘아댔다. 그제야 장군은 적군이 코앞에 있음을 알아챘다. 전위 부대가 우왕좌왕하는 모습을 보고 장군은 곧바로 후방에 있던 부대를 급파했다. 하지만 갑작스러운 공격으로 마차와 짐수레가 뒤엉켜 난장판이 벌어졌고, 적군의 공격은 측면으로 이어졌다. 장교들은 말을 타고 있어 멀리서도 눈에 잘 띄었기 때문에 제일 먼저 적의 총에 맞아 하나둘 떨어져나갔다. 보병들은 한군데 뒤엉켜서 제대로 공격 한 번 해보지 못하고 명령조차 듣지 못한 채 총에 맞았다.

결국 병사들의 절반 이상이 목숨을 잃었다. 그러자 남은 병사들이 겁에 질려 사방으로 도망치기 시작했다. 마부들은 마차에 묶어두었던 말을 타고 도망쳤다. 이를 본 병사들도 말을 타고 도망쳤고 마차와 식량, 대포, 그 밖의 군수품들이 고스란히 적의 손에 들어갔다. 브래드독 장군도 큰 부상을 당했지만 어렵사리 도망쳤다. 장군의 비서 셜리 씨는 그의 눈앞에서 전사했으며, 총 86명의 장교 중에서 63명이 죽거나 부상을 입었고, 1,100명의 병사 중에서 714명이 목숨을 잃었다.

1,100명의 병사들은 부대 전체에서 뽑혀온 인원이고 나머지는 던바 대령과 후방에 있었다. 던바 대령은 무거운 군수품과 식량 등을 싣고 이동하기로 되어 있었다. 적군을 피해 도망친 병사들은 별다른 추격 없이 던바 대령의 진지까지 도착했고, 그들을 본 대령과 나머지 병사들 사이에도 엄청난 공포심이 확산되었다. 영국 군대는 숫자만 1천 명이 족히 넘었지만 브래드독 장군의 병사들을 격파한 프랑스군과 인디언은 모두 합쳐 400명도 채 되지 않는 숫자였다.

하지만 던바 대령은 실추된 영국군의 명예를 회복하기는커녕 오히려 군수품과 화약 같은 무거운 짐을 당장 버리라고 명령했다. 그래야 식민지 정착촌으로 재빨리 도망칠 수 있다는 것이었다. 던바 대령은 버지니아와 메릴랜드, 펜실베이니아 지사로부터 전방에 부대를 배치해서 시민들을 보호해달라는 요청을 받았다. 하지만 하루빨리 필라델피아에 도착해서 시민들로부터 보호를 받기 전까지는 안전할 수 없다는 생각에 이를 무시하고 행군을 계속했다. 이 모든 과정을 지켜본 우리 미국인들은 영국 정규군이 누구보다 강력하다는 과거의 생각을 난생 처음으로 의심하게 되었다.

뿐만 아니라 영국군은 미국 해안가에 도착해서 식민지 밖으로 벗어나기까지 행군을 계속하면서 미국 시민들을 무참히 약탈했다. 안 그래도 가난한 이들의 가정을 쑥대밭으로 만들고, 이에 반항하는 시민들에게 욕설을 퍼붓고 모욕하거나 감금하는 일까지 서슴지 않았다. 당시만 해도 영국군의 보호가 절실한 상황이었지만 그 일로 인해 미국인들은 영국군이 아무 쓸모가 없다고 생각하게 되었다. 그에 비해 1781년 프랑스군이 보여준 태도는 사뭇 달랐다. 그들은 미국인들이 밀집해 있는 로드아일랜드부터 버지니아까지 7백 마일에 가까운 거리를 행군하면서도 돼지 한 마리, 닭 한 마리, 사과 하나도 건드리지 않았다.

브래드독 장군의 보좌관 중 하나였던 옴 대위는 중상을 입고 장군과 함께 도망쳐 며칠 동안 장군과 함께 지냈다. 옴 대위의 말에 따르면, 인디언의 습격을 피해 도망친 첫날 브래드독 장군은 한참 동안 입을 꾹 다물고 있다가 저녁 무렵이 되어서야 이렇게 말했다고 한다.

"누가 이렇게 당할 줄 알았겠나?"

그다음 날에도 장군은 입을 꾹 다물고 있다가 임종 직전에 다시 이런 말을 남겼다고 한다.

"한 번만 더 기회를 준다면 이번에는 제대로 싸울 수 있을 것 같은데."

브래드독 장군은 그 말을 끝으로 숨을 거두었다.

던바 대령의 약속 불이행으로
고초를 겪다

마침내 브래드독 장군의 명령과 훈령, 그동안 주고받은 우편물 전부와 비서가 보관하고 있던 서류들까지 하나도 빠짐없이 적군의 손에 넘어가고 말았다. 적군은 그 중 몇 가지를 골라 프랑스어로 번역했고, 영국 정부가 선전포고를 하기 전부터 프랑스에 적대감을 품고 있었다는 사실을 만천하에 알렸다. 그 중에는 내가 영국군을 위해 엄청난 공적을 세웠다며 칭찬하는 내용도 들어 있었다.

얼마 후 데이비드 흄에게 들은 바로는 공문서 가운데 브래드독 장군이 나를 적극 추천하는 내용의 글도 있더라는 이야기를 전해 들었다(데이비드 흄은 그로부터 몇 년 후에 프랑스 대사 허트퍼트 경의 비서로 일했고, 나중에는 국무장관 콘웨이 장군의 비서로도 일했다). 하지만 영국군의 원정이 모두 수포로 돌아갔기 때문에 당시 내가 세운 공로도 그다지 주목받지는 못했다. 결국 브래드독 장군의 추천서도 아무 소용이 없어진 셈이다.

내가 다방면으로 노력한 대신 브래드독 장군에게 요구한 것은 딱 하나였다. 당시 원정에 참가했던 하인들을 추후에 군인으로 복역시키지 않을 것과, 현재 복역중인 하인들은 제대시키라는 명령을 장교들에게

276

내려달라는 것이었다. 장군은 흔쾌히 승낙했고 덕분에 몇몇 하인들은 주인에게 돌아갈 수 있었다.

하지만 장군에 이어 지휘권을 물려받은 던바 대령은 관대함과는 거리가 멀었다. 그가 도주하듯 필라델피아로 퇴각했을 때, 나는 고인이 된 브래드독 장군의 명령을 상기시키며 랭카스터의 가난한 농부 셋을 집으로 돌려보내줄 것을 간곡히 청했다. 던바 대령은 뉴욕으로 갈 예정이니 며칠 후 주인들이 그곳으로 찾아오면 농부들을 돌려보내주겠노라고 약속했다. 그래서 주인들은 엄청난 돈과 시간을 들여 트렌턴까지 찾아갔지만 대령은 끝내 약속을 이행하지 않았다. 결국 주인들은 큰 손해를 보게 되었고 대단히 실망했다.

마차와 말들을 잃었다는 소식이 퍼지자 주인들이 구름 떼처럼 몰려와서 내가 보증했던 액수를 지불해달라며 아우성을 쳤다. 나는 매우 곤란한 상황에 처했다. 물론 그 돈은 언제든 영국에서 지불해줄 수 있었지만 먼저 셜리 장군의 지불 명령이 떨어져야 했다. 나는 이미 서신으로 지불 명령을 요청했지만 셜리 장군이 워낙 먼 곳에 있어서 시간이 필요하다고 사정을 밝히고 이들을 달랬다. 하지만 사람들의 원성은 좀처럼 잦아들지 않았고, 급기야 나를 고소하는 사람까지 생겼다.

마침내 셜리 장군이 나의 청구 내역을 위원들에게 조사하도록 했고, 곧바로 지불 명령을 내려서 나를 끔찍한 곤경에서 구해주었다. 배상 액수만 해도 2만 파운드에 달했으니 만약 일이 잘못되었다면 아마도 나는 파산했을 것이다.

브래드독 장군이 이끄는 부대가 패하기 전, 필라델피아에 병원을 설립하려던 본드 박사와 물리학자인 본드 박사가 나를 찾아왔다. 두 사람은 듀케인 요새를 점령했다는 소식이 들려오면 곧바로 승리를 자축하는 대대적인 불꽃놀이를 시작하자며 이에 필요한 경비를 모금하자고 했다. 나는 매우 진지한 표정으로 이렇게 답했다.

"그 일이라면 축하할 일이 생긴 후에 준비해도 늦지 않습니다."

예상 외로 미지근한 반응에 놀란 나머지 한 사람이 이렇게 되물었다.

"뭐라고요? 혹시 선생은 영국군이 요새를 점령하지 못할 거라고 생각하십니까?"

나는 그에 대해서 이렇게 답했다.

"요새를 점령할 수 있을지 없을지는 누구도 알 수 없습니다. 전쟁이란 한 치 앞을 예측할 수 없는 것이니까요."

결국 모금은 취소되었고, 불꽃놀이를 계획했던 장본인들은 내 덕분에 괜한 망신살을 피해갈 수 있게 되었다. 이후 본드 박사는 벤저민 프랭클린의 육감은 정말 소름이 끼칠 정도라고 말했다고 한다.

영주들의 특별 면세 조항에
집착했던 모리스 지사

모리스 지사는 브래드독 장군의 패전 소식이 들리기 전부터 주 의회에 계속해서 교서를 보내 의원들을 귀찮게 했다. 어떤 방법을 쓰건 영주들에게 재산세를 과세하지 않는다는 조건으로 방위비를 징수할 수 있는 새로운 법안을 만들라는 것이었다. 모리스 지사는 영주들의 특별 면세 조항이 없는 법안은 가차 없이 기각했다. 그러다 사태가 급박해지면서 방위비 징수 법안이 시급해졌다. 지사는 이번에는 주 의회가 자신의 뜻을 따를 거라 생각했는지 더욱 강하게 압박해왔다. 하지만 주 의회는 그들이 옳다고 믿는 바를 끝까지 밀고 나갔다. 주지사가 시키는 대로 법안을 수정한다면 이는 기본적인 의회의 권리를 포기하는 것이나 마찬가지라고 여겼기 때문이다.

마지막으로 주 의회가 내놓은 예산안은 5만 파운드를 보조하자는 내용이었다. 주지사는 딱 한 단어만 수정할 것을 제안했다. '모든 동산과 부동산에 세금을 부과한다. 영주들도 예외가 될 수 없다.'라는 내용의 안건을 '영주들은 예외이다.'라고 수정하자는 것이었다. 토씨 하나만 고치는 것이었만 실제로는 하늘과 땅 차이였다. 우리는 예전부터 영국에 있는 지지 세력에게 주지사와 의회 간의 교서 내용을 하나도 빠짐없이 알리고 있었다.

이번에 돌아온 지사의 답변 내용을 영국에 전하자 영주들이 지사를 조종하려고 든 것은 매우 비열하고 부당한 처사라며 강력히 비난했다. 심지어 식민지 방위를 방해했으니 영주들이 소유한 토지에 대한 권리를 몰수해야 한다고 주장하기도 했다. 이에 겁을 먹은 영주들은 방위비 명목으로 주 의회가 얼마를 내건 자신들이 5천 파운드를 보태겠노라고 세입 징수관에게 통보했다.

그 사실이 전해지자 주 의회는 5천 파운드를 영주들이 납부해야 할 일반 세금의 명목으로 받고, 기존의 법안에서는 면세한다는 조항을 넣어 이를 통과시켰다. 나는 6만 파운드의 방위비 사용을 담당하는 관리 위원으로 임명되었다. 그 법안을 기초하고 통과시키는 데 적극적으로 활동함과 더불어 자발적으로 시민병을 조직하고 훈련하기 위한 기초 조례도 만들었다. 또한 그 법안에서 퀘이커교도들은 자유의사에 따라 시민병 활동을 거부해도 좋다고 배려했기 때문에 주 의회에서도 별 잡음 없이 법안이 통과되었다. 그리고 시민병을 모집하기 위한 단체를 결성하기 위해서 시민병 모집에 반대하는 사람들이 내놓을 만한 이견과 이에 대한 답변을 일일이 작성해서 인쇄했다. 그 효과는 기대 이상이었다.

17
방위군을
직접 이끌다

적군이 자주 출몰하는 지방의 방위를 맡다

인디언들을 막기 위해 요새를 구축하다

전쟁터에서 우연히 발견한 발명품 하나

모라비아 교인들의 생활에 대해 알아보다

나를 향한 영주의 반감이 더욱 커지다

Benj Franklin 벤저민 프랭클린 자서전

적군이 자주 출몰하는
지방의 방위를 맡다

필라델피아 시내와 시골에 몇 개의 중대가 편성되어 실제 전쟁에 대비한 훈련이 시작되었다. 지사는 내게 적군이 자주 출몰하는 북서 지방의 방위를 맡겼다. 직접 군대를 이끌고 가서 요새를 세우고 시민들을 보호하라는 뜻이었다. 스스로 적임자라는 생각은 들지 않았지만 주어진 임무라 생각하고 맡기로 했다.

또한 지사는 전권 위임장과 적임자로 생각되는 장교를 내 뜻대로 임명할 수 있도록 백지 위임장을 한 다발이나 안겨주었다. 덕분에 그리 어렵지 않게 사람들을 모을 수 있었고, 마침내 560명의 병사들을 거느리게 되었다. 이전에 캐나다와의 전쟁에서 장교로 활동하며 나를 보필했던 아들이 이번에는 부관이 되어 나를 보조했다. 과거 인디언들이 모라비아 교인들이 거주하고 있던 그나덴헛 마을을 불태우고 주민들을 대학살한 적이 있어 우리는 그곳에 요새를 구축하기로 했다.

그나덴헛 마을로 행군을 시작하기 전에 우리는 모라비아 교인들의 근거지인 베들레헴에 중대를 집합시켰다. 그나덴헛 마을의 대학살 이후, 베들레헴의 방위 태세는 물샐틈없이 완벽하게 유지되고 있었다. 주요 건물에는 철책을 둘렀고, 뉴욕에서 무기와 화약을 대량으로 구입했을 뿐만 아니라 고층 석조 건물의 창문 사이에는 작은 조약돌을 쌓아두었다. 혹시라도 인디언들이 침입할 경우, 여자들이 돌을 던져 공격할 수 있도록 대비한 것이다. 또한 일반적인 주둔지가 그러하듯 교인들이 완전무장을 하고 차례대로 보초를 서고 있었다.

나는 스판겐버그 주교와 회담에서 만나서 베들레헴이 매우 인상적인 방어 태세를 갖추고 있다는 점을 피력했다. 영국 본토의 법률에 의해서 모라비아 교인들은 식민지에서 병역이 면제되어 있었기 때문에 무기를 지니는 것을 꺼려할 거라고 생각했다. 주교는 이렇게 답했다.

"전쟁에 반대한다는 사상은 우리 종파 내에서 확정된 교리가 아니라 그 법안이 통과될 당시 사람들이 일반적으로 지지하던 교리일 뿐입니다."

이에 덧붙여서 지금은 주교 자신도 놀랄 정도로 과거의 교리를 따르고자 하는 교인들이 없다는 것이었다. 그렇다면 모라비아 교인들은 스스로를 속이고 있거나 영국 의회를 속이고 있거나 둘 중 하나인 것 같았다. 눈앞에 위험이 닥치면 변덕스러운 신념보다는 상식을 따르게 되는 법이다.

인디언들을 막기 위해
요새를 구축하다

드디어 1월 무렵, 요새 구축 작업에 착수하게 되었다. 나는 미니싱크 마을의 북쪽으로 부대를 보내서 요새를 구축하도록 지시했다. 또 마을의 남쪽으로도 똑같은 임무를 부여한 부대를 보냈다. 그리고 남은 병사들을 이끌고 하루빨리 요새를 구축해야 하는 그나덴헛으로 떠날 준비를 했다.

모라비아 교인들은 요새를 구축하는 데 필요한 연장과 식량, 짐을 실을 수 있도록 마차 5대를 빌려주었다. 베들레헴으로 떠나기 전, 인디언의 공격을 받아 농장에서 쫓겨났던 농민들 11명이 나를 찾아왔다. 그들은 농장으로 돌아가서 남은 가축들을 데려오고 싶다며 총을 빌려달라고 청했다. 나는 총 11자루와 탄약을 건넸다.

곧이어 우리는 행군을 시작했다. 몇 마일쯤 이동했을까, 갑자기 비가 내리기 시작했다. 비는 그칠 줄을 몰랐고, 날이 저물고 나서야 어느 독일인의 집 앞에 도착했다. 그렇게 비에 흠뻑 젖은 채로 우리 부대는 그 집의 헛간으로 몸을 피했다. 그사이 습격을 당하지 않은 것이 천만다행이었다. 우리가 가지고 있던 무기는 매우 평범한 것이라 빗물이 새어들면 제대로 사용하기가 힘들었다. 반면 인디언들은 워낙 재주가 뛰어나서 비가 내려도 무기가 젖지 않도록 묘안을 사용했다.

바로 그날, 나를 찾아왔던 11명의 농부들 중 10명이 인디언들의 손에 무참히 살해되었다. 겨우 살아남은 농부 하나의 말을 빌리자면, 빗물에 발화관이 젖어서 아무리 방아쇠를 당겨도 총알이 나가지 않더라는 것이었다.

다행히 다음 날이 되자 비가 그쳤고, 우리는 다시 행군을 시작해서 드디어 황폐하기 짝이 없는 그나덴헛에 도착했다. 근방에 제재소 하나가 있었고, 주위에는 굵직한 널빤지들이 한 무더기 쌓여 있었다. 우리는 널빤지를 모아서 임시로 사용할 막사를 지었다. 굉장히 추운 날이었지만 병사들이 잠을 청할 막사가 없었기 때문이다. 그보다 앞서 주민들이 대충 매장한 시신을 찾아서 다시 정성스럽게 묻어주었다.

다음 날 아침, 우리는 요새를 세울 터를 정하고 대략적인 설계안을 정했다. 요새의 총 둘레를 455피트로 잡았기 때문에 직경 1피트가량 되는 통나무 455개를 이어서 커다란 울타리를 만들어야 했다. 우리는 미리 준비해온 도끼 70자루를 들고 즉시 나무를 베기 시작했다. 병사들이 워낙 도끼질을 잘해서 눈 깜짝할 사이에 나무가 잘려나갔다. 나는 하나둘 나무들이 쓰러지는 모습을 쳐다보다가 나무 하나를 베는 데 시간이 얼마나 걸리는지 재어보기로 했다. 정확히 6분 만에 직경 14인치가 되는 나무 한 그루가 바닥에 쓰러졌다.

소나무 한 그루를 베면 끝이 뾰족하고 길이가 18피트나 되는 말뚝이 3개씩 나왔다. 그사이 나머지 병사들은 3피트 깊이로 땅을 파서 말뚝을 박을 자리를 만들었다. 그리고 마차의 몸통을 떼어내고 마부가 앉은 부분에 박힌 못을 빼서 앞뒤로 바퀴를 분리했다. 이어서 커다란 말뚝을 운반할 수 있도록 바퀴 2개가 달린 달구지를 10개 만들어 말 2마리를 연결해서 숲부터 요새까지 커다란 나무를 운반하도록 했다. 요새를 지을 말뚝이 모두 제자리를 찾자 목수들이 말뚝 안쪽에 6피트 높이의 나무 발판을 만들었다. 그래서 전투가 벌어지면 발판 위에서 작은 구멍을 통해 총을 발사할 수 있도록 했다.

우리는 회전식 대포를 한 대 가지고 있었고, 이를 한쪽 귀퉁이에 설치하고 시험 발포까지 마쳤다. 혹시라도 인디언들이 근처에 있다면 커다란 대포 소리를 듣고 겁을 집어먹도록 하기 위해서였다. 그렇게 요새라고 하기엔 초라하기 짝이 없었던 요새가 일주일 만에 완성되었다. 그나마도 이틀마다 한 번씩 비가 쏟아져서 엄청나게 고생을 했다.

그 일을 치르면서 사람들은 일을 할 때 가장 행복해한다는 사실을 깨달았다. 열심히 일을 한 날에는 다들 기분이 들떠 있었고, 일과를 마치고 나서도 저녁 시간을 보람차게 보냈다. 하지만 비가 와서 일을 제대로 못하는 날에는 공연히 트집을 잡고 난폭해져서 싸우거나 고기와 빵의 맛이 이상하다며 종일 짜증을 냈다. 그 모습을 보고 과거에 알고 지내던 선장이 했던 말이 떠올랐다. 그는 선원들에게 쉴 틈을 주지 않고 일을 시켜야 한다고 굳게 믿었다. 어느 날인가 기관사가 찾아와 더는 시킬 일이 없다고 말하자 선장은 "그러면 닻이라도 광나게 닦아 놓으라고 해."라고 답했다고 한다.

통나무 여러 개를 엮어서 지은 조악한 요새였지만 대포를 갖고 있지 않은 인디언들을 막기에는 충분했다. 드디어 부대도 알맞은 자리에 배치되었고, 급박한 상황이 발생할 경우 퇴각을 할 경로까지 물색하는 작업이 끝났다.

전쟁터에서 우연히 발견한
발명품 하나

그때부터 우리는 몇 개의 소대로 나뉘어서 인근 지역을 탐색하러 나섰다. 비록 인디언을 찾아내지는 못했지만 근처 언덕에서 인디언들의 흔적을 발견했다. 아마도 그쪽 부근에 잠복해서 우리의 동정을 엿본 모양이었다. 거기서 우연히 발견한 발명품 하나가 있는데 여기서 간략히 소개하도록 하겠다.

워낙 추운 겨울이라 인디언들에게도 추위를 달래줄 불이 필요했다. 하지만 땅 위에 불을 피우면 먼 곳에서도 자신들의 위치가 노출되어 위험할 수 있기 때문에 대신 3피트 정도의 깊은 구덩이를 팠다. 그리고 근처에 있던 불에 탄 통나무를 손도끼로 잘라서 숯을 떼어내 구덩이 속에 불을 피운 것이다. 구덩이 주위의 잡초들이 짓이겨진 것으로 보아 구덩이 속에 다리를 넣고 몸을 웅크리고 앉아서 발을 덥혔던 모양이다. 발만이라도 따뜻하게 덥히면 추위를 견디는 데 훨씬 수월했을 것이다. 이렇게 하면 불빛이 멀리까지 새어나가지도 않고 불꽃이 일거나 연기가 나지도 않아서 적들에게 노출될 염려가 없었다. 게다가 수적으로도 우리

군이 훨씬 우세해서 급습하지 않고 그대로 돌아간 것 같았다.

당시 우리 부대에는 열성적인 장로교 목사 비티 씨가 함께했다. 그는 집회와 설교 시간에 병사들이 많이 모이지 않는다며 나를 찾아와 불만을 토로했다. 우리는 병사를 모집하면서 일정한 봉급과 양식, 그리고 하루 0.14L의 럼주를 지급하기로 약속한 바 있었다. 이는 철저히 지켜졌고 아침저녁으로 0.14L의 럼주를 절반씩 지급했다. 병사들은 럼주를 배급할 시간이 되면 어김없이 모습을 드러냈다. 그래서 나는 군목으로 있던 비티 목사에게 이렇게 말했다.

"명색이 목사님이시라 럼주를 배급하는 것이 어쩌면 목사님의 품위를 해치는 일이 될 수도 있지만, 기도가 끝난 후에 럼주를 나누어준다고 하면 병사들이 전부 설교를 들으러 올 겁니다."

비티 목사는 기꺼이 럼주 배급을 맡겠다고 나섰고, 몇 사람의 도움을 받아 술의 양을 정확히 재서 병사들에게 나누어 주었다. 그러자 놀라운 광경이 벌어졌다. 비티 목사의 기도 시간에 병사들이 한 명도 빠지지 않고 참석한 것이다. 예배에 참석하지 않는다고 병사를 군법에 따라 처벌하기보다는 이처럼 당근으로 회유하는 편이 훨씬 낫다는 것이 나의 생각이다.

그럭저럭 요새도 완성이 되었고 필요한 식량도 어느 정도 비축해놓았을 무렵, 지사로부터 편지가 도착했다. 얼마 후 의회가 소집될 예정이니 국경에서 볼 일이 마무리되었으면 의회에 참석해달라는 내용이었다. 의원들도 편지를 보내 이번 의회에 반드시 참석해줄 것을 종용했다. 때마침 요새도 완성이 되었고, 주민들도 방위군의 보호 아래 편히 농장 일에 전념할 수 있게 되었기 때문에 이쯤에서 돌아가기로 했다. 운이 좋았던 탓인지, 과거 인디언과 전쟁 경험이 있는 뉴잉글랜드의 클래펌 대령이 우연히 우리 요새를 방문했고 나를 대신해 지휘를 맡아주기로 했다.

나는 수비 부대를 집합시켜서 클래펌 대령이 나 대신 지휘권을 맡는다는 내용을 전달했다. 워낙 전쟁 경험이 풍부한 분이라 나보다 훨씬 부대 지휘에 적임자라는 사실도 밝혔다. 마지막으로 몇 가지 당부할 내용을 전하고 그들과 작별했다. 베들레헴까지는 호위병과 함께 이동했고 며칠간 그곳에 머물며 쌓인 피로를 풀었다. 그나덴헛에서는 바닥에 담요를 한두 장만 깔고 잤던 터라 첫날 밤에 좋은 침대에 누우니 좀처럼 잠이 오지 않았다.

모라비아 교인들의
생활에 대해 알아보다

베들레헴에 머물고 있는 동안, 나는 모라비아 교인들의 생활에 대해 알아보기로 했다. 그들은 하나같이 친절했고 그 중 한두 명은 직접 나를 데리고 다니며 이곳저곳을 구경시켜 주었다. 모라비아 교인들은 재산을 공유하고, 함께 일했으며, 공동 숙소에서 함께 식사하고, 잠도 같이 잤다. 숙소의 천장 바로 아래 일정한 간격을 두고 구멍이 나 있는 걸로 보아 환기를 위한 구멍 같았다. 정말이지 기발한 아이디어였다.

모라비아 교인들의 예배당에 갔을 때는 바이올린과 오보에, 플루트와 클라리넷이 오르간과 어우러진 훌륭한 음악도 들을 수 있었다. 그들은 우리처럼 남녀노소가 함께 모여 설교를 듣지 않았다. 기혼 남성들을 위한 시간, 기혼 여성들을 위한 시간, 청년들을 위한 시간과 숙녀들을 위한 시간, 그리고 어린아이들을 위한 시간을 따로 정해두었다.

나는 어린아이들을 위한 설교 시간에 참석했다. 어린아이들은 예배당에 들어오는 순서대로 자리에 앉았다. 그보다 더 나이가 많은 청년들이 남자아이들을 가르치고, 더 나이가 많은 여자들이 여자아이들을 가르치는 식이었다. 설교 내용도 아이들의 눈높이에 맞춰 나쁜 짓을 하면 안 된다는 식으로 재미있고 친근하게 아이들을 구슬리려고 노력했다. 아이들은 하나같이 예의가 바르고 착했지만 안색이 창백해서 아픈 아이들처럼 보였다. 아마도 실내에만 갇혀 있어서 운동이 부족한 것 같았다.

모라비아 교인들은 제비뽑기로 결혼 상대를 정한다는 소문이 있어 그에 대한 진위 여부도 물어보았다. 물론 특별한 경우에는 제비를 뽑기도 하지만, 보통의 경우 결혼 의사가 있는 청년이 이를 연장자에게 알리면 그 사람은 미혼 여성을 관리하는 연장자와 그 결혼에 대해 논의를 한다고 했다. 미혼 남녀를 관리하는 연장자들은 누구보다 젊은 남녀의 성향에 대해 잘 알고 있기 때문에 혼인 상대로 적합한 사람을 고르는 데 최고의 적임자였다. 대부분의 혼사가 그런 식으로 이루어지지만, 청년 하나와 맺어줄 만한 상대가 여럿이라 도저히 한 사람을 선택하기 힘든 경우에는 제비를 뽑는다고 했다. 당사자들이 서로 원해서 결혼을 하지 않는다면 불행해질 수도 있지 않느냐는 질문에 그들은 이렇게 답했다.

"글쎄요. 서로 원해서 결혼을 하더라도 불행해질 수 있는 걸요."

나 역시 그 말을 부정할 수 없었다.

나를 향한 영주의 반감이
더욱 커지다

필라델피아에 돌아오니 의용군 조합 일도 매끄럽게 진행되고 있었다. 퀘이커교도를 제외한 주민들 대부분이 조합에 가입했고 몇 개의 중대를 만들어 정해진 규칙에 따라 소위·중위·대위를 선출했다. 본드 박사는 나를 찾아와서 이 모든 것이 자신의 공이라고 으쓱거렸다. 일반인들이 새로운 법에 호감을 갖게 하느라 굉장히 노력을 기울였다는 것이었다. 내 입장에서는 『대화집』을 발간한 덕분이라고 자부하고 있었지만, 그의 말도 일리가 있는 것 같아서 평소처럼 본드 박사가 편하게 생각하도록 내버려 두었다.

장교들은 회의를 통해 나를 연대장으로 선출했고 나 역시 흔쾌히 응했다. 정확한 중대의 수는 잊었지만, 1,200명에 달하는 훌륭한 병사들과 놋쇠 야전포 6대를 보유한 포병대 1중대를 사열했다. 포병들은 대포를 사용하는 데 숙달이 되어 있어서 일 분에 12발을 쏘아 올릴 수 있었다. 맨 처음 연대를 사열했던 날, 병사들은 우리 집까지 나를 배웅했고 집 앞에 모여 축포를 쏘며 경의를 표했다. 그 일로 집에 보관하고 있던 유리로 된 전기 실험 도구가 깨지고 말았다. 그리고 새롭게 얻은 연대장이라는 직함도 결국에는 유리처럼 순식간에 깨져버렸다. 얼마 후, 영국에서 이 법을 폐지하는 바람에 우리 임무도 그대로 끝이 나버렸기 때문이다.

잠시 연대장으로 있던 시절, 나는 버지니아에 방문할 일이 생겼다. 연대의 장교들은 수장인 나를 경계선까지 호위해야 한다고 생각했던 모양이다. 막 말을 타고 출발하려는데 우리 집 앞에 30~40명가량의 장교들이 제복까지 갖춰 입고 말을 끌고 나타났다. 미리 알았더라면 그렇게까지 하지 못하도록 막았을 것이다. 나로서는 연대장이랍시고 거들먹거리며 행동할 마음은 추호도 없었다. 하지만 이제와 그들을 돌려보낼 수도 없는 노릇이었다.

그보다 더 난처했던 것은 장교들이 하나같이 칼을 뽑고 경계선까지 이동했다는 점이다. 누군가 이 사실을 영주에게 편지로 알렸고 영주는 머리끝까지 화가 났다. 지금까지 영주들이나 지사들도 그런 거창한 대접을 받은 일이 없었기 때문이다. 그의 말을 빌리면 그런 대대적인 예우는 왕족이나 왕자쯤은 되어야 받을 수 있는 것이라고 했다. 그 말이 맞는지 모르겠지만 당시나 지금이나 나는 왕족의 예의에 대해서는 전혀 아는 바가 없다.

더욱 큰 문제는 그 일로 나를 향한 영주의 반감이 더욱 가중되었다는 사실이었다. 그전부터 영주들의 면세 법안 문제 때문에 나를 보는 시선이 곱지만은 않았다. 나는 영주들에게 세금을 부과하지 않는 것이 부당하다고 주장했고, 그들의 비열하고 불공평한 태도를 극렬히 비판해왔다. 결국 그는 나를 장관에게 고발하기에 이렀다. 그의 주장에 따르면 내가 주 의회에서 가진 영향력을 이용해서 금전 징수 법안의 통과를 방해했으며 이는 국왕의 업무를 방해한 것과 같다는 것이었다. 또한 수십 명의 장교들과 함께 거리 행진을 벌인 것은 무력으로 영주들이 소유한 땅을 빼앗으려는 불손한 의지를 드러내 보인 거라며 강력히 반발했다. 그는 체신 장관인 에버라드 포크너 경을 찾아가서 나를 쫓아내라고 종용했다. 하지만 에버라드 경은 내게 가벼운 경고만 주었다.

필라델피아 주 의회와 지사 사이의 불화는 끊이지 않았다. 그때까지도 나는 의회에서 중책을 맡고 있었고, 지사와도 여전히 예의 바른 관계를 유지하고 있어서 사적인 충돌은 없었다. 내가 주 의회를 대신해서 그의 교서에 대한 답변을 작성한다는 사실을 알고도 반감을 품지 않은 건 바로 그의 직업적인 습성에서 비롯된 것이었다. 그는 법률가였고 서로의 의뢰인, 즉 본인은 영주들을 대변하고 나는 의회를 대변해서 임무를 수행하는 것뿐이라고 생각했기 때문이다. 그래서 가끔 곤란한 일을 겪을 때는 사심 없이 나를 찾아와 조언을 구했고, 자주는 아니지만 나의 조언을 받아들이기도 했다.

브래드독 장군이 이끄는 부대에 군수품을 공급해야 할 때도 우리는 합심해서 움직였다. 또한 장군이 패전했다는 비보를 들었을 때도 지사는 급사를 보내 후방 지역의 수비를 어떻게 해야 할 것인지에 대한 의견을 구했다. 당시에 정확히 어떻게 조언을 했는지는 기억나지 않지만 아마도 던바 대령에게 편지를 쓰라고 했던 것 같다. 가능하다면 전방에 부대를 주둔시키고 있다가 식민지에서 부대를 보내면 그때 떠나달라고

294

부탁하라는 내용이었을 것이다.

　내가 전방에서 돌아오자 지사는 군대를 이끌고 뒤케인 요새를 함락하기 위해 떠나달라고 지시했다. 던바 대령과 그의 병사들은 다른 일을 맡고 있어서 나를 사령관으로 임명하겠다는 것이었다. 하지만 나 스스로도 부대를 통솔할 만한 능력이 있다고 생각하지 않았고, 지사도 사실보다 부풀려 말하는 것 같았다. 온 국민의 호감을 얻은 벤저민 프랭클린을 내세우면 병사를 모으는 데도 도움이 될 것이며, 군대에 지출해야할 비용을 따로 영주들에게 과세하지 않고도 나의 영향력으로 의회에서 충당할 수 있을 거라는 계산 때문인 것 같았다.

　하지만 내가 예상외로 시큰둥한 반응을 보이자 지사는 계획을 접고 얼마 후 지사직에서 물러났다. 차기 지사로는 데니 대위가 선출되었다.

18

자연 과학 분야에서
명성을 얻다

독창적인 실험 결과를 책으로 발표하다

유럽의 학자들에게도 높은 평가를 받다

벤저민 프랭클린 자서전

독창적인 실험 결과를
책으로 발표하다

　새로 부임한 지사 밑에서 어떠한 공무를 수행했는지 말하기 전에 내가 어떻게 자연 과학 분야에서 명성을 얻게 되었는지 설명하도록 하겠다.

　1746년 보스턴에 갔을 때, 나는 스코틀랜드에서 온 스펜스 박사를 만났다. 그는 몇 가지 전기 실험을 내 앞에서 보여주었다. 하지만 아직은 능숙하지 않은 탓에 완벽히 성공하지는 못했다. 나로서는 난생 처음 접하는 전기 실험이었기 때문에 굉장히 흥분했고 놀라움을 감추지 못했다. 그 후 나는 필라델피아로 돌아왔고, 며칠 뒤 로열소사이어티(영국의 왕립 자연과학학회)의 회원인 피터 콜린스 씨가 우리 도서관 앞으로 선물 하나를 보내왔다. 바로 유리로 된 시험관과 실험 설명서가 적힌 종이 였다. 나는 보스턴에서 보았던 전기 실험을 수차례 반복했고 얼마 지나 지 않아서 다른 새로운 실험들도 능숙하게 해낼 수 있게 되었다. 덕분 에 신기한 구경거리를 보러온 손님들로 한동안 집이 북적일 정도였다.

나는 친구들과 버거운 짐을 나눠서 지기로 하고 유리 공장에 새로운 시험관 제작을 부탁했다. 덕분에 여러 친구들과 함께 실험을 진행할 수 있게 되었다. 그 중에서도 제일 실험에 능숙했던 사람은 바로 키너슬리 씨였다. 그는 다방면에 재주가 많았지만 안타깝게도 이렇다 할 직업이 없었다. 그래서 나는 관람료를 받고 실험하는 모습을 보여주면 어떻겠 느냐고 제안했고, 2개의 강의안을 작성해서 그에게 건넸다. 강의안에는 실험 내용을 순서대로 적고 그에 대한 자세한 설명도 곁들여 놓아서 앞 부분을 읽으면 나머지 내용을 이해하기 쉽도록 구성했다.

키너슬리 씨는 이를 위해 훌륭한 기계들을 마련했다. 이전에 내가 멋 대로 만들었던 조잡한 기계들을 전문가의 손을 빌려 제작한 것이었다. 키너슬리의 강의에는 언제나 사람들로 만원이었고 다들 만족해했다. 얼마 후부터는 식민지 곳곳의 주요 도시를 돌면서 실험을 보여주고 돈 도 꽤 많이 벌었다.

이 모든 것이 콜린스 씨가 보내준 시험관 덕분이었기 때문에 그 기구 들을 이용해서 실험에 성공했다는 사실을 전하는 것이 도리라고 생각 했다. 그래서 우리가 실험한 결과를 자세히 적어서 편지로 전했다. 그 는 내가 보낸 편지를 로열소사이어티에 제출했지만, 처음에는 큰 관심을 얻지 못했다. 협회지에 게재할 만큼 괄목할 만한 성과라고 생각하지 않은 것이다. 당시 보냈던 실험 결과 중 하나는 번개와 전기의 속성이 동일하다는 내용이었다.

나는 똑같은 내용의 글을 학회의 회원이자 식물학자였던 미첼 박사에게도 보냈다. 얼마 후 박사로부터 답장이 왔다. 학회에 그 논문을 발표했다가 웃음거리가 되었다는 내용이었다. 하지만 포더길 박사는 그 내용을 그대로 썩히기는 아깝다면서 책으로 출간해볼 것을 권했다. 콜린슨 씨는 〈젠틀맨스 매거진〉의 발행자인 케이브 씨를 찾아가 원고를 건넸다. 하지만 케이브 씨는 그 논문을 잡지에 싣지 않고 따로 소책자로 발간했다. 소책자로 발간하면 돈벌이가 될 거라 생각했는지 앞부분에 포더길 박사의 서문까지 덧붙였다. 케이브 씨의 예상은 적중했다. 이후 내용이 추가되면서 소책자는 사절판 책 한 권 분량으로 늘어났고 5판까지 발행되었다. 인세 한 푼 들이지 않고 인쇄비용만 투자해 엄청난 이득을 올린 셈이다.

유럽의 학자들에게도
높은 평가를 받다

그 논문이 영국에서 주목받기 전에 프랑스와 유럽 등지에서 명성을 날리던 비퐁 백작의 손에도 들어갔다. 그는 달리바르 씨를 시켜 내 논문을 프랑스어로 번역해 파리에서 출간했다. 그 책을 보고 가장 노발대

발 것은 바로 놀레 신부였다. 놀레 신부는 왕족들을 가르치는 자연 과학 교수로서 당시 지배적이던 전기 이론을 세우고 세상에 발표한 장본인이었다.

그는 처음에는 이렇게 대단한 실험이 미국에서 이루어졌다는 사실을 믿지 못했다. 파리에서 자신을 반대하는 무리가 날조한 것으로 치부해 버린 것이다. 하지만 필라델피아 주에 벤저민 프랭클린이라는 사람이 진짜 존재한다는 사실을 확인하고는 책 한 권 분량의 편지를 써서 책으로 만들었다. 그 편지는 나에게 보내는 형식으로 자신이 발표했던 기존의 이론을 옹호하고 우리의 실험과 그로 인해 밝혀진 명제들을 뒷받침할 근거가 부족하다고 비판하는 내용이었다.

나 역시 놀레 신부에게 답을 전하고 싶은 마음에 편지를 쓰기 시작했다. 하지만 다시 생각해보니, 나의 글은 온전히 실험 내용을 전반적으로 설명한 것뿐이라 누구든 이를 따라해보면 곧바로 진위 여부를 입증할 수가 있었다. 반대로 누군가 내 실험을 따라했다가 실패하는 사람이 생기면 이론 또한 그대로 파묻히고 말 것이었다. 또한 나의 이론은 한 가지 추측을 기반으로 하는 보고서 형식이기 때문에 일일이 변명할 필요도 없었다. 우리처럼 영어와 프랑스어로 논쟁을 벌이게 될 경우에는 번역하는 가운데 자칫 오해가 생겨서 논쟁이 끝도 없이 길어질 우려도 있었다.

사실 놀레 신부가 보낸 편지 중 하나는 번역의 오류로 말미암은 것이었다. 그래서 그 논문을 뭐라고 비판하건 가만히 두기로 했다. 이미 끝난 실험에 대해 왈가왈부 논쟁을 벌이느라 아까운 시간을 허비하느

302

니 차라리 새로운 실험을 하는 데 투자하는 편이 낫겠다는 판단에서였다. 나는 놀레 신부에게 이렇다 할 답장을 하지 않았고 다행히 좋은 소식이 들려왔다.

로열소사이어티의 회원이었던 르 로이 씨가 내 이론을 지지하며 신부를 정면으로 반박하고 나선 것이다. 내 책은 이탈리아어, 독일어, 그리고 라틴어로 번역되어 널리 알려졌다. 또한 내가 주장했던 이론은 점점 놀레 신부의 이론을 제치고 유럽의 과학자들의 지지를 얻게 되었다. 결국 놀레 신부는 그의 애제자를 제외하고는 기존의 학파를 고수하는 유일한 사람이 되었다.

갑자기 내 책이 세상에 알려지게 된 것은 그 책에 실려 있던 실험 하나가 엄청난 성공을 거두었기 때문이다. 달리바르 씨와 드 로르 씨는 프랑스 말리에서 구름 속에서 번개를 유도하는 실험을 진행했다. 이는 전 세계인의 관심을 끌었다. 물리학 강의를 하던 드 로르 씨는 자신이 가지고 있던 물리학 장비를 동원해서 일명 '필라델피아 실험'을 여러 차례 시도했다. 그가 국왕과 귀족들 앞에서 실험을 선보인 후로 호기심 많은 파리 사람들이 실험 장면을 구경하기 위해 하나둘 모여들었다. 자세한 내용과 더불어 내가 필라델피아에서 연을 띄워서 번개를 일으키는 데 성공했을 때 느꼈던 엄청난 희열에 대해서는 굳이 설명하지 않겠다. 이 모든 것은 전기의 역사서에 자세히 기록되어 있다.

영국의 물리학자 라이트 박사는 파리에서 로열소사이어티 회원이던 친구에게 편지 한 통을 보냈다. 그 내용인즉, 외국의 학자들 사이에서는 벤저민 프랭클린의 실험이 높은 평가를 받고 있는데 왜 영국에서는 제대로 평가를 받지 못하는지 의아하다는 것이었다. 결국 로열소사이어티에서도 과거에 발표되었던 논문을 재검토하겠다는 입장을 밝혔다. 얼마 후 저명한 왓슨 박사가 편지에 적힌 실험 내용과 과거 영국에 보냈던 논문을 자세히 요약해서 발표했고, 괄목할 만한 성과라는 찬사까지 덧붙여 학회지에 게재했다.

그즈음 대단한 재능을 가진 것으로 알려진 캔턴 씨를 포함해 회원 몇 명이 뾰족한 낚싯대로 구름 속에서 번개를 유도하는 실험을 시작했다. 그리고 실험에 성공하자 그 내용을 학회에 전달했다. 덕분에 로열소사이어티에서는 이전에 나의 실험 성과를 무시했던 것을 만회하고도 남을 정도로 후한 보상을 해주었다. 나를 회원으로 선출하고, 25기니의 회비도 면제해주기로 한 것이다.

그다음부터는 학회지도 매번 미국으로 보내주었다. 또한 1753년에는 '고드프리 코플리 상'을 내게 수여했으며, 회장인 맥클스필드 경은 나를 향한 무한한 경의를 표하는 연설까지 했다.

19

의회 대표로
런던에 입성하다

영주들을 고발하는 탄원서를 준비하다

우유부단함 그 자체였던 중재자 로던 경

예상치 못하게 뉴욕에서 오래 지체하다

런던으로 가는 뱃길에서 관찰한 것들

런던에 입성해 영주들과 회담을 가지다

만장일치로 보고서에 서명을 받다

Benj. Franklin

벤저민 프랭클린 자서전

영주들을 고발하는
탄원서를 준비하다

신임 주지사 데니 대위는 로열소사이어티에서 나에게 수여한 메달을 대신 받아서 시의회가 개최한 연회장에서 직접 전해주었다. 그는 메달 수여식에서 오래전부터 나에 대한 명성을 들어왔다며 깊은 경의를 표했다.

저녁 만찬이 끝난 후 관례대로 술잔을 들고 있을 때, 신임 주지사가 나를 옆방으로 불렀다. 그는 영국의 친구들로부터 나를 잘 사귀어두라는 조언을 들었다고 했다. 벤저민 프랭클린이라면 행정 업무는 물론이고 난감한 상황에 처했을 때 최상의 조언을 해줄 수 있는 적임자라고 했다는 것이다. 그는 앞으로 좋은 관계를 유지해나가고 싶다며 나에 대한 전폭적인 지원을 약속했다. 또한 영주가 우리 주에 대해 호의를 가지고 있고, 과거 세금에 대한 조항을 놓고 벌였던 해묵은 갈등만 해결하면 우리 모두는 물론 나에게도 이익이 될 거라고 말했다. 주지사와 국민들 사이의 깊은 갈등이 해결되는 데 나의 도움이 가장 절실하다고도 말했다.

주지사는 이번 일을 위해 애써준다면 그에 대한 충분한 보상을 해주겠다고 하며 말이 길어졌다. 우리를 위해 방으로 따로 마데이라주를 들여보냈을 정도였다. 주지사는 연거푸 술잔을 비웠고, 취기가 더할수록 나에 대한 회유와 약속의 강도도 강해졌다.

나는 신임 주지사에게 이렇게 말했다.

"다행히 저는 영주의 후원을 받아야 할 정도로 형편이 나쁘지도 않고, 주 의회에 몸담고 있는 이상 그들의 호의를 받을 수도 없는 입장입니다. 저 역시 영주들에게 반감을 품고 있지 않으며, 만약 지사님께서 제안하는 법안이 많은 사람들에게 이익이 되는 일이라면 누구보다 열렬히 지지하겠습니다. 지금까지 반대를 고수한 것은 영주들이 강요한 법안의 내용이 그들 자신만의 이익을 위한 것이고, 나머지 주민들 입장에서는 큰 손해를 보는 일이었기 때문입니다. 저를 좋게 봐주신 점에 대해서는 감사드리며 저 역시 행정 업무를 원활하게 수행할 수 있도록 힘닿는 데까지 도와드리겠습니다. 하지만 전임 주지사들이 줄줄이 고배를 마셨던 불운의 훈령은 더이상 가지고 나오지 않으시길 바랍니다."

나의 이야기를 들은 지사는 아무 말도 하지 않았다. 주 의회에서는 영주들에게 세금을 거둬들이는 문제가 다시 도마 위에 올랐고, 나는 끝까지 반대 입장을 고수했다. 영주가 보낸 훈령을 공개하고 이를 하나하나 반박하기도 했다. 당시 의사록을 뒤져보면 정확한 기록을 찾을 수 있을 것이다. 얼마 뒤에 출간한 『역사적 회고』에도 같은 내용이 실려 있다. 하지만 데니 대위와 사적인 감정이 있던 것은 아니었으므로 가끔씩 둘이 어울리기도 했다. 그는 워낙 지식이 풍부했으며 세상사에 밝고 유쾌해 함께 대화를 나누면 즐거웠다.

그러다 뜻밖의 소식을 듣게 되었다. 나의 옛 친구 제임스 랠프가 아직 살아 있으며 런던에서 최고의 정치 작가로 엄청난 명성을 얻었다는 것이었다. 랠프는 프레드릭 왕자와 왕 사이의 논쟁을 중재하는 데 큰 활약을 했고, 그 대가로 연금 300파운드를 받게 되었다고 했다. 과거 알렉산더 포프가 『바보열전』에서 그의 삼류 시를 비아냥거렸던 것을 기억할 것이다. 랠프는 시인으로 명성을 떨치지는 못했지만 산문에서는 최고의 작가라는 호평을 얻게 되었다.

마침내 주 의회는 영주가 국민의 권리뿐만 아니라 국왕에 대한 충성심까지 배반하려는 훈령을 주장하며 주지사를 옭아매고 있다는 결론에 도달했다. 의회는 그러한 영주들의 작태를 고발하는 내용의 탄원서를 국왕에게 보내기로 했다. 의회는 나를 대표로 임명해 영국으로 가서 탄원서를 제출하고 우리의 입장을 밝힐 것을 지시했다. 이에 앞서 의회는 국왕을 위해 6만 파운드를 지출해야 한다는 법안을 지사에게 제출한 바 있었다(그 중 1만 파운드는 당시 장군 로던 경이 임의로 처리해도 좋다고 되어 있었다). 하지만 지사는 영주의 훈령에 따라야 한다는 이유로 단호히 거절 의사를 밝혔다.

우유부단함 그 자체였던
중재자 로던 경

나는 모리스 선장과 함께 우편선을 타고 뉴욕으로 갈 준비를 하고 있었다. 때마침 필라델피아에서 로던 경이 도착했다. 주 의회와 지사의 갈등 때문에 국왕에게 폐를 끼쳐서는 안 되므로 이를 중재하기 위해서 찾아왔노라고 했다. 그는 나와 함께 지사를 직접 만나서 양쪽 의견을 자세히 듣고 싶어했다. 우리는 기꺼이 자리를 마련했고 서로의 주장을 펼쳤다.

나는 주 의회 대표 자격으로 공문서를 바탕으로 의원들이 강조하는 바를 설명했다. 내가 직접 작성한 것으로 의사록과 함께 인쇄된 내용이었다. 지사는 영주로부터 받은 훈령들을 하나하나 공개하면서 자신은 훈령을 지킬 의무가 있으며 이를 지키지 못할 시에는 파멸에 이르게 될 거라고 말했다. 하지만 로던 경이 한마디만 하면 훈령을 어길 수도 있을 것 같은 눈치였다.

나는 로던 경이 내 편에 서 있다고 생각했다. 그가 지사를 설득해서 영주의 훈령을 무시할 것을 권유할 거라고 굳게 믿었다. 그런데 오히려 의회가 영주의 훈령에 맞추어 한 걸음 양보하라고 말하는 것이 아닌가. 게다가 나에게 의원들을 설득해달라는 부탁까지 했다. 또한 계속해서 방위비를 내지 않으면 최전방이 적군에게 노출될 것이며, 앞으로 국왕의 군대도 보내주지 않겠다고 선언했다.

나는 즉시 주 의회에 상황을 보고하고 결의안을 기초해서 이를 제출했다. 이는 우리의 권리를 선언한 것으로 우리가 가진 권리를 포기하는 것이 아니라 외압 때문에 하는 수 없이 권리의 이행을 잠시 보류한다는 내용이었다. 마침내 주 의회는 지금까지 고수해오던 법안을 폐기하고 영주들의 입맛에 맞춘 새로운 법안을 만들었다. 당연히 주지사는 법안에 찬성했고 나는 편하게 여행을 떠날 수 있게 되었다. 그사이 짐 가방을 실은 우편선이 떠나버려서 나로서는 꽤나 손해를 보았다. 하지만 남은 것이라곤 로던 경의 고맙다는 인사뿐, 허무하게도 모든 공은 경에게 돌아가고 말았다.

로던 경은 나보다 먼저 뉴욕으로 떠났다. 당시 우편선이 출항하는 것은 로던 경의 소관이었다. 그의 말에 따르면 뉴욕의 항구에 정박된 2척의 우편선 중 하나는 곧 출발할 예정이라고 했다. 나는 반드시 배를 타야 하는 입장이라, 정확한 출항 시간을 다시 물었다. 그러자 로던 경은 "다음 주 토요일에 출항하기로 되어 있지만, 월요일 아침까지만 오면 될 겁니다. 당신만 알고 계세요. 그 이상 늦으면 안 됩니다."라고 말했다. 그런데 나룻배를 타고 가다가 시간이 지체되는 바람에 항구에 도착하기도 전에 월요일 점심 때가 지나버렸다.

그날따라 바람도 잔잔해서 배가 떠나버렸을까봐 너무 걱정이 되었다. 다행히 배는 그대로 있었고 다음 날에나 출항한다는 소식을 듣고 나서야 가슴을 쓸어내렸다. 나는 곧바로 유럽으로 떠날 수 있을 거라고 생각했다. 하지만 로던 경은 결단력이 결여된 인물로 우유부단함 그 자체였다.

결과적으로 내가 뉴욕에 도착한 것은 4월 초순이었지만 정작 배가 출항한 것은 6월 말이 다 되어서였다. 당시 우편선 2척이 항구에 정박 중이었다. 출항 준비는 모두 마쳤지만 로던 경이 편지를 보내서 하루 이틀 연기하는 바람에 그대로 발이 묶여 있었다. 또 다른 우편선이 도착했지만 그 배도 출항하지 못하고 항구에 묶여버렸다.

우리가 떠나기 직전 네 번째 우편선이 도착했다는 소식이 들렸다. 내가 타고 갈 배가 제일 오래 정박해 있었기 때문에 가장 먼저 출항하기로 되어 있었다. 이미 예약도 끝난 터라 승객들은 한시라도 빨리 배를 타고 싶어 안달이 나 있었다. 당시만 해도 한창 전쟁중이이었기 때문에 상인들은 편지와 보험에 든 어음들, 가을용 상품 걱정으로 안절부절 못했다. 하지만 남들 사정이야 어떻건 출항 연기를 지시하는 로던 경의 편지는 끊이지 않았다. 그만큼 로던 경은 항상 책상 앞에서 펜을 들고 있었고 누가 봐도 산더미처럼 일이 쌓여 있다고 생각할 정도였다.

그러던 어느 날 아침, 로던 경에게 인사나 건넬 생각으로 그의 집무실에 찾아갔다가 우연히 필라델피아에서 온 이니스라는 심부름꾼을 만났다. 지사가 로던 경에게 보내는 편지를 전하기 위해 급히 찾아온 것이다. 때마침 필라델피아에서 친구들이 내게 보낸 편지도 갖고 있었다. 나는 답장을 보내고 싶은데 그가 언제 돌아가는지, 숙소는 어딘지 물었다. 이니스는 로던 경이 내일 아침 9시에 와서 지사에게 보낼 답장을 찾아가라고 했다며, 그 편지만 받으면 필라델피아로 돌아갈 거라고 했다. 그로부터 2주 후, 나는 똑같은 장소에서 이니스를 다시 만났다.

"아니, 벌써 필라델피아에 다녀온 건가?"

"다녀오다니요? 아직 출발도 못했습니다."

"그게 무슨 소리인가?"

"벌써 2주째 로던 경의 편지를 기다리고 있는데, 아직도 끝나지 않았다는군요."

"그럴 리가. 로던 경은 언제나 책상 앞에서 편지를 쓰느라 바쁘신 분인데."

"그렇죠. 하지만 그분은 간판에 그려진 세인트 소지 같은 분이세요. 언제나 말에 올라타고 계시지만 절대 달리지는 않으니까요."

이니스의 지적은 정곡을 찌르는 것이었다. 이후 런던에서 들은 바로는 피트 씨가 로던 경을 장군직에서 해임시키고 애머스트 장군과 울프 장군을 임명하면서 "로던 장군을 해임하는 이유는 그가 정부에 한 번도 보고를 한 적이 없기 때문이다. 우리로서는 장군이 무슨 일을 하는지 전혀 알 수가 없었다."라고 말했다고 한다.

예상치 못하게
뉴욕에서 오래 지체하다

하루하루 출항 날짜만 기다리던 사이, 우편선 3척이 샌디훅 해안으로 가서 그곳에 정박중이던 함대와 합류하게 되었다. 혹시 갑자기 출항 명령이 떨어져서 배를 놓치면 곤란하기 때문에 승객들은 모두 배에 탑승해서 출항하기만 기다리고 있었다. 내 기억이 틀리지 않다면 우리는 6주 정도를 배에서 기다렸다. 그사이에 식량이 동이 나서 다시 사들여야 할 정도였다.

드디어 로던 장군과 병사들을 태운 함대가 루이스버그로 향했다. 그들은 요새를 공격하고 함락하기 위해 출항했다. 함대와 합류하고 있던 우편선 3척은 편지가 준비되는 대로 이를 수령하라는 통보를 받았다. 우리가 탄 배는 꼬박 닷새를 기다려서 편지 한 통과 출항허가를 받아서 영국으로 향했다. 나머지 2척의 우편선은 그때까지도 출항을 하지 못하고 있다가 핼리팩스까지 이동하게 되었다.

로던 장군은 핼리팩스에서 병사들과 함께 가상 요새를 공격하는 훈련을 했고, 루이스버그를 공격하려던 계획을 전면 수정한 후 뉴욕으로 돌아갔다. 우리가 탄 배를 제외한 우편선 2척에 타고 있던 승객들까지 모두 뉴욕으로 돌아오게 된 것이다. 그런데 장군이 없는 틈을 타서 프랑스 군대와 인디언들이 국경 최전방에 위치한 조지 요새를 점령했다. 인디언들은 수많은 수비병들을 무참히 학살했다.

이후에 그 우편선 중 한 척의 선장인 보넬 씨를 우연히 만났다. 그의 말에 따르면, 한 달이 넘도록 출항을 하지 못하고 정박해 있느라 선체 밑바닥의 부식이 심해져서 제대로 속도도 낼 수 없는 상황까지 갔었다고 했다. 그는 장군에게 배를 올리고 바닥을 손볼 수 있도록 허가해달라고 말했다. 그러자 장군은 시간이 얼마나 필요한지 물었다. 선장이 사흘 정도만 달라고 하자 장군은 하루밖에 줄 수 없다고 대답했다. 이틀 후에는 반드시 출항을 해야 한다는 것이었다. 결국 선장은 선체 수리를 포기했다. 그런데도 장군은 차일피일 출항을 미루었고 그 상태로 석 달을 보냈다.

314

보널 선장의 배에 탔던 한 승객은 장군의 행동 때문에 무척 화가 나 있었다. 하루 이틀 출항을 연기하면서 뉴욕에 한참을 붙잡고 있더니 핼리팩스까지 끌고 갔다가 다시 뉴욕으로 돌아왔다는 것이었다. 그는 손해배상 청구까지 고심하고 있다고 밝혔다. 정말 소송을 걸었는지는 알 수 없지만 들은 바에 의하면, 그 사람이 입은 금전적 손실은 실로 엄청난 것이었다.

나는 그 모든 일을 지켜보면서 어떻게 로던 장군 같은 사람이 커다란 군대를 이끄는 중책을 맡게 되었는지 의아해졌다. 하지만 더 넓게 세상을 보게 된 후로는 지위나 직업을 얻는 기준과 이를 부여하는 사람들이 가진 기준이 무엇인지에 대한 궁금증도 사라졌다.

만약 브래드독 장군이 죽은 후에 지휘를 맡은 셜리 장군이 계속 그 자리에 있었다면 로던 장군보다는 훨씬 현명하게 전쟁을 치렀을 것이다. 1757년 당시 로던 경이 보였던 행보는 어리석었고, 엄청난 시간과 경비를 낭비했으며, 상상했던 것 이상으로 국가의 품격을 깎아내린 처사였다. 반면 셜리 장군은 비록 군인 출신은 아니었지만 분별력이 있고 현명한 사람으로, 다른 사람의 충고에 귀를 기울이고 현명하게 작전을 세울 줄 알았다. 또한 작전을 실행에 옮기는 데 있어서도 매우 적극적이고 민첩했다.

로던 장군은 대규모의 군사를 거느리고 있으면서도 식민지를 방위하지도 않았고, 핼리팩스에서 쓸데없는 연습을 한답시고 적군에게 허점을 보여서 조지 요새를 잃고 말았다. 뿐만 아니라 오랫동안 식량 수출을 금지하는 바람에 상거래가 마비되어 무역업까지 엉망으로 만들었다. 그는 적군에게 군수품을 뺏기지 않으려는 목적이었다고 주장했지만 사람들은 계약자들의 이익을 위해 가격을 떨어트리려는 수작이라고들 했다. 억측인지 몰라도 그 수익 중 일부를 로던 경이 받아먹었다는 소문까지 있었다. 게다가 수출 금지령이 해제된 이후에도 찰스 타운에 그 사실을 통보하지 않아서 캐롤라이나 함대는 석 달이나 발이 묶여 있었다. 그사이 벌레가 선체 밑바닥을 갉아 먹어서 항구로 돌아가는 배들 대부분이 침수로 엄청난 고초를 겪었다.

셜리 장군은 군대를 지휘하는 임무에서 벗어난 것을 천만다행으로 여겼을 것이다. 군사 업무에 별 경험이 없는 사람이 거대한 규모의 부대를 지휘한다는 것은 무척 부담스러운 일이었을 것이다.

나는 로던 경이 장군으로 취임하는 것을 축하하기 위해서 환영식에 참석했다. 셜리 장군도 전임자 자격으로 그 자리에 나와 있었다. 로던 경의 취임 환영식에는 다수의 시민들과 방문객, 장교들이 참석해서 발 디딜 틈조차 없었다. 예상치 못한 인파로 인해 의자를 빌려오는 일까지 벌어졌다. 그러다 굉장히 낮은 의자에 우연히 셜리 장군이 앉는 일이 벌어졌다. 바로 옆에 앉아 있던 나는 "장군님, 너무 낮은 의자에 앉으신 것 같습니다."라고 말했다. 그러자 셜리 장군은 "괜찮습니다. 본래 낮은 의자가 편한 법이니까요."라고 대답했다.

앞서 언급한 대로 나는 오랫동안 뉴욕에 머물면서 과거 브래드독 장군에게 납품했던 군수품과 식량의 회계보고서를 작성했다. 워낙 많은 사람들을 고용했던 터라 뒤늦게 비용을 청구하게 되는 경우도 발생했다. 나는 로던 경에게 회계보고서를 보냈고 잔금 지불을 청구했다. 로던 경은 회계 담당 장교에게 이를 확인해보라고 지시했고, 담당자는 물품과 수령서를 일일이 대조해보고 나서 보고서의 내용이 정확하다고 증명했다. 그제야 로던 경은 곧바로 지불명령서를 써주겠다고 약속했다.

하지만 약속과 달리 지불명령서는 차일피일 연기되었다. 목을 빼고 기다리다가 지쳐 로던 경을 여러 번 찾아갔지만 끝내 명령서를 받지 못했다. 그러다 출항하기 직전이 되어서야 로던 경이 하는 말이, 다시 생각해보니 전임 장군이 지출한 사용내역을 자신의 회계에 포함시키는 것이 부적절하다는 생각이 든다는 것이었다.

"영국에 가서 당신이 작성한 회계보고서를 재무부에 제출하면 곧바로 비용을 지불해줄 겁니다."

그는 이런 핑계를 대면서 자신의 책임을 회피했다.

나는 예상치 못하게 뉴욕에서 오래 지체하는 바람에 개인 비용을 많이 써서 당장 돈을 받아야 한다고 간곡히 청했지만 로던 경의 태도는 완강했다. 수수료를 붙여 달라는 것도 아니고 국가 방위를 위해 사비까지 들였는데, 그 돈을 돌려받는 것조차 이렇게 복잡하고 계속 지연된다는 점이 도무지 이해가 되지 않았다. 그러자 로던 경이 이렇게 대꾸했다.

"그 일을 추진하고도 아무 이득을 얻지 못했다는 겁니까? 우리도 알 만큼은 압니다. 군수품을 납품하다 보면 누구나 자기 주머니를 따로 챙기는 법을 알게 되니까요."

하지만 내 경우는 달랐다. 단 한 푼도 따로 챙기지 않았다고 강력히 말했지만 로던 경은 끝까지 믿어주지 않았다. 한참이 지나서야 정말 군수품을 납품하다 보면 막대한 이익을 챙길 수 있다는 사실을 깨달았다.

나는 아직까지도 잔금을 지급받지 못하고 있다. 그 일에 대해서는 나중에 다시 언급하도록 하겠다.

런던으로 가는 뱃길에서 관찰한 것들

우리가 탔던 우편선의 선장은 출항 전부터 배의 속도가 무척 빠르다고 자랑했다. 하지만 실제 항해를 시작하자 우리 배가 총 96척의 배중에서 가장 느림보라는 사실이 드러났다. 선장으로서도 매우 창피한 노릇이었다. 우리만큼 천천히 가는 배가 가까이 있었지만 그마저도 우리를 추월해 저만치 앞서갔다. 선장은 그 원인이 무엇인지 고심하다 마침내 승객들을 불러 후미로 가서 돛대 근처에 모여 있으라고 지시했다.

우리 배에는 승객을 포함해 약 40명가량이 타고 있었다. 선장이 시키는 대로 승객들이 후미에 서자 드디어 배가 제 속도를 찾아서 앞서 가던 배를 추월할 수 있었다. 나중에 알게 된 바로는 뱃머리에 무거운 물통들이 가득 실려 있어서 제 속도를 내지 못한 것이었다. 선장은 짐을 모두 후미로 옮기라고 명령했다. 그 후부터 우리가 탄 배는 쾌속선의 면모를 한껏 과시했다.

선장의 말에 따르면 그 배는 13노트, 즉 시속 15마일가량으로 달렸다고 한다. 그러자 배에 타고 있던 해군 대령 케네디 씨가 불가능한 일이라고 주장했다. 아무리 쾌속선이라도 그 정도로 빠르게 달릴 수는 없다는 것이었다. 마침내 두 사람은 내기를 했고, 순풍이 부는 날에 그 결과를 판가름하기로 했다. 케네디 대령은 측정기를 면밀히 살폈고, 아무 이상이 없다는 것을 확인한 후에 직접 배의 속도를 측정하겠다고 말했다. 며칠 후, 바다 위로 순풍이 불기 시작했다. 러트위지 선장은 현재 속도가 13노트 정도 될 거라고 말했다. 케네디 대령은 즉시 속도를 측정했고 결국 내기에서 패했다.

배를 새로 건조하고 나서 그 배가 어느 정도의 속도로 달릴 수 있는지는 직접 타봐야만 알 수 있다. 그래서 선박 건조 기술은 완전하지 못하다는 지적도 받는다. 쾌속선을 그대로 본떠서 배를 건조해도 실제 배를 띄워보면 빨리 달리지 못하는 경우도 있기 때문이다. 그런 경우라면 화물을 선적하는 방식과 배의 정비, 항해방식 등 갖가지 요인의 영향을 받는다고 볼 수 있다. 같은 배에 탄 선원이라도 나름대로의 방식을 갖고 있기 때문이다.

똑같은 배를 몰더라도 그 배의 선장이 누구인가에 따라서, 화물을 어디에 어떻게 선적했느냐에 따라서 배의 속도가 늦거나 빠를 수 있다. 게다가 배를 건조하고 바다에 띄우고 이를 조종하는 사람은 제각각인 경우가 많다. 누군가 선체를 만들고, 누구는 배를 정비하고, 또 다른 누구는 배에 짐을 싣고 항해에 나선다. 이렇게 세 사람의 생각이 하나로 일치할 수 없기 때문에 정확한 속도를 가늠하는 것은 불가능하다.

항해중에 돛을 조작하는 간단한 일도 항해사가 누구냐에 따라서 제각기 다른 지시를 내린다. 누구는 돛을 팽팽하게 고정하고, 누구는 돛을 느슨하게 한다. 가만히 보니 이렇다 할 규칙이 정해지지는 않은 모양이다. 하지만 몇 가지를 가정해놓고 실험해볼 수는 있다. 첫째, 선체의 모양에 따라 쾌속으로 항해할 수 있는지 여부가 결정된다. 둘째, 돛대의 가장 적합한 크기와 좋은 위치 선정도 필요하다. 셋째, 돛의 형태와 개수, 그리고 풍향에 따른 각도 선정도 중요하다. 마지막으로 짐을 선적하는 방식을 어떻게 결정하는가도 고려해봐야 한다.

항해 도중 우리가 탄 배는 여러 번 다른 배의 추격을 받았다. 그때마다 우리는 전속력으로 달려 우위를 차지했다. 그렇게 30일 만에 바다의 깊이를 측정할 수 있는 곳까지 닿을 수 있었다. 선장은 현 위치를 측정하고 나서 팔머스 항구 부근에 도착했다고 장담했다. 밤새 전속력으로 달리면 아침 무렵에는 항구에 도달할 수 있다는 것이다. 밤에 항해를 하면 해협 근처에 자주 출몰하는 약탈자들로부터 안전을 확보할 수 있어 유리하다고도 했다.

우리는 돛을 저만치 높이 올리고 상쾌한 바닷바람을 등에 업은 채 신나게 달렸다. 실리 군도 근처에 도착하자 선장은 곳곳에 있는 암초들을 피하기 위해서 뱃머리를 이리저리 움직였다. 세인트조지 해협 근처에는 가끔씩 강한 내류가 흘러서 뱃사람들을 집어삼키곤 했다. 얼마 전에도 클로드슬리 쇼블 경의 함대가 그 부근에서 조난당하는 일이 있었다. 우리에게도 똑같은 난관이 닥친 것 같았다.

보통은 뱃머리에 망을 보는 사람을 두는데 가끔씩 선원들이 "망 똑바로 봐!"라고 외치면, 그는 "응, 알았어."라고 대답했다. 그런데 망을 보던 사람이 잠깐 졸았던 모양이다. 반쯤 잠이 든 상태에서는 기계적으로 대답을 하기도 하는데, 그 역시 그랬던 것인지 바로 앞에 있는 불빛을 보지 못했다. 키잡이도, 다른 선원들도 보조 돛에 가려서 불빛을 감지하지 못했다. 그러다 잠시 배가 주춤거리면서 불빛이 눈에 들어왔고, 선체가 비상상황에 돌입했다. 잠깐 사이 불빛은 배 근처까지 와 있었고 커다란 수레바퀴처럼 보였다. 시간은 자정 무렵이었고, 선장은 깊은 잠에 빠져 있었다. 케네디 대령은 갑판 위로 올라와서 위험을 감지하고는 당장 키에서 손을 떼고 바람이 부는 대로 배가 흘러가도록 놔둘 것을 지시했다. 하마터면 돛대를 잃을 수도 있는 위험천만한 일이었지만 덕분에 목숨을 건질 수 있었다.

우리 배는 등대가 서 있는 커다란 암초 위로 향했고 다행히도 난파의 위험에서 벗어났다. 이렇게 목숨을 잃을 뻔한 위험을 견뎌내고 나자 등대가 얼마나 유용한 것인지 몸소 깨닫게 되었다. 그래서 무사히 미국으로 돌아갈 수 있다면 반드시 등대를 세우는 일을 위해 애쓰겠다고 결심했다.

런던에 입성해
영주들과 회담을 가지다

다음 날 아침, 번잡스러운 소음이 가까워지면서 항구 근처에 왔음을 직감할 수 있었다. 그런데 안개가 워낙 짙어서 한 치 앞도 보이지 않았다. 9시 무렵이 되자 서서히 안개가 걷히기 시작했다. 마치 무대 위에서 막이 오르듯 안개가 서서히 걷혔고, 아래로 팔머 시와 항구에 정박한 배들과 도시를 빙 둘러싸고 있는 평야 지대가 한눈에 들어왔다. 몇 날 며칠 동안 망망대해를 떠다녔던 우리의 눈에는 그야말로 황홀한 광경이었다. 전쟁으로 무거웠던 마음이 한층 가벼워지는 느낌이었다.

나는 아들과 함께 곧바로 런던으로 향했다. 도중에 솔즈베리 평원에 들러서 스톤헨지도 구경하고, 윌턴에 위치한 펨브로크 경의 저택에서 정원을 거닐며 진귀한 골동품들도 살펴보았다. 1757년 7월 27일, 우리 부자는 드디어 런던에 입성했다.

찰스 씨가 주선해준 숙소에 짐을 풀고 곧바로 포더길 박사를 찾아갔다. 먼저 그분을 만나서 앞으로의 일 처리에 대한 조언을 구하라는 친구들의 권유를 받았기 때문이다. 포더길 박사는 영국 정부에 청원서를 넣기보다 우선 영주들을 만나서 조율해볼 것을 권했다. 지인들을 동원해서 영주와 직접 만나게 되면 원만하게 일을 해결할 수 있을 거라고 생각한 모양이었다.

나는 오랜 친구이자 편지로 소식을 주고받던 콜린슨 씨를 만나러 갔다. 그는 버지니아 주의 유명한 상인 존 핸베리 씨가 내가 런던에 도착하면 꼭 알려달라고 부탁을 했노라고 말했다. 영국 의회의 의장인 그랜빌 경이 하루빨리 나를 만나보고 싶어해서 직접 그곳에 데려가기 위함이었다.

다음 날 아침, 핸베리 씨가 일찍 마차를 타고 나타나 나를 그랜빌 경의 집으로 데리고 갔다. 그랜빌 경은 매우 정중하게 나를 맞았고, 현재 미국의 상황에 대해 몇 가지 질문을 던진 후에 본론으로 들어갔다.

"미국 사람들은 헌법의 본질에 대해 그릇된 생각을 갖고 있는 것 같소. 국왕이 지사에게 내리는 훈령은 법이 아니라고 주장하고, 이를 따를 것인지는 자기들 판단에 따르는 거라고 오해하고 있으니 말이오. 훈령이란 기념식 참석을 위해 외국에 파견된 사절에게 어떻게 행동할 건지 지시하는 사소한 명령과는 차이가 있소. 법률에 정통한 판사들이 초안을 잡고 이를 국회에서 심의하고 토론을 거쳐서 어느 정도 수정한 후에 국왕의 서명까지 받은 것이라오. 때문에 훈령이란 식민지 국민들이 반드시 준수해야 할 국법이나 다름없소. 국왕은 식민지의 최고 입법자이기 때문이오."

나는 그런 논리는 난생 처음 들어본다고 답했다.

"제가 듣기로 우리가 준수해야 할 법안들은 의회에서 상정하고 국왕에게 올려서 허가를 받은 것입니다. 일단 법안에 대한 허가가 떨어지고 나면 아무리 국왕이라도 이를 멋대로 폐기하거나 변경할 수 없는 것이 아닌지요? 그리고 의회가 국왕의 허락 없이 영구적인 법안을 만들 수 없듯이 국왕도 의회의 동의를 구하지 않고서는 식민지의 법을 마음대로 할 수 없는 것으로 압니다."

그랜빌 경은 나의 생각이 완전히 틀렸다고 말했다. 하지만 내 생각은 달랐다. 나는 그랜빌 경과 오랫동안 대화를 나누면서 영국 궁정이 우리 식민지에 대해 가지고 있는 생각을 알고서 무척 놀랐다. 그 당시의 솔직한 심경도 글로 남겨두었다.

불현듯 20년 전의 일이 떠올랐다. 당시 영국 정부에서 국왕의 훈령을 식민지의 법으로 삼자는 안건을 의회에 상정했다가 하원에서 거부당한 적이 있었다. 그 일로 식민지 사람들은 하원 의원들을 자유의 동지라 여기고 칭송했다. 그러다 1765년 식민지 인지세법(아메리카에서 사용하는 모든 서류에 영국 정부의 인지를 첨부하도록 한 법-옮긴이)을 통과시킨 그들의 작태에 다시 생각을 고쳐먹었다. 그 옛날 국왕의 권한에 제동을 걸었던 것은 자신들의 특권을 빼앗기지 않으려는 생각에서 비롯된 것이었기 때문이다.

며칠 후에 포더길 박사의 도움으로 스프링가든에 위치한 토머스 펜 씨의 집에서 영주들과 회담을 가질 기회를 얻었다. 서로 합리적인 선에서 합의를 해보자는 의도로 시작했지만 그 '합리적인 선'에 대한 양측의 생각이 많이 달랐던 모양이다. 나는 의회의 입장에서 불합리하다고 생각되는 사항을 하나씩 짚어나갔다. 영주들도 자기 입장에서 변호를 하려고 최선을 다했다. 덕분에 양측 사이에 커다란 견해 차이가 있다는 것을 깨달았다.

만장일치로 보고서에
서명을 받다

양측의 입장 차가 너무 커서 합의를 이끌어내기는 무리인 것 같았다. 결국에는 내가 의회의 불만 사항을 서면으로 제출하면 영주들이 이를 고려해보는 것으로 회담이 마무리되었다. 나는 곧바로 서류를 작성해서 보냈다. 영주들은 고문 변호사인 퍼디낸드 존 패리스 씨에게 서류를 넘겼다. 패리스 변호사는 70년 동안 계속되던 메릴랜드 주의 볼티모어 경과의 대대적인 소송에서 영주들을 대신해 법률상의 모든 절차와 서류를 도맡았던 인물이다.

그는 거만하기 짝이 없고 호전적인 사람으로, 그가 작성한 서류들은 논리적으로 빈약한 데다 건방진 표현이 난무했다. 주 의회에서도 영주들과의 회담 결과를 발표하는 패리스 변호사의 태도를 강력하게 비판했다. 그 역시도 이 사실을 알게 되었고, 대놓고 나에 대한 불만을 표출했다. 결국에는 패리스 변호사와 둘이 만나서 의회의 불만 사항을 전하라는 영주들의 요청도 단호히 거부했다. 그러자 영주들은 고문 변호사의 조언대로 의회의 불만 사항이 적힌 서류를 법무장관과 차관에게 제출하고 그들의 충고에 따르기로 결정했다.

그렇게 의회의 서류는 일 년에서 8일이 빠지는 기간 동안 그대로 방치되었다. 나는 여러 차례 영주들에게 답을 재촉했지만 아직까지 법무장관과 차관의 의견을 구하지 못했다는 말만 반복했다. 정확히 어떤 의견이 오갔는지에 대해서는 함구하고 있어서 알 길이 없다.

그러던 중 패리스 변호사가 직접 작성하고 서명한 장문의 교서가 주 의회에 도착했다. 벤저민 프랭클린이 작성한 서류는 제대로 형식을 갖추지 않아서 무례하기 짝이 없다며 속이 빤히 들여다보이는 변명만 길게 적어서 보내왔다. 그리고 현 사태를 원만히 조정하기 위해 '공정한 적임자'를 보낸다면 얼마든지 협상에 응할 용의가 있다고 덧붙였다. 그러니까 나는 이 일을 처리할 만큼 공정한 적임자가 아니라는 뜻이었다.

먼저 제대로 형식을 갖추지 않았다는 말은 '펜실베이니아 지역의 진정하고 절대적인 영주들'이라는 가칭을 붙이지 않았기 때문이다. 그렇게 하지 않은 이유는 구두로 가졌던 회담에서 오고간 내용을 기록으로 정확히 남기자는 의도였기에 군이 가칭까지 붙일 필요가 없다고 생각했기 때문이다. 이렇게 계속해서 협상이 지연되는 동안, 미국 주 의회는 데니 지사를 설득해 영주들과 일반 시민들에게 똑같이 재산세를 부과하는 법안을 통과시켰다. 논쟁의 핵심이 해결된 터라 영주들이 보낸 장문의 교서에 일일이 답변을 달지도 않았다.

하지만 법안이 영국 정부에게 넘어가자, 영주들은 패리스 변호사의 조언만 믿고 그 법안이 국왕의 재가를 받지 못하도록 저지하기로 결정했다. 영주들은 연달아 탄원서를 제출했고 결국 청문회가 열렸다. 영주 측은 변호사를 2명이나 고용해서 법안에 반대하는 입장을 피력했고, 나 역시 2명의 변호사를 데리고 가서 법안을 사수하기 위해 노력했다.

영주 측에서는 법안 자체가 영주들에게 지나친 세금을 부과하기 위한 거라고 맞섰다. 일반 시민들이 세금을 덜 내는 대신 영주들이 그 부담을 떠안게 된다는 것이었다. 이를 강행할 경우 주민들의 호감을 얻지 못한 영주들은 자칫 파산에 이를 수도 있다고 했다. 우리 측에서는 상대의 억지스러운 주장을 지적하고 결코 그런 일은 벌어지지 않을 거라고 장담했다. 과세를 평가하는 담당자는 성실하고 정직한 사람들이며 언제나 공정하고 정당하게 행동하겠다는 서약까지 마쳤다는 점도 강조했다. 만약 영주들에게 부담을 가중시켜서 자신들의 세금을 가볍게 만든다고 해도 그로 인해 얻을 수 있는 이익이 미비하기 때문에 그런 경솔한 행동으로 서약을 깨지는 않을 거라고도 했다. 당시 양측에서 주장하던 바의 요지는 이 정도였다.

법안이 철회될 경우 추후 발생하게 될 유해한 결과에 대해서도 강경히 주장했다. 벌써 국왕이 사용하는 명목으로 10만 파운드의 지폐가 인쇄되어 시민들 사이에 유통되어 있기 때문에, 법안이 철회된다면 그 지폐들은 전부 종잇조각이 되고 말 것이며 수많은 사람들이 파산하게 될 것이라고 맞섰다. 게다가 추후에 이와 같은 명목으로 세금을 걷는 일이 생기면 엄청난 파장이 일어날 것이라고 지적했다. 돈 많은 영주들이 '행여 세금을 더 내야 하면 어쩌나' 전전긍긍하면서 평범한 시민들이 파산하는 것은 아랑곳하지 않는 무사안일하고 이기적인 태도를 보이고 있다는 점도 강하게 힐난했다.

변호사들의 공방이 오가는 사이 고문관으로 그 자리에 참석했던 맨스필드 경이 나를 손짓으로 불러 서기실로 데리고 갔다. 그는 이 법안이 통과되어도 영주들에게 아무 손해가 없는 것을 확신하느냐고 물었다. 나는 전혀 걱정할 필요가 없다고 대답했다.

"그렇다면 방금 한 말에 대해 각서를 받아두어도 상관이 없겠군요?"

맨스필드 경이 다시 물었다. 나는 전혀 이의가 없다고 대답했다. 그러자 맨스필드 경은 패리스 변호사를 불러서 잠시 이야기를 나누었고, 마침내 양측 모두 맨스필드 경의 중재안을 수락하기로 했다. 의회의 서기관이 이를 바탕으로 서류를 작성했고, 나와 식민지의 통상 사무를 대행하는 찰스 씨가 서류에 서명을 했다.

맨스필드 경이 다시 회의실로 돌아갔고 마침내 법안은 통과되었다. 물론 몇 군데 조항을 수정할 필요가 있다는 권고를 받았고, 다음에 개정하겠다고 약속했다. 그러나 의회의 입장은 수정할 필요가 없다는 쪽이었다. 의회는 추밀원의 지시가 떨어지기 전에 법안에 의거해 일 년 치 세금을 부과했다. 더불어 세금 평가원들이 공정하게 세금을 부과했는지 조사하기 위해서 감사 위원회를 조직했고, 영주와 가까운 지인들도 이에 포함되었다. 마침내 감사 위원회의 조사가 끝났고, 세금이 공평하게 부과되었다는 평가를 받은 후 만장일치로 보고서에 서명을 받았다.

주 의회는 영주에게 일정 금액의 세금을 부과하는 첫 번째 조항을 체결하는 데 나의 공이 컸음을 인정했다. 덕분에 당시 주에서 전반적으로 유통되던 지폐의 신용도를 유지할 수 있었기 때문이다.

고향에 귀국하자 주 의회는 정식으로 나에게 감사의 표시를 전해왔다. 반면 영주들은 데니 지사가 훈령을 거스르고 법안을 통과시킨 점에 분노해 그를 고소하겠다고 나섰다. 하지만 그의 행동은 국왕께 충성하기 위한 것이었고 또한 장군의 요청을 받아 진행한 점이었기 때문에 지사는 눈 하나 깜짝하지 않았다. 궁정에 든든한 후원자들이 있어서 그 정도 협박쯤은 걱정할 것도 없었다. 결국 영주들의 협박은 실행에 옮겨지지 않았다.

┃ 벤저민 프랭클린 연표

1682년   부친 조사이어, 미국으로 이주

1706년   1월 17일 조사이어 프랭클린의 17명의 자녀 중 15번째이자 막내아들로 출생

1714년   라틴어 학교에 입학 후 1년 만에 자퇴

1716년   아버지의 양초 제조업을 도움

1718년   형 제임스의 인쇄소에 견습공으로 들어감

1723년   형과 다툼 끝에 필라델피아로 이주, 키머의 인쇄소에 취직

1724년   18개월간 런던에 체류하면서 인쇄공으로 일함

1726년   다시 필라델피아로 돌아옴

1727년   키머의 인쇄소에 다시 취직, 전토 클럽을 조직함

1727년   신문 발행

1728년   인쇄소 설립

1730년   데브라 리드와 결혼

1731년   필라델피아 회원제 도서관 설립

1732년   '가난한 리처드의 달력' 발행

1733년   사우스캐롤라이나로 동업자를 보내서 인쇄소를 공동 경영

1736년   주 의회 서기로 선출

1742년   프랭클린 난로 발명

1744년   방위군 조직

1748년   인쇄업에서 은퇴하고 자연과학 실험을 시작

1749년   펜실베이니아대학교 설립에 참여

1750년   필라델피아 주 의원 선출

1751년   필라델피아 병원 설립에 참여

1752년   번개와 전기의 동일성 발견

1753년   식민지 체신 장관으로 선출, 로열소사이어티 회원으로 선정

1756년   펜실베이니아 의용군 지휘관 선출

1757년   펜실베이니아 대표로 10년간 영국에 거주

1776년   미국 독립선언 기초위원 임명

1784년   귀국, 펜실베이니아 총독으로 선출

1787년   헌법회의 펜실베이니아 대표

1790년   4월 17일 84세의 나이로 별세

독자 여러분의
소중한 원고를 기다립니다

★ 원앤원북스는 독자 여러분의 소중한 원고를 기다리고 있습니다. 집필을 끝냈거나 혹은 집필중인 원고가 있으신 분은 onobooks2018@naver.com으로 원고의 간단한 기획의도와 개요, 연락처 등과 함께 보내주시면 최대한 빨리 검토한 후에 연락드리겠습니다. 머뭇거리지 마시고 언제라도 원앤원북스의 문을 두드리시면 반갑게 맞이하겠습니다.